詳解
消費者裁判手続特例法

町村泰貴◎著

発行 民事法研究会

はしがき

　本書は、日本版クラスアクションとも呼ばれる消費者被害の集団的な回復を目的とする新しい裁判制度について、理論的および実践的な課題を検討したものである。

　この新しい裁判制度は、2013（平成25）年12月、消費者の財産的被害の集団的な回復のための民事の裁判手続の特例に関する法律（平成25年法律96号。消費者裁判手続特例法）によって創設された。それから5年余りが経過したが、この法律に定められた共通義務確認訴訟が提起されたのは、わずか1件にすぎない。

　この間、下位法令となる政省令と「特定適格消費者団体の認定、監督等に関するガイドライン」の策定、そして裁判所規則の策定に時間を要し、法律の施行は2016（平成28）年10月であった。その後も、この訴訟制度の提訴資格者である特定適格消費者団体の認定手続に時間を要したので、結局実質的にこの法律が始動したのは2017（平成29）年からである。そのうえ、この制度によって集団的に回復される消費者被害は法施行後の消費者契約を原因とするものに限るとされた（同法附則2条）ため、被害回復の対象となる案件が現れるのにも時間を要し、初めてこの法律に基づく共通義務確認訴訟が提起されたのは、2019（平成31）年のことであった。

　本書の元となった論考は、雑誌「現代消費者法」に掲載した「論点解説 消費者裁判手続特例法」と題する連載である。その執筆が始まったのは2015（平成27）年、すなわち、この法律の施行前であり、連載の途中で下位法令とガイドラインが公表され、参考文献も次々と発表されてきた。連載の前半と後半とでは、前提となるデータの量が全く異なってきたので、今回、本書をまとめるにあたって、前半部分を見直し、また「現代消費者法」以外の媒体に執筆したいくつかの論考も実質的に組み込むことにより、この法律に対する筆者なりの考察をあらためて見直す機会となった。

　消費者裁判手続特例法の創設した裁判手続は、特定適格消費者団体が事業

者に対して提起する共通義務確認訴訟と、そこで「共通義務」が認められたことを前提に、個別の被害を受けた消費者の事業者に対する被害回復債権を確定する簡易確定手続および異議後の訴訟という、二段階に分かれている。そしてこの法律のユニークなところは、第一段階の共通義務確認訴訟において、個別の消費者からの依頼や授権を必要とせずに、特定適格消費者団体が、抽象的な「対象消費者」の「対象債権」を主張し、これに対応する「共通義務」があることの確認を事業者に対して請求するという構造である。

このうち確認の対象である「共通義務」は、従来の通常の訴訟物論との関係でどう把握するのか、立法は明確ではない。そもそも立法過程においては最終段階まで「共通争点」という言葉を用いていて、「共通義務」という言葉が登場したのは法案化の直前になってであった。そこで立法に携わった民事訴訟研究者の間でも、「共通義務」の意味の理解が一致しているわけではない（この点は本書第2章で詳しく論じている）。

また、「対象消費者」という概念も、実際に損害を被ってその回復のための債権を有する具体的な人々そのものではなく、一定の属性で範囲を画した抽象的な存在を意味する。本書第2章では、これをバーチャルな存在といっているが、具体的な被害当事者は、第二段階において自らがその属性を有すると主張して、手続に参加するのである。

このように、一般的な民事訴訟においては訴訟事件の特定要素として重要な訴訟物と当事者のいずれについても、共通義務確認訴訟では抽象化され、通常の訴訟のようには特定されないまま、審理判断の対象となっている。そしてこの抽象化された概念を前提に、請求の併合形態や判決の効力に関する理解も、そして特に明文で認められている仮差押えに関する理解も、一般の民事訴訟とは異なる考慮が必要となってきている。

これに対して第二段階の簡易確定手続は、本書第3章で検討したように、共通義務があることを認めた判決等の効力を前提にして、被害を受けた消費者が簡易確定手続申立団体に授権し、その団体が個々の消費者の有する債権の届出をして、相手方が認めれば確定するが、認めなければ裁判所が判断を

するという構造である。これは破産債権確定手続と類似するものとして構想されているので、比較的理解しやすい制度である。ただし、多数の届出消費者が団体を通じてまとまって権利行使をするという趣旨でありながら、債権確定の時期はバラバラになりうるし、当初の債権届出書の段階で既に訴状と同程度の記載を要求され、集団化のメリットが十分活かされたものとはいい難いようにも思われる。

　他方で、法制定後に作成された内閣府令やガイドラインでは、特に被害回復を求める消費者の利益を保護することが重視された。このこと自体はもちろん当然であるが、少額多数被害で個別提訴が著しく困難な、あるいは不可能な消費者の利益を回復するための手続というそもそもの前提からはかけ離れた議論になっていったようにも思われる。

　これらの問題点は、あるものは解釈や運用を通じて克服されているべきものかもしれないが、立法の見直しによって改善しなければならないものもある。そうした見直しのための検討も、本書第5章において不十分ながら行ったところである。本書の内容が、集団的消費者被害の回復のための裁判制度を実効性ある形で運用し、また見直されていく方向の一助となれば幸いである。

　さて、本書の作成にあたっては、この制度の立案にあたった消費者庁の関係者、この制度の実務を担う特定適格消費者団体およびその母体となる適格消費者団体の関係者との意見交換やご教示から多くのものを得た。筆者は本書の元となった上記連載が開始される前に前著『消費者のための集団裁判――消費者裁判手続特例法の使い方』（LABO・2014年）を発表したが、この前著に対するご意見・ご批判も多数頂戴した。さらに、特定適格消費者団体をめざす適格消費者団体の関係者の会合、特に特定非営利活動法人消費者支援ネット北海道（ホクネット）の各種会合による実務的な検討に参加の機会を得て、貴重な情報を得た。2018年3月までの勤務校である北海道大学大学院法学研究科では、民事法研究会において数回にわたって消費者裁判手続特例法に関する研究報告を行い、意見交換をすることができた。加えて2016年

はしがき

度から独立行政法人国民生活センターの松本恒雄理事長を研究代表者とする科学研究費基盤研究(B)の研究プロジェクト「消費者被害の救済手法と抑止手法の多様化及び両者の連携に関する比較法政策的研究」(課題番号16H03574)に参加する機会を得て、研究会における発表と意見交換を行うとともに、フランスのグループ訴権の現地調査にも赴くことができた。2017年の日本比較法学会および2018年の日本消費者法学会では、それぞれのシンポジウムにおいて科研費研究プロジェクトの内容報告と質疑の機会を得た。そのほか、本書の元となる連載や研究発表、個別論文などについては、神奈川大学法学部の井上匡子教授から不断の助言と激励をいただき、また貴重なご意見を数多くいただいた。本書は、これらの機会を通じて得た知見や報告内容も踏まえて、まとめ上げたものである。

また、本書の元となった上記連載の発案から各回の作成、そして本書に取りまとめるまで、株式会社民事法研究会で「現代消費者法」副編集長である大槻剛裕氏に多大なご支援を賜った。感謝を記したい。

なお、本書の出版に際しては、筆者が2018年から勤務する成城大学法学部より、出版助成を受けることができた。あらためて御礼申し上げる。

2019年2月28日

成城大学5号館にて
町村　泰貴

『詳解　消費者裁判手続特例法』

目　次

第1章　総　論

第1節｜消費者裁判手続特例法の意義……2

1　集団的消費者被害回復手続の必要性……2
- (1)　消費者の被害回復の障害……2
- (2)　集団的な被害回復制度の必要性……3

2　諸外国の対応……4
- (1)　オプトアウト方式……4
- (2)　オプトイン方式……5
- (3)　併用型……5
- (4)　二段階型……6
- (5)　利益剥奪訴訟……7

第2節｜日本の立法過程……8

1　消費者被害の集団的回復制度導入への議論過程……8
- (1)　保護される消費者からの転換……8
- (2)　クラスアクションから団体訴権へ……9

2　法案への検討過程……12
- (1)　国民生活局時代……12
- (2)　消費者庁研究会……12
- (3)　消費者委員会専門調査会……13
  - (A)　一段階目の手続……13
  - (B)　二段階目の手続……14

(4)　法案化作業 …………………………………………………………………15
　3　消費者裁判手続特例法の概要 ………………………………………………16

第3節｜特定適格消費者団体 …………………………………………………18

1　団体訴権方式の意義 ……………………………………………………………18
　(1)　権利帰属主体による訴訟との違い …………………………………………18
　(2)　団体訴権方式のメリット・デメリット ……………………………………18
2　特定適格消費者団体の認定要件 ………………………………………………20
　(1)　適格消費者団体としての存在およびその業務の適正かつ継続的
　　　行使 ………………………………………………………………………………20
　(2)　被害回復関係業務の適正遂行体制および業務規程の適切な整備 ………20
　　　(A)　被害回復関係業務の定義 ………………………………………………20
　　　(B)　被害回復関係業務の適正な遂行のための体制 ………………………21
　　　(C)　業務規程 …………………………………………………………………21
　(3)　理事および理事会 ……………………………………………………………23
　(4)　専門的な知識経験 ……………………………………………………………23
　(5)　経理的基礎 ……………………………………………………………………23
　(6)　被害回復関係業務に関する報酬および費用 ………………………………23
　(7)　被害回復関係業務以外の業務による支障のないこと ……………………24
3　具体例 ……………………………………………………………………………24
　(1)　特定非営利活動法人消費者機構日本（COJ）………………………………24
　(2)　特定非営利活動法人消費者支援機構関西（KC's）………………………25
　(3)　特定非営利活動法人埼玉消費者被害をなくす会（なくす会）…………25
4　フランスの認証消費者団体との比較 …………………………………………25
　(1)　団体の規模 ……………………………………………………………………26
　(2)　団体の歴史と活動 ……………………………………………………………26
　(3)　日本の団体の脆弱性と負担 …………………………………………………27

第2章　共通義務確認の訴え

第1節｜共通義務確認の訴えの対象　……………………………30
1　法律の列挙する請求と除外する損害　……………………………30
2　個別の請求の対象　……………………………32
(1)　契約上の債務の履行請求権　……………………………32
(2)　不当利得に関する請求権　……………………………33
　(A)　意　義　……………………………33
　(B)　想定される具体例　……………………………34
　(C)　取消し等の権利行使の時期　……………………………35
　(D)　勧誘概念の問題　……………………………37
(3)　債務不履行による損害賠償請求　……………………………37
(4)　瑕疵担保責任に基づく損害賠償請求　……………………………38
(5)　不法行為に基づく損害賠償請求権　……………………………39
　(A)　意　義　……………………………39
　(B)　損害の限定　……………………………40
　(C)　特別法による不法行為の除外　……………………………40
3　共通義務確認の訴えの訴訟物　……………………………42
(1)　共通義務確認訴訟の定義と訴訟物の考え方　……………………………42
　(A)　基本的な考え方　……………………………42
　(B)　訴訟物に関する学説　……………………………43
　(C)　共通義務の規範類似性　……………………………44
(2)　権利義務が競合する場合の訴訟物の考え方　……………………………45
　(A)　請求権競合の例　……………………………45
　(B)　新訴訟物理論によった場合＝受給権構成　……………………………47
　(C)　旧訴訟物理論によった場合＝個別請求権構成　……………………………48

- (3) 訴訟物構成によるそれぞれの帰結……………………………49
  - (A) 簡易確定手続の対象債権との関係……………………49
  - (B) 共通義務確認訴訟における請求の併合形態と判決の対象………50
  - (C) 必要的併合および関連請求の中止等…………………52
  - (D) 既判力の作用と範囲……………………………………54
- (4) 小　括……………………………………………………57
  - (A) 受給権構成と個別請求権構成の帰結のまとめ…………57
  - (B) 私　見……………………………………………………59

第2節｜訴訟要件……………………………………………………60

1　共通義務確認の訴えの訴訟要件……………………………60
2　当事者適格……………………………………………………60
- (1) 共通義務確認の訴えと原告適格……………………………60
  - (A) 問題の所在………………………………………………60
  - (B) 固有適格説と訴訟担当説………………………………61
- (2) 被告適格……………………………………………………63

3　確認の利益……………………………………………………64
- (1) 一般的な確認の利益と共通義務確認訴訟の特殊性…………64
- (2) 共通性の概念………………………………………………65
- (3) 多数性と確認の利益………………………………………67
- (4) 支配性と確認の利益………………………………………68

第3節｜和　解………………………………………………………70

1　和解による解決の意義………………………………………70
2　共通義務確認の訴えにおける和解…………………………71
- (1) 訴訟上の和解………………………………………………71
  - (A) 共通義務の存否に関する和解…………………………71
  - (B) 共通義務の一部を認める和解…………………………72

(C)　共通義務に付随する事項の和解……………………………73
　　(D)　いわゆる準併合和解……………………………………74
　　(E)　和解の手続…………………………………………………74
　(2)　裁判外の和解の可能性……………………………………74

第4節｜共通義務確認訴訟の判決効………………………………76

1　基本的な考え方……………………………………………………76
2　既判力の主観的範囲………………………………………………77
　(1)　当事者以外の特定適格消費者団体………………………77
　　(A)　確定判決の場合……………………………………………77
　　(B)　確定判決以外の理由による終了の場合…………………78
　(2)　対象消費者に対する既判力の拡張………………………79
3　既判力の客観的範囲と理由中の判断……………………………80
　(1)　原　則………………………………………………………80
　(2)　共通義務確認判決の認定と簡易確定手続の審判対象の関係………82
　(3)　事実上および法律上の原因の拘束力……………………83
4　判決基準時の考え方………………………………………………84
　(1)　一般の場合…………………………………………………84
　(2)　共通義務確認訴訟の認容判決の場合……………………84
　(3)　共通義務確認請求棄却判決の遮断効……………………86

第5節｜共通義務確認訴訟に関するその他の特則……………87

1　対象消費者による補助参加の禁止………………………………87
2　特定認定の失効・取消し…………………………………………88
3　当事者の倒産………………………………………………………89
4　詐害再審……………………………………………………………90

第3章 個別債権確定手続

第1節 総　説 …94

1. 第二段階の全体構造 …94
2. 特定適格消費者団体の手続追行資格 …95

第2節 簡易確定手続 …96

1. 申立ておよび開始決定 …96
   - (1) 申立権者 …96
   - (2) 申立期間 …97
   - (3) 申立方式 …97
     - (A) 当事者の表示 …98
     - (B) 申立ての趣旨および開始原因となる事実 …98
     - (C) 対象債権および対象消費者の範囲 …98
     - (D) その他 …99
     - (E) 費用の予納 …99
     - (F) 添付書類 …99
     - (G) 申立書の写しの送付 …100
   - (4) 簡易確定手続開始決定と同時処分 …100
   - (5) 簡易確定手続開始申立ての取下げ …102
2. 対象消費者への周知 …102
   - (1) 通知・公告 …102
   - (2) 相手方事業者の責任 …104
   - (3) 情報開示命令 …107
3. 対象消費者による授権 …109
   - (1) 説明義務 …109

		(A) 説明すべき内容 ································· 109
		(B) 説明の方法 ····································· 110
		(C) 説明にかかるコストの問題 ······················· 111
	(2)	授権契約 ··· 112
		(A) 授権契約の意義 ································· 112
		(B) 締約義務 ······································· 112
		(C) 授権契約に基づく申立団体の義務 ················· 114
4	債権届出とその後の手続 ······································ 115
	(1)	債権届出 ··· 115
		(A) 届出書の記載事項 ······························· 115
		(B) 対象債権が複数競合している場合 ················· 116
		(C) 国際裁判管轄 ··································· 118
		(D) 訴訟係属中の債権 ······························· 118
		(E) 債権届出書の複数提出 ··························· 118
	(2)	債権届出に対する裁判所の処理 ························· 118
		(A) 送達および届出消費者表の作成 ··················· 118
		(B) 不適法却下 ····································· 119
		(C) 債権届出内容の変更 ····························· 119
		(D) 債権届出の取下げ ······························· 119
	(3)	相手方事業者の認否 ··································· 120
	(4)	認否を争う申出 ······································· 123
	(5)	簡易確定決定 ··· 124
		(A) 審 理 ··· 124
		(B) 決 定 ··· 125
		(C) 簡易確定決定の確定と効力 ······················· 125
5	簡易確定決定に対する異議申立てとその効果 ···················· 127
6	和 解 ·· 129
7	簡易確定手続中の当事者の倒産手続開始 ························ 131

（1）相手方の倒産手続開始……………………………………………131
　　（2）届出消費者の破産…………………………………………………131

第3節｜異議後の訴訟………………………………………………132

 1　異議後の訴訟の提起………………………………………………132
　　（1）訴え提起の擬制……………………………………………………132
　　（2）訴え提起の手数料…………………………………………………133
　　（3）当事者………………………………………………………………133
 2　訴訟物および攻撃防御方法………………………………………134
　　（1）異議後の訴訟の訴訟物とその変更………………………………134
　　（2）異議後の訴訟における請求原因とその変更……………………135
 3　管轄と裁量移送……………………………………………………136
 4　判　　決……………………………………………………………136
　　（1）簡易確定決定が仮執行宣言付き届出債権支払命令の場合……136
　　（2）仮執行宣言が付されていない簡易確定決定の場合……………138
 5　和　　解……………………………………………………………138
 6　異議後の訴訟係属中の当事者・届出消費者の破産……………139

第4章　集団的消費者被害回復手続における保全・執行

第1節｜仮差押え……………………………………………………142

 1　仮差押えの必要性と特殊性………………………………………142
　　（1）財産保全をめぐる議論……………………………………………142
　　（2）消費者裁判手続特例法による仮差押えの特殊性………………143
 2　申立適格……………………………………………………………144
 3　仮差押えの要件……………………………………………………145

(1)	被保全権利···145
(2)	保全の必要性···147
(3)	保証金···147

第2節｜強制執行と届出消費者への分配·····················148
1　相手方事業者が支払うタイミング·························148
2　被害回復金支払いをめぐる諸問題·························150
(1)　相手方事業者が任意に支払いをした場合···············150
(2)　強制執行の場合··151
(3)　仮差押えを経ている場合·································153

第5章　消費者裁判手続特例法の課題

第1節｜問題提起——消費者被害の予防と救済の現状········156
1　差止めと被害回復の対照的な結果·························156
2　集団的消費者被害回復裁判手続の不活発の要因···········157

第2節｜消費者裁判手続特例法のコストとその負担··········160
1　仮差押え··160
2　債権届出までに要する費用·································161
(1)　共通義務確認訴訟の費用·································161
(2)　簡易確定手続申立費用···································161
(3)　知れたる対象消費者への通知費用、一般への公告費用······161
(4)　説明義務の履行··162
3　コスト負担者···162
4　簡易確定手続の費用··163
5　異議後の訴訟その他の費用·································164

第3節　問題解決の必要性と方向性 ……………………………… 165

1　現行法の適合する事案 …………………………………… 165
2　被害回復の実効化の方策 ………………………………… 166
　(1)　被害回復コストの転換 ……………………………… 166
　(2)　損害賠償によるコストの回収 ……………………… 167
　(3)　個別通知の省略ないし緩和 ………………………… 169
　(4)　告知費用の公的負担 ………………………………… 170
3　まとめ ……………………………………………………… 171

第4節　おわりに ………………………………………………… 172

1　集団的消費者被害回復裁判手続の改革の必要性 ……… 172
2　共通義務確認訴訟に関する諸問題 ……………………… 173
3　事業者の財産保全の必要性と困難性 …………………… 174
4　簡易確定手続および異議後の訴訟 ……………………… 176
5　被害回復の担い手と持続可能性 ………………………… 177

第6章　フランスのグループ訴権

第1節　グループ訴権の概要 ……………………………………… 180

1　フランスにおける立法過程 ……………………………… 180
2　グループ訴訟の概要 ……………………………………… 181
　(1)　全体構造 ……………………………………………… 181
　(2)　グループ訴権の対象 ………………………………… 182
　(3)　グループ訴訟の進行 ………………………………… 182

第2節 グループ訴権の担い手 …………………………… 184

1 認証要件 ………………………………………………………… 184
2 認証団体 ………………………………………………………… 184
 (1) 消費者保護・啓発・情報協会（Association de défense, d'éducation et d'information du consommateur）（略称 adéic）……… 185
 (2) 労働者の力（労組）消費者協会（Association force ouvrière consommateurs）（略称 AFOC）………………………………… 185
 (3) 消費者保護のためのレオラグランジュ協会（Association Léo Lagrange pour la défense des consommateurs）（略称 ALLDC、あるいは Léo Lagrange Consommation）………………………… 186
 (4) 全国住居連盟（Confédération générale du logement）（略称 CGL）…………………………………………………………… 186
 (5) 消費・住居・生活環境連合（Consommation, logement et cadre de vie）（略称 CLCV）…………………………………………… 186
 (6) 非宗教家族団体全国連合会（Conseil national des associations familiales laïques）（略称 cnafal）………………………………… 187
 (7) カトリック家族団体全国連合会（Confédération nationale des associations familiales catholiques）（略称 CNAFC）…………… 187
 (8) 全国住居連盟（Confédération nationale du logement）（略称 CNL）…………………………………………………………… 188
 (9) 家族組合連合会（Confédération syndicale des familles）（略称 CSF）…………………………………………………………… 188
 (10) フランスの家族（Familles de France）………………………… 188
 (11) 農村家族（Familles rurales）…………………………………… 189
 (12) 交通機関ユーザ団体全国連盟（Fédération nationale des associations d'usagers des transports）（略称 FNAUT）……… 189
 (13) CGT（労組）被用者消費者への情報提供・保護のための協会

目　次

　　　（Association pour l'information et la défense des consomateurs
　　　salariés-CGT）（略称 INDECOSA-CGT）……………………………………… 190
　⒁　消費者連盟ク・ショワジール（Union fédérale des consommateurs
　　　Que choisir）（略称 UFC ク・ショワジール）……………………………… 190
　⒂　家族協会全国連合（Union nationale des associations familiales）
　　　（略称 UNAF）……………………………………………………………………… 191

第 3 節｜グループ訴訟の実例……………………………………… 193
　1　提訴例 ……………………………………………………………………………… 193
　　【1】　UFC ク・ショワジール対フォンシア ……………………………………… 193
　　【2】　SLC-CSF 対パリ・アビタ OPH ……………………………………………… 194
　　【3】　CLCV 対 AXA ………………………………………………………………… 194
　　【4】　CNL 対 3F …………………………………………………………………… 195
　　【5】　農村家族対 SFR ……………………………………………………………… 196
　　【6】　農村家族対 Manoir de Ker an Poul ……………………………………… 197
　　【7】　CLCV 対 BMW ……………………………………………………………… 197
　　【8】　UFC ク・ショワジール対 BNP PARIBAS ………………………………… 197
　　【9】　CLCV 対 BNP　PPF ………………………………………………………… 198
　　【10】　UFC ク・ショワジール対 NAM …………………………………………… 199
　2　不提訴例 …………………………………………………………………………… 199

第 4 節｜グループ訴権の特徴 ……………………………………… 200
　1　被害額の少額性と対象消費者の多数性 ……………………………………… 200
　2　手続面の特徴 …………………………………………………………………… 201
　　⑴　第一段階の責任判決による損害額決定 ……………………………………… 201
　　⑵　個別の消費者に対する通知・公告の責任主体 ……………………………… 201
　　⑶　第二段階の手続の軽さ ………………………………………………………… 202
　　⑷　調停 médiation の存在 ………………………………………………………… 202

資料　特定適格消費者団体の認定、監督等に関するガイドライン …………………………………………………………… 204

事項索引……………………………………………………… 244
条文索引……………………………………………………… 250

著者紹介……………………………………………………… 253

凡　例

　以下の法令等は、それぞれ冒頭の略号を用いる。その他、判例集や雑誌等の略語は、法律編集者懇話会「法律文献等の出典の表示方法」（2014年版）に原則として準拠する（「参考文献」記載の略称も参照のこと）。
　なお、URLのアクセス確認は、2019年2月14日である。

消費者裁判手続特例法	消費者の財産的被害の集団的な回復のための民事の裁判手続の特例に関する法律（平成25年法律96号）
施行規則	消費者の財産的被害の集団的な回復のための民事の裁判手続の特例に関する法律施行規則（平成27年内閣府令62号）
裁判所規則	消費者の財産的被害の集団的な回復のための民事の裁判手続の特例に関する規則（平成27年最高裁判所規則5号）
団体監督ガイドライン	特定適格消費者団体の認定、監督等に関するガイドライン（消費者庁平成29年10月1日改訂）
特定商取引法	特定商取引に関する法律（昭和51年法律57号）
景品表示法	不当景品類及び不当表示防止法（昭和37年法律134号）
預託法	特定商品等の預託等取引契約に関する法律（昭和61年法律62号）

参考文献

　消費者裁判手続特例法を理解するうえで、特に参考になる文献について記載する。
　なお、以下の文献のうち、ゴシック表記のものは略語のみで引用する。

【単行本】
・**伊藤**　伊藤眞『消費者裁判手続特例法』（有斐閣・2017年）
・**一問一答**　消費者庁消費者制度課編著『一問一答消費者裁判手続特例法』（商事法務・2014年）
・**条解裁判所規則**　最高裁判所事務総局民事局監修『条解消費者の財産的被害の集団的な回復のための民事の裁判手続の特例に関する規則』（法曹会・2016年）
・第一東京弁護士会全期旬和会編著『Q&A 新しい集団訴訟』（日本加除出版・2014年）
・**千葉ほか編**　千葉恵美子＝長谷部由紀子＝鈴木將文編『集団的消費者利益の実現と法の役割』（商事法務・2014年）
・TMI総合法律事務所編『Q&A 消費者裁判手続特例法・消費者契約法』（ぎょうせい・2014年）
・**日弁連コンメンタール**　日本弁護士連合会消費者問題対策委員会編『コンメンタール消費者裁判手続特例法』（民事法研究会・2016年）
・**町村使い方**　町村泰貴『消費者のための集団裁判――消費者裁判手続特例法の使い方』（LABO・2016年）
・**三木**　三木浩一『民事訴訟による集合的権利保護の立法と理論』（有斐閣・2017年）
・**山本**　山本和彦『解説消費者裁判手続特例法〔第2版〕』（弘文堂・2016年）
・山本和彦『民事訴訟法の現代的課題』（有斐閣・2016年）

【個別論文】
・井口尚志「消費者相談・ADRと集団的消費者被害への対応（日本版クラスアクションとは何か）」法セ2014年5月号34頁以下
・伊藤眞「消費者被害回復裁判手続の法構造――共通義務確認訴訟を中心として

——」曹時66巻8号（2014年）2048頁
- 上原敏夫「デンマークにおけるクラスアクション（集団訴訟制度）の概要」NBL917号（2009年）72頁
- 上原敏夫「集団的消費者被害回復手続の理論的検討」伊藤眞先生古稀祝賀記念『民事手続の現代的使命』（有斐閣・2015年）27頁
- 大髙友一「集団的消費者被害救済制度成立の意義と課題」現代消費者法23号（2014年）4頁以下
- 大沼真＝マタイス　カウパース「欧州版クラスアクション制度の構築へ　EUにおける集団訴訟をめぐる現状と最新の立法提案」ビジネス法務18巻7号（2018年）116頁
- 大村雅彦「カナダ（オンタリオ州）のクラスアクション制度の概要（上・下）NBL911号（2009年）34頁、912号（2009年）82頁
- 荻村慎一郎「フランスにおける団体訴訟」本郷法政紀要10号（2001年）93頁
- 荻村慎一郎「フランスにおける団体訴訟と訴訟要件」法協121巻6号（1994年）781頁
- 小田典靖「国民生活センター紛争解決委員会のADR手続と集団的消費者被害」現代消費者法23号（2014年）34頁
- 小田典靖「消費者裁判手続特例法の成立と被害救済の現実（日本版クラスアクションとは何か）」法セ2014年5月号34頁
- 小田典靖「日本における近年の消費者被害の救済と抑止に関する立法の動き」比較79号（2017年）12頁
- 垣内秀介「共通義務確認訴訟及び簡易確定手続における和解」法の支配182号（2017年）77頁
- 笠井正俊「消費者裁判手続特例法に基づく請求・審理・裁判等に関する手続上の諸問題」千葉ほか編362頁
- 笠井正俊「共通義務確認訴訟の構造―特に、訴訟物、当事者適格、判決効」法の支配182号（2017年）67頁
- 鹿野菜穂子「消費者裁判手続特例法と民事実体法（日本版クラスアクションとは何か）」法セ2014年5月号34頁
- 加納克利＝松田知丈「集団的消費者被害回復に係る訴訟制度案について」NBL989号（2016年）16頁
- 加納克利＝須藤希祥「消費者裁判手続特例法における仮差押えと強制執行手

続」ジュリ1481号（2015年）42頁
- 加納克利＝小田典靖「消費者裁判手続特例法の制定の経緯及び制度の概要等について」法の支配182号（2017年）44頁
- クラスアクション研究会「代表当事者訴訟法試案」ジュリ672号（1978年）17頁
- **後藤ほか判タ論文**　後藤健＝北澤純一＝長谷部幸弥＝北川清＝増森珠美＝金地香枝「共通義務確認訴訟と異議後の訴訟について」判タ1429号（2016年）5頁
- **近藤ほか判タ論文**　近藤昌昭＝太田晃詳＝古閑裕二＝森純子＝小池明善＝関述之＝西岡繁靖＝瀬戸茂峰＝澤田博之「保全・執行手続」判タ1431号（2017年）5頁
- 酒井一「消費者の権利保護のための集合訴訟――訴訟対象から見た集合手続」千葉ほか編306頁
- 佐野つぐ江「米国各州における反トラスト法執行の実態（下・完）」公正研究693号（2008年）50頁
- 島岡聖也＝市川佐知子「日米クラスアクションのリスク管理：BDTI 研究会報告書から〈1〜4・完〉」NBL1120号（2018年）16頁、1122号（2018年）69頁、1124号（2018年）80頁、1126号（2018年）84頁
- 杉原丈史「フランスにおける集団的利益擁護のための団体訴訟」早法72巻2号（1997年）93頁
- 鈴木敦士「消費者裁判手続特例法における仮差押えの手続と課題」現代消費者法23号（2014年）19頁
- 宗田貴行「独における集団的被害救済制度の改革――競争制限禁止法への利益返還命令制度の導入」際商42巻7号（2014年）1018頁
- 宗田貴行「適格消費者団体の差止請求権の種類・目的・要件・内容――妨害排除請求権の意義とその活用――」独協105号（2018年）161頁
- 宗田貴行「消費者の集団的利益保護のための団体訴訟に関する EU 指令案：適格消費者団体訴訟・消費者裁判手続特例法との比較検討」独協106号（2018年）334頁
- 高田昌宏「ドイツにおける集団的訴訟制度の概要」NBL964号（2011年）44頁、965号（2011年）78頁
- 千葉恵美子「実体法の観点から見た消費者裁判手続特例法に基づく被害回復制度の位置づけ――集団的消費者利益とその実現の担い手との関係に着目して」

法の支配182号（2017年）55頁
- 番井菊世「消費者を取り巻く近時の法状況について（第2回）消費者裁判手続特例法と司法書士の役割」月報司法書士540号（2017年）62頁
- 都筑満雄「集団的消費者被害の回復と不法行為法――近時におけるフランス法の展開を参考に」名法254号（2014年）795頁
- **中山ほか判タ論文**　中山孝雄＝堀田次郎＝川畑正文＝千賀卓郎「簡易確定手続」判タ1430号（2017年）6頁
- 二之宮義人「特定適格消費者団体の役割と制度活用に向けた課題」現代消費者法23号（2014年）27頁
- 長谷部由起子「集団的消費者利益の実現における司法と行政――民事訴訟法学からみた役割分担」千葉ほか編411頁
- 長谷部由起子「特定適格消費者団体のする仮差押えと強制執行」法の支配182号（2017年）87頁
- 長谷部由起子「共通義務確認訴訟の理論的課題――訴訟物と特定適格消費者団体の原告適格を中心に」高橋宏志先生古希祝賀論文集『民事訴訟法の理論』（有斐閣・2018年）677頁
- 八田卓也「消費者裁判手続特例法の当事者適格の観点からの分析」千葉ほか編381頁
- 林秀弥「競争法分野への集団的消費者被害救済制度導入にあたっての実体法的課題」現代消費者法23号（2014年）39頁
- リチャード.L.マーカス（大村雅彦訳）「アメリカのクラスアクション――疫病神か救世主か」大村雅彦＝三木浩一編『アメリカ民事訴訟法の理論』（商事法務・2006年）225頁
- 前田美千代「ブラジル集団訴訟制度における保護法益と判決の効力」比較79号（2017年）88頁
- 前田美千代「公的機関を主体とする消費者集団訴訟」現代消費者法40号（2018年）28頁
- 町村泰貴「消費者裁判手続特例法の立法と特徴（日本版クラスアクションとは何か）」法セ2014年5月号34頁
- 町村泰貴「消費者裁判手続特例法の共通義務確認の訴えと訴訟物」北法65巻3号（2014年）551頁
- 三木浩一「集団的権利保護訴訟制度の構築と比較法制度研究の意義――アメリ

- カのクラスアクションを中心として」NBL882号（2008年）9頁
- 三木浩一「ノルウェーにおけるクラスアクション（集団訴訟制度）の概要」NBL915号（2009年）41頁、916号（2009年）56頁
- 三木浩一「ブラジルにおけるクラスアクション（集団訴訟制度）の概要」NBL961号（2011年）48頁
- 三木浩一「日本版クラスアクションの立法について（特集　日本・ブラジル消費者法の現状と展望(1)」法学研究86巻9号（2013年）17頁
- 三木俊博＝菊田博之「集団的消費者被害救済制度の手続と課題」現代消費者法23号（2014年）11頁
- 籾岡宏成「アメリカ合衆国」比較79号（2017年）69頁
- 籾岡宏成「アメリカ合衆国における行政機関による司法手続を通じた消費者被害の金銭的救済」現代消費者法40号（2018年）42頁
- 山本和彦「フランスにおける消費者団体訴訟」ジュリ1320号（2006年）98頁
- 山本和彦「フランスにおける消費者団体訴訟制度の概要」NBL942号（2010年）22頁、923号（2010年）19頁
- 山本和彦「フランスにおける消費者グループ訴訟」一法13巻3号（2014年）123頁
- 楪博行「クラス・アクションにおける典型性の要件について」白鴎24巻2号（2017年）73頁
- 楪博行「クラス・アクションの成立認証手続と事実審理」白鴎24巻3号（2018年）249頁
- 楪博行「クラス・アクションの代理人を巡る問題：弁護士報酬と倫理」白鴎24巻3号（2018年）273頁
- 横内律子「消費者団体訴訟制度と適格団体の要件」調査と情報481号（2005年）1頁
- カズオ・ワタナベ（前田美千代訳）「ブラジル消費者法の概要」法研86巻9号（2013年）5頁
- 渡部美由紀「消費者団体による訴訟と執行を巡る諸問題」千葉ほか編319頁

参考文献

【座談会】
・伊藤眞＝今井和男＝加藤新太郎＝後藤健＝野々山宏＝我妻学「座談会・消費者裁判特例手続の施行に向けて」法の支配182号（2017年）6頁
・山本和彦＝小田典靖＝中村美華ほか「座談会　消費者裁判手続特例法の実務対応（上・下）2016年10月1日施行に向けて」NBL1064号（2015年）4頁、1066号（2016年）14頁

【関係報告書】
・京都弁護士会『ギリシャ・フランスにおける集団的消費者被害回復訴訟制度の運用状況に関する調査報告書』（2014年）
・比較法研究センター編『アメリカ、カナダ、ドイツ、フランス、ブラジルにおける集団的消費者被害の回復制度に関する調査報告書』（2010年）
・比較消費者被害救済制度研究会編『諸外国における消費者の財産被害事案に係る行政による経済的不利益賦課制度及び隠匿・散逸防止策に関する調査・報告書』（2013年）

第1章 総論

第1章　総　論

第1節　消費者裁判手続特例法の意義

1　集団的消費者被害回復手続の必要性

(1)　消費者の被害回復の障害

　消費者が事業者との取引に関連して損害を被ったという場合、事業者に落ち度があれば、消費者はその損害に見合う金銭を事業者に請求することができる。これは実体法の帰結であり、不法行為、不当利得、あるいは債務不履行における履行請求や損害賠償などの請求権を行使すれば、被害回復が可能となる。

　しかしこれらの請求権を個々の消費者が法的に行使するには、被害が少額にとどまること、被害者が多数に及ぶこと、そして被害回復の可能性に気づきにくいことといった特徴が障害となる。

　被害額が少額になることは、消費者庁の資料でも、消費者被害にあたると認識した取引での支払額は7割以上が30万円以下と答えており、個々に弁護士を選任するなどして民事訴訟を提起するコストには見合わないものが大部分である。また同じ被害が多数の消費者に生じるということは、相手方事業者が任意に被害回復を行うことを妨げるインセンティブになってしまっている。そして被害回復の可能性に気づきにくいことは消費者庁の調査にも現れており、消費者被害を受けたと認識した人の中で消費者相談をしたが、それ以上のことをしなかったと答えた人は39％に上っている。そしてその理由としては、自ら交渉しても被害回復ができるとは思わなかったとする人が43.6％、自分にも責任があると思ったという人も43.6％となっている。

　これらの特徴から、被害に遭った消費者は裁判へのアクセスが困難である

1　「『消費者被害についての意識調査』について（平成22年度第1回消費生活ウォッチャー調査）」（2011年1月実施）。
2　消費生活ウォッチャー調査・前掲（注1）参照。

とともに、それ以前に、法へのアクセスも十分ではないことがわかる。裁判へのアクセスは、法律扶助の充実などが有効な対策となるが、法へのアクセスが妨げられていれば、消費者の側の積極的・能動的な行動も当然には期待できない。長期的な対策としては法教育の要素を含んだ消費者教育が必要となるし、被害発生時にも、いわばプッシュ型の情報提供や寄り添い型の支援などが必要となる。そして個々の消費者の被害を法的手段によって回復するためには、そのような消費者が参加できるための制度的な基盤が必要となる。

(2) 集団的な被害回復制度の必要性

そこで、これらの障害を克服して、少額多数の消費者被害の回復を現実のものとするため、集団的な被害回復制度が必要となる。

従前の民事訴訟法の下でも、個別の消費者一人ひとりが弁護士を選任して訴え提起をするだけでなく、特定の弁護士（弁護団）が同じ境遇の多数の消費者による訴えをまとめて提起することを意図して事件を受任する方式（いわゆる弁護団方式）により集団化する方法がとられてきた。また、制度的には、民事訴訟法30条の選定当事者制度が「共同の利益を有する多数の者」の訴えを一人ないし少数の代表者によって提起できるものとして存在し、1996年の現行民事訴訟法では追加的選定を可能にすることで、選定当事者制度を用いた集団提訴を容易にすることが企図されていた。

もっとも、弁護団方式が多用された一方で、選定当事者制度はほとんど活用されなかった[3]。これは選定当事者による訴訟追行によって確かに一定の規模の経済は実現できるものの、その効果は弁護団方式とほとんど変わらず、かえって選定当事者となる者の負担が重くなるほか、初めからすべての者が通常共同訴訟の当事者として扱われるよりも手続的に複雑になるという難点もあった。

また、いずれにしても少額多数の消費者被害回復については、原告となるべき消費者が最初から積極的に訴え提起を決断し、弁護団方式なら訴状や委

---

[3] 秋山幹男ほか『コンメンタール民事訴訟法Ⅰ〔第2版追補版〕』（日本評論社・2014年）314頁参照。

任状に署名や押印をして提出しなくてはならず、選定当事者制度でも選定行為をしなければならない。これを一般にオプトイン方式と呼ぶが、上述した障害（上記(1)参照）がある中で、多数の消費者が少額の被害回復を求めて、自ら提訴に必要な行為をすることを求めるオプトイン方式は、やはり限界があった。[4]

2　諸外国の対応

以上のような消費者被害の特徴は、大量生産・大量消費社会であれば国を問わないものであるので、多くの国で、消費者被害回復を実効的に行うべき制度がさまざまに展開されている。

(1)　オプトアウト方式

まず特定の原告が被告事業者に対して消費者被害回復を求める訴えを提起して、訴えの対象たる被害を受けた消費者が自ら適用除外を申出ない限り、その判決の効力が全員に及ぶとする類型がある。これをオプトアウト方式といい、アメリカ合衆国のクラスアクション制度[5]がその典型とされている。アメリカの連邦民訴規則 Federal Rules of Civil Procedure 23条[6]に規定されている制度は、共通する利益を有する多数者（これをクラスという）のうちの一部が原告となり、そのクラス全員のために訴訟追行し、その結果出された判決や和解の効力がクラス全員に有利不利を問わず及ぶというものである。クラスメンバーはクラスアクションによる訴訟が認められると、その旨の告知

4　消費者の集団化と選定当事者の難点については、山本6頁以下参照。

5　わが国でアメリカのクラスアクションを紹介するものは数多いが、差し当たり浅香吉幹『アメリカ民事手続法〔第2版〕』（弘文堂・2008年）35頁以下、リチャード.L.マーカス（大村雅彦訳）「アメリカのクラスアクション——疫病神か救世主か」大村雅彦＝三木浩一編『アメリカ民事訴訟法の理論』（商事法務・2006年）225頁、楪博行「クラスアクションの成立認証手続と事実審理」白鴎24巻3号（2018年）249頁、同「クラスアクションの代理人を巡る問題」273頁、同「クラスアクションにおける典型性の要件について」白鴎24巻2号（2017年）73頁など参照。なお、日本の消費者裁判手続特例法立法準備のために検討されたものとして、三木96頁以下。

6　連邦民訴規則は連邦裁判所の下での訴訟手続法であり、これ以外に各州裁判所には独自の訴訟手続法が存在する。クラスアクションも各州にそれぞれ規定がある。

を受け、除外の申出をすれば判決等の効力を受けない。

(2) オプトイン方式

逆にわが国の選定当事者制度と同様のオプトイン方式は、ドイツの法的サービス法が消費者団体に個別の消費者の有する請求権を譲り受けて取立てのための訴訟を提起することを認めているもの[7]、フランス法において認可を受けた消費者団体が消費者から書面による委任を受けてその損害賠償請求権を行使できる共同代位訴権[8]などがある。

スウェーデン法[9]も、集団訴訟の対象となる請求権を有する者、消費者団体等の団体、消費者オンブズマン等の公的機関の三種類の者が、争点の共通性、代表の適切性、共通争点の支配性、手段としての優位性などに相当する集団訴訟の認可要件を満たした請求を訴求することができ、この訴訟において、訴え提起後の一定の期間内にクラス構成員への告知を国費により行い、その期間内に届出をしなかったクラス構成員は、離脱したものとみなされる[10]ので、オプトイン方式といってよい。

(3) 併用型

これに対してオプトアウトとオプトインとの併用型ともいうべき制度が、ノルウェーに見られる[11]。ノルウェー法は、上記のスウェーデンと類似の制度が置かれているが、その中で個別審理が必要な個別争点が存在せず、請求金額が非常に小さく相当多数の者にとって個別訴訟の提起が困難である場合にはオプトインを必要とせず、オプトアウトの意思を表明しなければ判決の効

---

[7] 宗田貴行「ドイツにおける集団的消費者被害救済制度に関する調査報告」比較法研究センター編『アメリカ、カナダ、ドイツ、フランス、ブラジルにおける集団的消費者被害の回復制度に関する調査報告書』(2010年) 42頁、特に43頁以下、高田昌宏「ドイツにおける消費者保護のための集団的権利保護の制度」比較法研究センター編・同前85頁、特に86頁以下、同「ドイツにおける集団的訴訟制度の概要」NBL964号 (2011年) 44頁、965号 (2011年) 78頁参照。

[8] 山本67頁参照。

[9] 萩原金美『スウェーデン手続諸法集成』(中央大学出版部・2011年) 1頁に翻訳がある。以下、スウェーデンの集団訴訟手続に関する法律の内容・訳語は同書による。

[10] 集団訴訟手続に関する法律14条。

[11] 三木浩一「ノルウェーにおけるクラスアクション (集団訴訟制度) の概要」NBL915号 (2009年) 41頁、916号 (2009年) 56頁。

第1章　総　論

力を受けるものとされている。消費者紛争には限られず、また原告適格もクラスメンバーや団体、政府機関に認められる。デンマークでも同様の制度があるが、そこではオプトアウト方式の場合政府機関のみに原告適格を認めるなどの特徴がある。[12]

　オプトアウト型とオプトイン型とを区別する基準は少額および多数という点にあり、注目に値する。

(4)　二段階型

　さらに、二段階型というべき制度が、ブラジル、フランス、ギリシャなどにみられる。それらは、共通の被害を受けた消費者の権利や事業者の有責性を確認する第一段階と、第一段階で確認されたところを前提に、各消費者への被害回復を実際に行う第二段階と手続を分けたもので、本書で扱う日本の消費者裁判手続特例法もこの二段階型に属する。日本法の立法にあたって注目されたのがブラジル法であるが[13]、そこでは同種の個別的権利が多数存在している場合に、一定の公的機関または私的団体がその金銭支払義務の確認を求めることができるとされている。[14]

　この判決は概括給付判決と呼ばれ、その効力は有利にクラス構成員に及ぶ。クラス構成員は各自で、または団体を通じて、判決を援用して損害回復の訴訟を提起する。そのためには、判決の周知が必要となるが、個々のクラス構成員に通知することは義務づけられておらず、官報、マスコミ報道、ウェブサイトでの公表で足りるものとされている。この個別訴訟が1年以内に提起されない場合には、クラスの代表者がクラス全体の損害を立証して支払いを

12　上原敏夫「デンマークにおけるクラスアクション（集団訴訟制度）の概要」NBL917号（2009年）72頁。

13　三木浩一＝尾島史賢「ブラジル連邦共和国における集合訴訟制度の概要」比較法研究センター編・前掲（注7）125頁、三木浩一「ブラジルにおけるクラスアクション（集団訴訟制度）の概要」NBL961号（2011年）48頁、前田美千代「ブラジル集団訴訟制度における保護法益と判決の効力」比較79号（2017年）88頁、カズオ・ワタナベ（前田美千代訳）「ブラジル消費者法の概要」法研86巻9号（2013年）5頁、特に11頁以下参照。

14　前田・前掲（注13）89頁。なお、公的機関による集団訴訟に関しては、同「公的機関を主体とする消費者集団訴訟」現代消費者法40号（2018年）28頁に詳しい。

求め、認容された金銭は基金化されて消費者被害回復などに用いられる。もっとも、この場合は原告の収入とはならないので、もっぱら公的機関がこれを行うものとされている。

またギリシャの消費者団体訴権[15]も、二段階で消費者の損害回復を実現するものである。消費者団体は、「違法行為によって消費者が被った損害の回復を求める権利の確認」を求めて事業者に対する訴えを提起し、その認容判決が確定すると、損害を受けた消費者が事業者に対して、それぞれの請求を書面により通知する。通知から30日経過後は、請求権の金額が明確な場合は裁判所に支払督促を発付するよう求めることができる。第一段階の確認訴訟が却下または棄却されたとしても、個別の消費者の訴え提起を妨げない。

なお、フランスの制度は、その実情や担い手のとなる消費者団体についても、わが国の制度との比較に参考となるので、本書第6章であらためて紹介する

(5) **利益剥奪訴訟**

消費者の被害回復を直接実現するわけではないが、事業者が得た不当な収益を剥奪することで、被害の予防につなげようとする制度が、ドイツ、アメリカなどにみられる。

アメリカでは、証券取引規制の分野において、証券取引委員会（SEC）が規制違反企業に対して民事制裁金を賦課し、利益吐出し命令を裁判所に請求するという制度がある。公正取引関係でも、公正取引委員会（FTC）が同様に規制違反企業に対して民事制裁金を賦課し、違反行為の差止めとともに利益吐出し命令を裁判所に請求するという制度がある。いずれも利益吐出し命令によって納付された金銭は、それらの違反行為による被害者に分配されることが予定されている[16]。

ドイツでは、不正競争防止法上の利益剥奪訴訟を消費者団体などが裁判所に提起して、納付を命じられた金員は国庫に帰属するという制度がある[17]。ま

---

15 京都弁護士会『ギリシャ・フランスにおける集団的消費者被害回復訴訟制度の運用状況に関する調査報告書』（2014年）。

た競争制限禁止法（いわゆるカルテル法）には、カルテル庁による利益剥奪制度がある。[18]

第2節　日本の立法過程

1　消費者被害の集団的回復制度導入への議論過程

(1)　保護される消費者からの転換

　日本でもすでに早くからアメリカのクラスアクションが注目を集め、その導入の可否をめぐる議論がなされていたが[19]、消費者裁判手続特例法の立法に関しては、2000年前後からの法状況の変化が背景にある。

　消費者法は、事業者と消費者という私人間の契約・不法行為紛争を対象とするものながら、民事法的な解決よりも行政規制による事前予防が中心であった。行政庁の役割も、2009年の消費者庁設置・消費者委員会設置を経て[20]、むしろ強化される方向にある。もっとも、それとは別に民事ルールの強化も

16　これらについて、小原喜雄ほか「アメリカにおける集団的消費者被害の回復等に関する調査報告」比較法研究センター編・前掲（注7）1頁以下、粕岡宏成「アメリカ合衆国」比較79号（2017年）69頁、特に79頁以下、同「アメリカ合衆国における行政機関による司法手続を通じた消費者被害の金銭的救済」現代消費者法40号（2018年）42頁、古谷貴之「米国における原状回復、ディスゴージメント、及び民事制裁金制度」比較消費者被害救済制度研究会編『諸外国における消費者の財産被害事案に係る行政による経済的不利益賦課制度及び隠匿・散逸防止策に関する調査・報告書』（2013年）83頁など参照。

17　宗田・前掲（注7）48頁以下、高田・前掲（注7）89頁以下のほか、宗田貴行「ドイツにおける消費者の財産被害事案に係る行政による経済的不利益賦課制度に関する調査」比較消費者被害救済制度研究会編・前掲（注16）16頁、同「独における集団的被害救済制度の改革——競争制限禁止法への利益返還命令制度の導入」際商42巻7号（2014年）1018頁など参照。

18　宗田・前掲（注7）63頁以下、高田・前掲（注7）94頁以下参照。

19　日本におけるクラスアクション導入論は、1970年代に盛り上がりを見せ、クラスアクション立法研究会「代表当事者訴訟法試案」ジュリ672号（1978年）17頁などの提案もなされていた。

20　原早苗＝木村茂樹編著『消費者庁・消費者委員会創設に込めた想い』（商事法務・2017年）参照。

図られている。その象徴的な立法が2001年の消費者契約法施行である[21]。これによって、不当勧誘行為や不当条項に対する民事的救済が本格的に取り入れられた。つまり、一方では割賦販売法や訪問販売法（特定商取引法）、景品表示法などの行政規制立法とその執行力を強化しつつも、他方で消費者自身による被害回復のための事後的な法的手段を消費者法の主要な法目的実現ルートとしてきた。

この大きな方向づけは、2004年に消費者保護基本法が改正されて法律名も消費者基本法となった中にも現れている。そこでは保護対象としての消費者から自立する消費者へと基本的視点が転換され、事前規制中心から事後的な救済をも重視する政策へと変わったのである[22]。

(2) クラスアクションから団体訴権へ

　(A) クラスアクション導入論とその批判

もっとも少額多数被害という特徴がある以上、消費者自身が法的手段をとるとしても限界がある。そこでは消費者による訴訟等を通じた権利回復や不当な行為の抑止が可能となるような制度枠組みを導入する必要があった。

その具体的な方策としては、少額多数被害の回復方法として成功しているようにみえるアメリカのクラスアクション制度がかねてよりモデルとされてきたが、これには二つの方向から強い反対があった。一つは、アメリカにおけるクラスアクションにアレルギーを有する財界の反対であり、もう一つは、従来の訴訟原則と不適合による反対論である。

前者、すなわち財界からの反対論は、消費者取引における広告宣伝や勧誘方法について、法令違反に巨額な損害賠償が課されることになると、過剰なサンクションとなり、企業活動に対する萎縮効果をもたらすというものである。もっとも、この反対論は必ずしも的を射たものではない。というのも、

21　消費者庁消費者制度課編『逐条解説消費者契約法〔第3版〕』（商事法務・2018年）、落合誠一『消費者契約法』（有斐閣・2001年）参照。

22　その一つの象徴的な政策が司法制度改革であったことは、いうまでもない。松永邦男『司法制度改革推進法・裁判の迅速化に関する法律』（商事法務・2004年）4頁以下など参照。

第1章 総　論

　アメリカでは、弁護士数が大量であること、純粋な成功報酬制の下で原告となる消費者はリスクなく訴え提起が可能であること、懲罰賠償制度があり、悪質な場合には実損害を大きく超える賠償が見込まれること、広範な証拠と情報の開示を必要とするディスカバリ制度があり、そのコスト負担があること、陪審裁判が民事訴訟でも保障されており、事実認定にしても賠償額の決定にしても必ずしも予見可能性がないこと、その結果、不確実性の下で和解に応じるインセンティブが特に被告企業側に働き、それが原告の訴え提起のインセンティブをさらに押し上げていることなど、手続法上のさまざまな要因が合わさってクラスアクションの「脅威」となったものである。加えて実体法的にも製造物責任が厳格責任となるなど、被害者救済に傾斜した制度となっている。[23]クラスアクションが企業活動に萎縮効果をもたらすという反対論は、このような諸要因を異にしている日本では全くあてはまらないものであった。

　これに対して後者の反対論、すなわちわが国の訴訟原則との不適合という点は重要である。クラスアクションは訴訟外の同じクラス構成員に対してオプトアウト方式をとるので、判決の効力は原則として訴訟当事者に限って拘束力を有するという基本原則から外れるものである。もちろん、わが国の実定法上も、判決効が当事者以外の者に及ぶ場合がいくつか存在するが[24]、それらは判決効を及ぼすだけの代替的手続保障[25]や判決効拡張の必要性[26]が前提となっており、手続的にも当事者適格の限定[27]や参加可能性[28]などが用意され、判決

[23] 三木107頁以下は、これらを「ヤンキー・パッケージ」と呼ぶこともあるとし、その基盤のない国でクラスアクションを移植したとしても、アメリカと同じような弊害は起きようがないとしている。
[24] 民事訴訟法115条1項2号以下や人事訴訟法24条、会社法838条など。
[25] 訴訟担当における被担当者は、担当者による手続追行でその利益が保護される点が判決効の拡張の正当化要素の一つとなっている。秋山幹男ほか『コンメンタール民事訴訟法Ⅱ〔第2版〕』（日本評論社・2006年）480頁。
[26] 口頭弁論終結後の承継人について、秋山ほか・前掲（注25）482頁参照。
[27] たとえば人事訴訟では利害関係の強い身分関係の当事者を当事者とすることで、不当な判決が対世効をもつことを防いでいるといいうる。
[28] 人事訴訟法15条、68条参照。

の効力が及ぶ者の保護がそれなりに図られているということができる。

(B) 団体訴権の導入

そこで、2002年に閣議決定された司法制度改革推進計画では少額多数被害への対応として「いわゆる団体訴権の導入」が掲げられた[29]。これが現実のものとなったのが、2006年の消費者契約法改正による適格消費者団体の差止請求権創設である[30]。もっとも、この時点では単に差止請求権のみを付与することとし、損害回復訴権には踏み込まないものにとどまっていた。その際の国会の附帯決議では、「消費者被害の救済の実効性を確保するため、適格消費者団体が損害賠償等を請求する制度について、……その必要性等を検討すること」とされていた[31]。同旨の附帯決議は、その後2008年の消費者契約法改正の際にも繰り返されている[32]。

同年の国民生活審議会意見書でも、消費者団体訴訟の損害賠償請求への拡大が検討されるべきであると明記されていた[33]。

相前後して、2007年には国際的にも経済協力開発機構（OECD）の理事会が「消費者の紛争解決及び救済に関する勧告」を公表した[34]。その中では、個々の消費者による紛争解決システム利用や消費者保護執行機関の救済策と並んで、集合的に提起する消費者のための紛争解決・救済のしくみが提供されるべきだとされていた。

さらに前述したように2009年には消費者行政の司令塔としての消費者庁および消費者委員会が設置されるに至ったが、その消費者庁及び消費者委員会

---

29 松永・前掲（注22）213頁参照。
30 その経緯等について、消費者庁消費者制度課編・前掲（注21）28頁以下参照。
31 消費者庁消費者制度課編・前掲（注21）660頁以下参照。
32 消費者庁消費者制度課編・前掲（注21）700頁以下参照。なお、三木浩一教授を中心として、それ以前から比較法的研究が積み重ねられてきた。三木浩一「集団的権利保護訴訟制度の構築と比較法制度研究の意義——アメリカのクラスアクションを中心として」NBL882号（2008年）9頁。
33 国民生活審議会「消費者・生活者を主役とした行政への転換に向けて（意見）」（2008年）52頁。
34 その概要、原文等は、国立国会図書館インターネット資料収集保存事業（WARP）サイトから、「消費者の窓」＞「国際関係」に進むことでアクセスできる。

設置法附則には、消費者庁発足後３年をめどとして「加害者の財産の隠匿又は散逸の防止に関する制度を含め多数の消費者に被害を生じさせた者の不当な収益をはく奪し、被害者を救済するための制度について検討を加え、必要な措置を講ずるものとする」と規定されていた。

そこで、これらに基づく立法作業として、消費者裁判手続特例法の制定に向けた本格的な検討が始まったのである。

2　法案への検討過程

(1) 国民生活局時代

まずは2008年に、消費者庁発足前の内閣府国民生活局の下で、三木浩一・慶應義塾大学教授を座長とする「集団的消費者被害回復制度等に関する研究会」が組織され、2009年に現状の日本法と外国法の整理を中心とする「報告書」が公表された[35]。

この報告書では、当時の消費者団体訴訟制度（差止請求）、民事訴訟手続、刑事訴訟手続、行政手続のそれぞれによる消費者被害救済手続を検討し、また諸外国の制度の状況も調査検討し、今後の検討の視点を以下のように提示していた。

まず消費者被害事案としてどのような事例を想定するか、次いで被害回復を目的とするのか違法行為の抑止または不当収益の剥奪を重視するのか、さらに検討されるべき論点、資産保全の要否、そしてどのような消費者像を想定するかという問題も念頭に置く必要があるとしている。

(2) 消費者庁研究会

続いて2009年に消費者庁の下で、同じく三木教授を座長とする「集団的消費者被害救済制度研究会」が組織され、2010年に「報告書」が公表された[36]。

35　山本27頁以下参照。報告書は国立国会図書館デジタルコレクションにアーカイブされている。

36　座長による解説として、三木217頁以下。また報告書は、消費者庁のウェブサイトに掲載されている〈http://www.caa.go.jp/policies/policy/consumer_system/collective_litigation_system/about_system/committees_and_reports/pdf/report_201009.pdf〉。

この報告書においては、以下の4案が示され、議論の方向性が整理された。
① オプトイン型二段階型訴訟（A案）
② オプトアウト型二段階型訴訟（B案）
③ オプトアウト型クラスアクション（C案）
④ 選定当事者（民事訴訟法30条）と同様のオプトイン型訴訟担当（D案）

(3) 消費者委員会専門調査会

これを受けて2010年に、今度は消費者委員会の下で、伊藤眞・早稲田大学教授を座長とする「集団的消費者被害救済制度専門調査会」が組織された。そして2011年に、基本的に上記(2)のA案に基づいて具体的な手続を検討した報告書が公表された。[37]

そこで示された手続の概要は、以下のようなものであった。

(A) 一段階目の手続

(a) 訴えの提起

新たな認定を受けた適格消費者団体が、共通争点について確認を求める訴えを提起する。

(b) 共通争点に関する審理

裁判所は、共通争点について、原則として、民事訴訟法の規律に従い審理をする。

和解等により訴訟が終了することもありうる。

(c) 判　決

裁判所は、共通争点について確認する判決を行う。判決は、二段階目の手続に加入した対象消費者に対しても効力が及ぶこととする。

(d) 上　訴

判決について、原告および被告は、上訴をすることができる。

---

[37] 山本33頁以下参照。報告書は、一問一答223頁以下に採録されているほか、委員会の記録とともに、消費者委員会のウェブサイトに掲載されている〈https://www.cao.go.jp/consumer/history/01/kabusoshiki/shudan/index.html〉。

(B) 二段階目の手続

　(a) 簡易な手続の開始

一段階目の手続における（一部）認容判決が確定したときは、一段階目の手続の原告であった適格消費者団体（以下、「申立団体」という）が、二段階目の手続開始の申立てをする。

　(b) 手続開始の決定

裁判所は、申立てを受けて、二段階目の手続を開始する決定をする。

二段階目の手続を開始する決定をするときは、同時に対象消費者が有する請求権の届出をすべき期間を定めることとする。

　(c) 二段階目の手続への加入を促すための通知・公告

申立団体は、二段階目の手続に加入することのできる対象消費者のうち知れたる者に対し、原則として個別通知をし、また、インターネット等を利用するなど相当な方法による公告をすることとする。

　(d) 二段階目の手続への対象消費者の加入

申立団体は、対象消費者からの授権を受け、裁判所に対し、対象消費者の請求権の届出を行う（以下、この方法により加入した対象消費者を「加入消費者」という）。

　(e) 簡易な手続の審理

届出内容（加入消費者の有する請求権の存否およびその数額）について、相手方事業者が一定期間内に異議を述べなかったときは、届出内容は確定する。相手方事業者が異議を述べた場合には、申立団体は裁判所に対し、届出内容についての決定を求めることができることとする。

　(f) 簡易な手続における決定

裁判所は、加入消費者の請求権の存否およびその数額について決定をする。

　(g) 異議申立て（異議訴訟提起）

裁判所の決定に対して不服のある加入消費者は、申立団体に授権をすることにより、または自ら異議を申し立てることができ、不服のある相手方事業者も異議を申し立てることができることとする。

(h) 訴訟手続における審理・判決

　裁判所は、異議申立てをした加入消費者の請求について、原則として、民事訴訟法の規律に従って審理をし、判決をする。

(4) 法案化作業

　この報告書に基づき、以後、消費者庁の下で法案化が進められた[38]。その過程では、2011年12月に「集団的消費者被害回復に係る訴訟制度の骨子」が公表された。この骨子では、特に対象事件を以下のように列挙し、これが消費者裁判手続特例法にほぼ受け継がれた。

---

① 消費者契約（消費者と事業者との間で締結される契約）が不存在もしくは無効または取消しもしくは解除（クーリング・オフを含む）がされたことに基づく不当利得返還請求権
② 消費者契約に基づく履行請求権
③ 消費者契約の締結または履行に際してされた事業者（消費者契約の相手方または相手方になろうとする事業者のほか、勧誘をする事業者、勧誘を行わせる事業者、当該消費者契約の内容を定めた事業者、当該消費者契約の締結について媒介または代理をする事業者、履行を補助する事業者をいう）の民法上の不法行為に基づく損害賠償請求権
④ 消費者契約に債務不履行がある場合の損害賠償請求権または瑕疵担保責任に基づく損害賠償請求権

　続いて、2012年8月に、「集団的消費者被害回復に係る訴訟制度案」が公表された。この段階で、それまで「共通争点確認の訴え」とされていた第一段階の訴訟が「共通義務確認の訴え」と改められた。その理由は「消費者紛争における共通争点が多種多様であることを踏まえつつ、相当多数の消費者と事業者との間の法律関係を端的に捉え、判決主文をより簡明なものとする観点から構成し直した」と説明されている[39]。

　以上の過程を経て、法案が国会に提出されたのは2013年4月19日（第183

---

[38] 山本40頁以下参照。
[39] 加納克利＝松田知丈「集団的消費者被害回復に係る訴訟制度案について」NBL989号（2012年）17頁。

第1章　総　論

回国会（通常国会））であり、参議院選挙後の第185回国会（臨時国会）で一部修正のうえ、可決成立した。

3　消費者裁判手続特例法の概要

この法律の全体は、以下のような構造となっている。

```
第1章　総則――目的・定義
第2章　被害回復裁判手続
　第1節　第一段階――共通義務確認の訴え
　第2節　第二段階――対象債権確定手続
　　第1款　簡易確定手続
　　第2款　異議後の訴訟手続
　第3節　仮差押え
　第4節　補則――手続の中断受継、関連請求訴訟の中止など
第3章　特定適格消費者団体の認定、業務、監督など
第4章　罰則
```

主として第2章に規定された手続は、ブラジルやフランスで採用された二段階型の構造となっている[40]。以下、手続の流れを簡単に整理しておく。

まず、第一段階として、第3章に認定要件等が定められた特定適格消費者団体が原告となって、多数の消費者に共通性ある被害を生じさせた事業者に対して「共通義務」の確認を求める訴訟を提起する。

この共通義務確認を認容する判決等が確定した後は、第二段階として、対象債権確定手続と総称される手続に入る。

そこでは、共通義務確認の確定判決等を得た団体が、その訴訟の被告事業者を相手方として、簡易確定手続の開始を裁判所に求める。この段階から簡易確定手続申立団体と呼ばれる団体は、その開始決定を得て個々の被害消費者に通知を行い、その授権を受けた団体がまとめて消費者の債権届出を裁判所に提出する。この段階から団体は債権届出団体と呼ばれるが、この債権届

40　フランスのグループ訴権については、本書第6章参照。

出に相手方事業者が認否を行い、事業者が否認しなかった債権は確定する。事業者の認否に対して債権届出団体が争わなければ、届出消費者表の記載が確定する。事業者の認否を団体が争えば、争いある届出債権について裁判所が書証と審尋により審理し、簡易確定決定を行う。この簡易確定決定は、届出債権の支払いを命じるものと、届出債権の請求を棄却するものとがありうるが、いずれにせよ簡易確定決定にいずれの当事者からも、また届出消費者からも異議がなければ、同決定は確定する。いずれかの当事者または届出消費者から異議を述べられれば、異議の対象となった届出債権に関して、異議後の訴訟の提起が擬制される。

　異議後の訴訟は、債権届出団体が届出消費者の債権を任意的訴訟担当者として事業者に請求するもので、債権届出書が訴状とみなされる。ただし、届出消費者が自ら異議を述べ、または団体に訴訟追行を授権しなかった場合は、団体ではなく消費者自身が当事者となる。この訴訟では、訴え変更の制限があるほかは原則として通常訴訟として行われ、簡易確定決定が届出債権の支払いを命じるものであった場合に、これを認めるときは認可判決を下すが、これを認めない場合は簡易確定決定を取り消して請求棄却判決を下す。簡易確定決定が届出債権を認めないものであった場合は、異議後の訴訟においてあらためて請求認容または棄却の判決が下される。

　なお、特定適格消費者団体は、共通義務確認訴訟提起前の段階でも、対象債権の総額を明らかにして、事業者に対する仮差押えをすることができる。

　また、法律には規定がないが、特定適格消費者団体が事業者から受領した届出債権に充当すべき金員は、認否、簡易確定決定、異議後の訴訟などで認容され債権が確定した消費者に分配をしなければならない。

第1章 総 論

第3節　特定適格消費者団体

1　団体訴権方式の意義

(1)　権利帰属主体による訴訟との違い

　アメリカなどにみられるクラスアクションでは、訴訟上行使される権利の帰属する法主体が、自らの権利とともに共通する権利の帰属主体（クラス構成員）のために、代表原告となって訴えを提起する。わが国の選定当事者制度（民事訴訟法30条）も同様で、共通の利益を有する多数者の中から、そのうちの一人または複数人に訴訟追行を授権する。これに対して、消費者裁判手続特例法は、提訴資格をあらかじめ付与された団体による提訴を予定している。

　このように団体があらかじめ付与された提訴資格に基づいて訴訟を追行するという方式を団体訴権方式と呼ぶ。

(2)　団体訴権方式のメリット・デメリット

　団体が訴訟当事者となるメリットの第一に、一定の訴訟追行能力が備わっていることを訴訟以前に判定しておくことができる点である。アメリカのクラスアクションでは、共通する権利の帰属主体が誰でもクラス構成員のために訴権を行使することができ、しかもオプトアウト方式の下でその訴訟の存在を知らなかったクラス構成員に有利にも不利にも判決の効力が及ぶというのであるから、そうしたクラス構成員が不利益を被らないように、代表原告の訴訟追行能力が一定水準にあることを、訴訟の中で確認する必要がある。その確認作業は裁判所が行うこととなるが、その手続的な負担もさることながら、クラス代表原告の訴訟追行能力を判断するのに適切な資料を裁判所が有しているかどうか、当事者にそれを提出させることができるかどうかは疑問である。これに対して団体訴権方式は、訴訟が提起されてから提訴団体の訴訟追行能力判断という作業をしなくても済むし、裁判所がその判断に必要

な資料を収集する必要もない。ただし、オプトイン方式の選定当事者制度であれば、判決効が及ぶのは自ら代表原告に授権したクラス構成員のみであるので、オプトアウト方式におけるような代表原告の能力担保は必要がないともいえる。

　第二に、訴訟以前に訴訟追行能力を判断する団体訴権方式では、能力ありと判断された団体が訴訟前の交渉や提訴前の証拠保全、さらには提訴前の民事保全を行うことも団体訴訟の枠組みの中に位置づけられ、必要があればそのための特則を規定することが可能となる。これに対して、訴え提起後に訴訟追行能力をアドホックに判断する方式では、そうした提訴前の訴訟行為や紛争解決行動の能力が担保されない段階で行われ、あるいはそもそも行われないことになる。

　第三に、団体訴権方式であれば、提訴資格を認められた団体が繰り返し、訴訟を通じた紛争解決行動をとることになるので、その専門性が高まることが期待できる。これに対してアドホックに提訴原告の訴訟追行能力を判断する方式では、そうした専門性の高まりは、少なくとも原告本人には期待できない[41]。

　他方、団体訴権方式にもデメリットはある。提訴資格を有する法主体の数が限られるので、訴訟提起が抑制されるという問題である。実際、日本の現状は本書執筆時点でわずか1件の訴え提起にとどまり、期待された効果をほとんど実現できていない。その一因に、提訴資格の厳しすぎる抑制があることは否定し難い。フランスのグループ訴権についても、こうしたデメリットから、予想されたような成果が上がっていないとの批判が聞かれるところである[42]。しかし、濫訴防止という観点からは、これを積極的に評価する立場もありうる。

---

[41]　もちろん、アメリカのクラスアクションにせよ、日本の弁護団方式にせよ、原告代理人が繰り返し事件を受任することで、その事件類型に関する専門性を獲得していく。しかしそのことを具体的な訴訟の中で判定していくことは困難であろう。

[42]　この点は後に述べる。本書第6章参照。

以上のようなメリット・デメリットの比較検討から、日本では、適格消費者団体の中から、さらに集団的消費者被害回復制度の担い手としてふさわしいと判断される団体を特定適格消費者団体として認定し、被害回復関係業務を行う資格を与えた。次に、その認定要件をみてみよう。

2　特定適格消費者団体の認定要件

　特定適格消費者団体として内閣総理大臣に認定されるための要件は、消費者裁判手続特例法65条4項に定められており、以下のとおり施行規則および巻末に資料として掲載した団体監督ガイドラインで具体化されている[43]。

(1)　適格消費者団体としての存在およびその業務の適正かつ継続的行使

　特定適格消費者団体の認定を受けることができる団体は、すでに消費者裁判手続特例法2条10号の定義において消費者契約法2条4項の定める適格消費者団体であることが前提にされている。これを踏まえて、消費者裁判手続特例法65条4項1号では、その適格消費者団体が消費者契約法13条1項に定める差止請求関係業務を「相当期間にわたり継続して適正に行っている」ことを要求している[44]。

(2)　被害回復関係業務の適正遂行体制および業務規程の適切な整備

　　(A)　被害回復関係業務の定義

　被害回復関係業務は、消費者裁判手続特例法65条2項において、以下の三つが定義されている。

---

① 被害回復裁判手続に関する業務。これには、同法31条1項の簡易確定手続および同法53条1項の異議後の訴訟において、それぞれ授権された債権についての裁判外の和解も含むとされている。
② 被害回復裁判手続に関する業務の遂行に必要なものとして、消費者被害情

---

[43]　特定適格消費者団体は、適格消費者団体であることが前提となるので、適格認定要件も備えている必要がある。これと特定適格認定要件との差異については一問一答138頁、140頁、142頁参照。

[44]　相当期間とは原則として2年以上であることなど、詳細は団体監督ガイドライン2(1)（巻末205頁以下）に定められている。なお、一問一答143頁以下参照。

報の収集業務。
③　被害回復裁判手続に関する業務に付随する業務として、対象消費者に対する情報の提供および金銭その他の財産の管理

(B)　被害回復関係業務の適正な遂行のための体制

　この定義を踏まえて消費者裁判手続特例法65条4項2号は、被害回復関係業務の実施に係る組織、被害回復関係業務の実施の方法、情報の管理および秘密の保持の方法、金銭等の財産管理方法を、被害回復関係業務の適正な遂行のための体制の例示としてあげている。また、団体監督ガイドライン2(2)が、主として体制面での水準を明らかにしている。[45]

　特に金銭等の財産管理方法については、消費者裁判手続特例法65条4項2号のほか、業務規程に関する同条5項の中でも「被害回復関係業務の実施に関する金銭その他の財産の管理の方法」が定められていなければならないこととして明示されている。さらに、同法84条には、「被害回復関係業務に係る経理を他の業務に係る経理と区分して整理」すべきことが定められている。[46]

　これらは、被害回復関係業務の遂行にあたって、共通義務確認訴訟提起段階での費用を負担し、授権をする者からの費用・報酬等を受領し、また相手方事業者から届出消費者に対する返金等の受領と分配を行うなど、預り金の会計も発生することから、特に財産管理方法が重要となるものである。

(C)　業務規程

　消費者裁判手続特例法65条4項2号は、業務規程の適切な整備についても定めている。業務規程についてはそのほかに、同条5項において、業務規程

---

[45] 人的組織としては、理事会と検討部門のほか、事務局を構成する職員、監事、そのほか消費者被害情報収集部門、対象消費者に対する情報提供部門、それらに配置される人員などが必要であること、そして事務所や物品等の物的組織も必要であることが、団体監督ガイドライン2(2)ア（巻末2）7頁以下）に定められている。

[46] 団体監督ガイドライン2(2)エ（巻末209頁以下）には、金銭管理方法や管理責任者の設置等が定められ、また同2(8)ス（巻末225頁以下）には業務規程の記載内容として金銭管理方法等が、同4(9)（巻末235頁）には区分経理が、同5(1)および(2)（巻末236頁以下）には監督方法としての帳簿書類等の整備が、それぞれ定められている。

第1章　総　論

の定めるべき事項を内閣府令（施行規則）に委任し、さらに同項後段で簡易確定手続や異議後の訴訟における授権契約の内容などの事項を含まなければならないとしている。

　施行規則8条が業務規程に定めるべきものとしている事項は、以下のとおりである。

一　被害回復関係業務の実施の方法に関する事項として次に掲げる事項
　イ　被害回復裁判手続に関する業務の実施の方法に関する事項
　ロ　イの業務の遂行に必要な消費者の被害に関する情報の収集に係る業務の実施の方法に関する事項
　ハ　イの業務に付随する対象消費者に対する情報の提供に係る業務の実施の方法に関する事項
　ニ　簡易確定手続授権契約及び訴訟授権契約の内容に関する事項
　ホ　請求の放棄、和解、債権届出の取下げ、認否を争う旨の申出、簡易確定決定に対する異議の申立て又は上訴若しくは上訴の取下げをしようとする場合において法第31条第1項又は法第53条第1項の授権をした者の意思を確認するための措置に関する事項
　ヘ　法第65条第4項第4号の検討を行う部門における専門委員からの助言又は意見の聴取に関する措置及び役員、職員又は専門委員が被害回復裁判手続の相手方と特別の利害関係を有する場合の措置その他業務の公正な実施の確保に関する措置に関する事項
　ト　特定適格消費者団体であることを疎明する方法に関する事項
二　特定適格消費者団体相互の連携協力に関する事項（法第78条第1項の通知及び報告の方法に関する事項並びに第18条第15号に規定する行為に係る当該通知及び報告の方針に関する事項を含む。）
三　役員及び専門委員の選任及び解任その他被害回復関係業務に係る組織、運営その他の体制に関する事項
四　被害回復関係業務に関して知り得た情報の管理及び秘密の保持の方法に関する事項
五　被害回復関係業務の実施に関する金銭その他の財産の管理の方法に関する事項
六　その他被害回復関係業務の実施に関し必要な事項

　他方、団体監督ガイドライン2(8)（巻末220頁以下）は、業務規程の記載事

項に関して詳細に定めている。

(3) 理事および理事会

消費者裁判手続特例法65条4項3号は、理事および理事会について、意思決定が多数決によること、そして被害回復関係業務の執行に関する重要な事項の決定を特定の理事または第三者に委任しないことを定めている。そのうえで、団体監督ガイドライン2(3)（巻末212頁以下）が、理事会の決定すべき重要な事項に含まれる事項を明確にしている。

(4) 専門的な知識経験

消費者裁判手続特例法65条4項4号には検討部門における専門委員の関与その他の専門的な知識経験を有すると認められることが定められている[47]。この規定は、適格消費者団体に関する消費者契約法13条3項5号を基礎としており、そこでは専門委員の有資格者として消費生活に関する専門家と法律の専門家とが定められている[48]。

(5) 経理的基礎

消費者裁判手続特例法65条4項5号は、「被害回復関係業務を適正に遂行するに足りる経理的基礎を有すること」と定めている。経理的基礎とは、すなわちストックとしての財産とフローとしての収支が被害回復関係業務の遂行を支えられるものであることを意味するが、明確な金額が定められているわけではない[49]。

(6) 被害回復関係業務に関する報酬および費用

消費者裁判手続特例法65条4項6号は、「被害回復関係業務に関して支払を受ける報酬又は費用がある場合には、その額又は算定方法、支払方法その

---

[47] 検討部門および専門的知識経験に関しては、団体監督ガイドライン2(4)（巻末213頁以下）に専門委員の参加の体制、専門的知識経験の有無の判定方法などが定められている。

[48] 消費者契約法13条3項5号イに消費生活に関する専門家が、ロに法律の専門家があげられ、それぞれ消費者契約法施行規則4条および5条に具体的な規定が置かれている。なお、団体監督ガイドライン2(4)（巻末213頁以下）も参照。

[49] 団体監督ガイドライン2(5)（巻末214頁以下）は、財政基盤であって一定額以上の基本財産を自ら保有している場合に限られるものではないとし、計画する裁判手続の件数やボランティアの参画状況などについても考慮に入れるとしている。一問一答140頁、145頁の説明も参照。

他必要な事項を定めており、これが消費者の利益の擁護の見地から不当なものでないこと」と定めている。

この点について団体監督ガイドライン2(6)（巻末215頁以下）は、被害回復関係業務のコストを手続に参加する消費者が負担すべきことを基本原則として掲げつつ、消費者の実際の取戻し額をなるべく多くすること、そして少額事件にも積極的に取り組むべきことを指示する。そのうえで、手続の各段階、すなわち簡易確定手続における債権届出、異議後の訴訟、証拠保全、民事執行それぞれについての着手金と報酬の上限等を具体的に定めている。

(7) **被害回復関係業務以外の業務による支障のないこと**

消費者裁判手続特例法65条4項7号は、「被害回復関係業務以外の業務を行うことによって被害回復関係業務の適正な遂行に支障を及ぼすおそれがないこと」と定めている。[50]

3　具体例

本書執筆の段階で、すでに特定適格消費者団体としての認定を受けている団体は、以下の三つである。

(1) **特定非営利活動法人消費者機構日本（COJ）**[51]

この団体は2004年9月に設立され、本部は東京にある。正会員数8団体・127人のほか、賛助会員として51団体、協力会員として51人という規模である。[52]

財政基盤は、2017年度末の正味財産（資産から負債を差し引いた財産）が2763万3000円、同年度の経常費合計が1322万5835円に上る。

特定適格消費者団体としての認定は2016年12月27日付けで受けている。

被害回復関係業務は、2017年度に裁判外の申入れ・要望等を6件行ったほか、東京医科大学の女子受験生等不利益取扱いに関して受験料等の返還を求

50　団体監督ガイドライン2(7)（巻末220頁）以下参照。
51　COJ ウェブサイト〈http://www.coj.gr.jp〉。
52　2018年6月10日現在。

める共通義務確認訴訟の提起が2018年12月に行われ、係属中となっている。

(2) **特定非営利活動法人消費者支援機構関西（KC's）**[53]

　この団体は2005年12月に設立され、本部は大阪にある。正会員数13団体・101人のほか、団体賛助会員47団体、個人賛助会員107人という規模である[54]。

　財政基盤は、2017年度末の正味財産が3335万9328円、同年度の経常費合計が1166万4263円に上る。

　特定適格消費者団体としての認定は、2017年6月21日付けで受けている。

　被害回復関係業務は、生活協同組合連合会グリーンコープ連合に対してハム・ソーセージの優良誤認表示に関する返金措置の実施を申し入れた事例や、葛の花由来イソフラボン配合の機能性表示食品の優良誤認表示に関する販売事業者16社に対しての返金措置実施申入れが報告されている。特にイソフラボンの事例では、2018年12月31日現在で1万6297人の消費者に対する返金が実施されている旨の報告がなされており、特筆すべき成果ということができる[55]。

(3) **特定非営利活動法人埼玉消費者被害をなくす会（なくす会）**[56]

　この団体は2004年11月に設立され、本部はさいたま市にある。正会員数18団体・111人のほか、団体賛助会員8団体、個人賛助会員38人という規模である[57]。

　財政基盤は、2017年度末の正味財産が1838万9037円、同年度の経常費合計が3893万7088円に上る。

　特定適格消費者団体としての認定は、2018年4月24日付けで受けている。

4　フランスの認証消費者団体との比較

　以上のような日本の特定適格消費者団体とフランスの認証消費者団体、本

53　KC'sウェブサイト〈http://www.kc-s.or.jp〉。
54　2018年3月31日現在。
55　KC'sウェブサイト〈http://www.kc-s.or.jp/detail.php?n_id=10000863〉参照。
56　埼玉消費者被害をなくす会ウェブサイト〈http://saitama-higainakusukai.or.jp/index.html〉。
57　2018年6月26日現在。

第 1 章 総　論

書第 6 章第 6 節参照とを比較して、日本の特定適格消費者団体のあり方を考えてみる。

(1)　団体の規模

団体の規模について、フランスでは法令により全国レベルの組織があることと 1 万人以上の有償会員がいることが要求されている。これに対して日本の特定適格消費者団体およびその母体となりうる適格消費者団体には、そのような制限がなく、経理的基礎を備えるべきことは抽象的な定めであって具体的に要求される水準は団体監督ガイドライン等によっても必ずしも明らかでない。会員数や地域的な広がりは要求されておらず、内部組織としての理事会、専門委員の関与などが定められているのみである[58]。現実にも、日本の最大の適格消費者団体でこそ全国 7 支部[59]（北海道、東北、関東、中部、北陸、関西、九州）を擁し、1964名の会員がいる（2017年10月段階）が、それ以外の団体はいずれもローカルな組織であり、会員数も1000人未満である。フランスの認証消費者団体と比較すれば、日本の（特定）適格消費者団体は桁違いに小さい。

(2)　団体の歴史と活動

フランスの認証消費者団体は歴史も長く、宗教団体、労働組合、住居問題のための活動団体、家族のための活動団体など、多様なバックグラウンドに基づくさまざまな活動のうえに消費者団体としての活動がある。グループ訴権の立法にあたっても、すでに消費者のための訴権を行使することができた団体[60]が、そのままグループ訴権を行使できるものとされた。これ対して日本

---

[58] 特定適格消費者団体に関する認定要件は消費者裁判手続特例法65条 4 項以下、適格消費者団体の認定要件は消費者契約法13条 3 項以下参照。

[59] 全国消費生活相談員協会ウェブサイト〈http://www.zenso.or.jp〉参照。

[60] グループ訴権以前の消費者のための訴権とは、フランス消費法典 L. 621-1 条以下の（附帯）私訴権（action civile）、L. 621-7 条以下の違法行為差止訴権（action en cessation d'agissements illicites）、L. 621-9 条の共同訴訟・参加訴権（action conjointe et intervention en justice）、L. 622-1 条以下の共同代位訴権（action en représentation conjointe）がある。これらについて、山本63頁以下、都筑満雄「集団的消費者被害の回復と不法行為法──近時におけるフランス法の展開を参考に」名法254号（2014年）804頁以下など参照。

の特定適格消費者団体は、集団的消費者被害回復に特化した資格としてあらためて特定認定を必要とされている。歴史的にも、特定適格消費者団体は、その団体としての発足も今世紀になってからで、比較的新しい団体である。

このような歴史的、地理的、人的な層の厚さの相違から、活動範囲についても日本とフランスとでは大きく異なるし、フランスの団体は出版物も定期的に出している。出版物の購読もまた団体の消費者との結び付きを強め、消費者の中でのプレゼンスや知名度を高め、ひいては財政基盤の強化につながっているものと考えられる。

(3) **日本の団体の脆弱性と負担**

このように日本の特定適格消費者団体は、（フランスと比較して）小規模で、歴史も浅く、また知名度も乏しいという点で、被害回復関係業務にとっては不利な条件となっている。被害回復関係業務の遂行には、特定の消費者からの授権を受ける前に、回復されるべき消費者被害の発見と選定、共通義務確認訴訟を提起し、訴訟追行すること、そして簡易確定手続の開始後も対象消費者への個別通知と公告、授権契約のための説明機会や本人確認などの個別交渉が必要であり、これらの費用は原則として団体が負担し、後に授権した消費者から費用・報酬の形で回収することが予定されている。しかしそのすべてを授権した届出消費者から回収できることは考えにくく、結局は団体がコストの多くを引き受けることが予想される。

加えて、共通義務確認訴訟の提起段階から仮差押えが可能となっているが、後に被保全債権の不存在を理由に仮差押えが取り消されれば、仮差押えによって債務者に生じた損害の賠償責任が仮差押債権者、すなわち特定適格消費者団体に課される。このリスクは他に転嫁することはできないので、結局団体が引き受けることになる。このようなコストとリスクの負担は、小規模な団体にとっては重荷である。

さらに、回復されるべき被害情報の収集にせよ、対象消費者に対する通知と授権契約締結の呼びかけにせよ、消費者の中で特定適格消費者団体の知名度が乏しいという点は大きな障害となるおそれがある。

こうした不利な点を克服し、集団的消費者被害の実効的な回復を実現するという立法目的を実現するには、特定適格消費者団体への財政その他の支援を充実させるほか、手続的にもさまざまな改革が必要となる。この点は、本書第5章であらためて取り上げることとする。

第 2 章　共通義務確認の訴え

第2章　共通義務確認の訴え

第1節　共通義務確認の訴えの対象

1　法律の列挙する請求と除外する損害

　消費者裁判手続特例法は、2条4号において共通義務確認の訴えを「消費者契約に関して相当多数の消費者に生じた財産的被害について、事業者が、これらの消費者に対し、これらの消費者に共通する事実上及び法律上の原因に基づき、個々の消費者の事情によりその金銭の支払請求に理由がない場合を除いて、金銭を支払う義務を負うべきことの確認を求める訴え」と定義する。そのうえで、同法3条は、共通義務確認の訴えの対象となる請求と、さらに対象とならない損害とを具体的に定めている。

　まず同条1項では、共通義務確認の訴えを提起できる請求として、「事業者が消費者に対して負う金銭の支払義務であって、消費者契約に関する次に掲げる請求（これらに附帯する利息、損害賠償、違約金又は費用の請求を含む。）に係るもの」として、以下の5つの請求を掲げている。

> 1号　契約上の債務の履行請求
> 2号　不当利得にかかる請求
> 3号　契約上の債務の不履行による損害賠償請求
> 4号　瑕疵担保責任に基づく損害賠償請求
> 5号　不法行為に基づく損害賠償請求

　ところが、同条2項は、1項が列挙する請求に関するものであっても、なお共通義務の確認を請求することのできない損害として、以下の6つを掲げる。

> 1号　契約上の債務の不履行、物品、権利その他の消費者契約の目的となるもの（役務を除く。以下この号及び次号において同じ。）の瑕疵又は不法行為により、消費者契約の目的となるもの以外の財産が滅失し、又は損傷したこ

とによる損害
2号　消費者契約の目的となるものの提供があるとすればその処分又は使用により得るはずであった利益を喪失したことによる損害
3号　契約上の債務の不履行、消費者契約の目的となる役務の瑕疵又は不法行為により、消費者契約による製造、加工、修理、運搬又は保管に係る物品その他の消費者契約の目的となる役務の対象となったもの以外の財産が滅失し、又は損傷したことによる損害
4号　消費者契約の目的となる役務の提供があるとすれば当該役務を利用すること又は当該役務の対象となったものを処分し、若しくは使用することにより得るはずであった利益を喪失したことによる損害
5号　人の生命又は身体を害されたことによる損害
6号　精神上の苦痛を受けたことによる損害

　要するに、いわゆる拡大損害（消費者裁判手続特例法3条2項1号および3号）や逸失利益（同項2号および4号）の賠償は請求できないし、人身被害（同項5号）の損害賠償や慰謝料（同項6号）も請求できないというわけである。

　こうした請求の限定列挙と損害の除外の趣旨は、「①簡易確定手続において対象債権の存否及び内容を適切かつ迅速に判断することが困難であるとはいえない請求」であること、そして「②共通義務確認訴訟の審理において、被告事業者が、対象債権の確定手続で争われる消費者の被害額についておおよその見通しを把握できる請求」であることが必要であり、それを踏まえて制度の対象について予測可能性を高めるとともに、対象となるかどうかの紛争による審理の複雑化・長期化を避けるというものと説明されている。[61] 後者については、さらに、無制限に義務が拡大するおそれを経済界等から懸念されたことも指摘されている。[62]

---

[61] 一問一答26頁。伊藤37頁は同条2項による一定の損害の除外について、「被告事業者の攻撃防御という視点からみても、共通義務にかかる係争利益についての見通しが立てられることが望ましいという理由」をあげる。また、山本100頁以下は、対象となる請求の限定列挙は、通常考えられる請求権の発生事由を網羅しているのではないかとし、重要なのは損害の限定にあるとされる。

[62] 山本104頁。

こうした立法に対しては、批判もある。簡易確定手続の審理に適した請求になるようあらかじめ絞っておくべきという観点からは、多数性、共通性、支配性の要件で十分であり、請求を限定列挙する必要はないし、支配性の観点から損害を限定したのも行きすぎであるとされる[63]。

　確かに、本制度の対象となるかどうかが明確でなければ、共通義務の成否の審理以前に、その対象となるかどうかという、いわば入り口段階での争いに時間をとられ、迅速な救済の妨げとなることは予想できる。その点で対象となる請求を列挙することも立法技術としては妥当なものである。また被告事業者が賠償すべき損害額の総額を見通せることも、対象消費者が特定されない共通義務確認訴訟に応訴しなければならず、かつ判決効の拡張も対象消費者の選択に任されるという特殊性から、必要なものといえる。しかし、そのような趣旨に照らしても、集団的な被害回復を必要とする事件が本制度の対象から漏れたり、損害が不必要に限定されたりするのであれば、そのような限定は問題がある。

　以下、そのような観点も踏まえて、消費者裁判手続特例法3条1項の列挙する事項に沿って具体例を考えていく。

2　個別の請求の対象

(1)　契約上の債務の履行請求権

　消費者が事業者に対して契約上の債務の履行として金銭請求権を有する場合の具体例としては、敷金返還請求権や保険金請求権などが考えられる。

　多数の賃貸物件を有する事業者が敷金の不返還特約を賃貸借契約に記載していた場合、当該特約が消費者契約法10条に基づき無効と解されるならば、契約を終了した賃借人に対して敷金返還義務を共通して負うことになる。もっとも、敷金であるので、賃借物の損壊や賃料不払いなど個別的な事情により減額されることはありうる。その意味で「個々の消費者の事情によりその

---

[63]　日弁連コンメンタール66頁以下。

金銭の支払請求に理由がない場合」は当然留保されなければならないが、そのような事情として考えられるもの、たとえば賃借人側に賃料未払いがあったり、通常使用に伴うものを超えた損傷があったりして、敷金から未払い賃料または修理代金に充当する必要があることなどは、あくまで例外的なものである。それらの事情について証明責任を負う事業者側が書面により証明することも可能であるとすれば、簡易確定手続において個別の調整がなされようし、書面による証明ができないとすれば異議後の訴訟に委ねることになる。いずれにせよ、そのような例外的な場合を留保して、賃借人の多くが簡易確定手続により権利の実現を図ることが可能となるものと考えられる[64]。

保険金請求権については、そもそも保険事故が発生したかどうかに争いがある場合はともかく、特約に基づく保険金給付が不当に適用されないという事案であれば、その特約に基づく給付義務を共通して負うことの確認が可能となる場合が考えられる。

このほか、ゴルフ場の預託金返還請求権が履行されない場合なども同様である[65]。

フランスのグループ訴権の実例の中では、【3】CLCV 対 AXA 事件[66]が、生命保険の約定した利回りの払戻しを求めるものであり、日本法では契約上の債務の履行請求権に該当する。

(2) **不当利得に関する請求権**

(A) 意　義

不当利得返還請求権とは、法律上の原因がないのに給付するなどして消費者に損失が生じている場合に、事業者が得ている利得の返還を求められるというものである（民法703条、704条）。

64　その意味で、同条4項のいわゆる支配性が欠けるとの問題は生じないと解すべきである。

65　山本101頁も保険金請求権やゴルフ場の預託金返還請求権を例としてあげている。日弁連コンメンタール70頁は、このほかに民法上の組合の持分払戻し（民法681条）や残余財産の分割（民法688条3項）、匿名組合契約終了に伴う出資の価額返還（商法542条）も契約上の債務の履行請求の例としてあげている。

66　本書第6章第3節参照。

消費者契約が効力を失い、消費者が給付した金銭について不当利得返還請求権が成立するケースは数多い。法律上も、契約が錯誤（民法95条）や公序良俗に反する（民法90条）などの理由で、あるいは平均的損害を上回る解約料等の約定（消費者契約法9条）や消費者の利益を一方的に害する条項（同法10条）などに該当して、当初から無効という場合に、すでに消費者が給付したものは不当利得返還の対象となる。その他、不実告知や監禁・不退去などの不当勧誘行為により取消しが認められる場合（同法4条以下）、民法上の詐欺や強迫による取消しが認められる場合（民法96条）、未成年者取消しが認められる場合（民法5条2項）、代金を支払ったのに売買目的物が引き渡されないなどの理由により契約を解除する場合（民法541条、543条など）には、それぞれ契約が効力を失い、消費者が支払った代金は不当利得として返還を求めることができる。同様に、いわゆるクーリング・オフにより既払い金の返還義務が生じる場合（たとえば特定商取引法9条6項）も、その性質は不当利得返還義務と解することができる。

消費者裁判手続特例法3条1項2号はこれらにより消費者に共通して生じる不当利得返還請求権に対応する事業者の義務を対象としている。

(B) 想定される具体例

具体例としては、いわゆる学納金返還請求権が考えられる。また、KC's

---

67 民法上の意思表示の無効原因はほかにもあるが、消費者の集団的被害をもたらすものとしては一般的でない。なお、錯誤は民法（債権関係）の改正法施行後は取消原因となる。

68 民法上の取消しについては、民法（債権関係）の改正法施行後の民法121条の2により、原状回復義務が成立する。もっともこの規定は不当利得の特則となろうから、消費者裁判手続特例法上は3条1項2号に該当するものと考えられる。

69 日弁連コンメンタール70頁。なお、同71頁の契約締結に関する議論は興味深い。クーリング・オフは、契約の申込みの撤回であるから、そもそも契約が成立していないこととなるが、その場合でも給付したものは不当利得返還請求権の対象となりうる。契約未締結の事例は、さらに消費者裁判手続特例法附則2条の経過措置の解釈上、「法律の施行前に締結された消費者契約に関する請求」には該当しないので、施行前に契約の申込み等がなされ、クーリング・オフがされた事例についても消費者裁判手続特例法の対象となりうるとの解釈論を展開する。附則2条の立法論的な不当性はそのとおりであるが、同条のカッコ書にある不法行為の場合の基準時を加害行為時としていることもあわせて考えると、クーリング・オフの対象となる意思表示がされた時点が施行前であれば、適用されないと解すべきであろう。

第1節　共通義務確認の訴えの対象

が裁判外で「葛の花由来イソフラボン」を配合した機能性表示食品の販売会社に対して不実告知を理由とする返金の実施を申し入れ、任意に返金が実現した事例[71]もここに位置づけられる。この事例も、商品の売買契約が消費者契約法4条1項1号により取消し可能であることを前提に、取り消された場合の不当利得返還義務を共通義務と観念できるものだからである。

　(C)　取消し等の権利行使の時期

　取消しやクーリング・オフを理由に返金を求める場合には、それらの行為をした消費者が共通義務の対象消費者となる点で、実務上の困難が予想される。無効事由がある場合は、特にアクションを起こすことなく返金を求める権利が成立し、その債権の消滅時効が完成するまでは行使することができる。そして共通義務確認訴訟を経て簡易確定手続による債権行使がされる場合は、その消滅時効は共通義務確認訴訟の提起の時点で中断する[72]。これに対して取消事由やクーリング・オフの事由が多数の消費者に共通して認められる事例では、それらに基づく権利を行使した者が対象消費者となるのであり、いつの時点で取消権等の行使をしていることが必要かという点が問題となるほか、取消権行使の時効については共通義務確認訴訟の提起による中断の対象とはならないという問題がある[73]。

　たとえば、ブランド品のニセモノを大量販売して、多数の消費者に消費者

70　山本102頁は、原野商法で錯誤無効、詐欺取消し等による代金返還請求権をあげるが、多数性のハードルを相当程度下げる必要があるし、騙す過程が多数の被害者に共通しているといえる場合でなければならない。

71　KC'sのウェブサイトにおける告知〈http://www.kc-s.or.jp/detail.php?n_id=10000863〉参照。なお、「葛の花由来のイソフラボン」配合の機能性食品について景品表示法に基づく優良誤認表示であるとして措置命令を出した消費者庁の処分については、〈http://www.caa.go.jp/policies/policy/representation/fair_labeling/pdf/fair_labeling_171107_0001.pdf〉参照。

72　消費者裁判手続特例法38条。なお、民法（債権関係）の改正法施行後は、完成猶予となる。

73　消費者裁判手続特例法38条は共通義務確認訴訟の提起により「裁判上の請求」があったものとみなす規定であるが、実体法上の取消権は訴訟外の形成権である限り、「裁判上の請求」は観念できない。したがって、消費者契約法7条の1年または5年の時効期間は、共通義務確認訴訟の提起にかかわらず、完成することになるし、民法126条の5年または20年の時効期間も同様である。

35

契約法4条1項1号（不実告知）の取消権に基づく代金相当額の不当利得返還請求権が認められるというケースでは、対象債権は不実告知により誤信して支払った金銭の返還請求権であり、対象消費者はその不実告知による契約を取り消した者と考えられる。もっとも、対象債権・対象消費者の範囲の確定において契約取消しの意思表示をすでにしていることは必ずしも必要がない。取消権の行使は遡及効があるので、理論的にはいつ取り消しても効果は契約締結時に遡り、不当利得返還請求権が成立するからである。もちろん、取消権の行使をしなければ、不当利得返還請求権が発生しないので、権利を発生させる要件とはなるが、共通義務の対象債権・対象消費者を特定する事実としては、取消権の行使をしていることは必要なく、不実告知により誤信して契約をした者ということでよい[74]。

なお、第二段階において債権届出をする時点で取消権を行使している必要はある[75]。したがって、共通義務確認の訴えの帰趨を見極めてから、あるいは簡易確定手続申立団体からの通知を受けてから、取消権の行使をすることも可能である。ただし、上記のとおり、取消権の行使期間は消費者契約法7条により「追認をすることができる時から1年」または「当該消費者契約の締結の時から5年」と制限されているので、その期間内に行使する必要はある。

---

[74] 後藤ほか判タ論文19頁。この点について、一問一答22頁以下には、学納金返還請求権を対象債権とする例で「平成25年3月31日までに同契約を解除した消費者」という記載により対象消費者を特定するとの説明があるが、大学の学納金返還が認められるのは原則として入学年度開始前に入学辞退をしたものであることが必要であることから、このような期限が付されているものと考えられる。山本166頁注57）でも、「このような解除権や取消権の行使が前提となる場合に、その行使をしていることが対象消費者の特定に必要があるかには議論があり得よう。当該行使が共通義務確認訴訟の判決後にも可能である場合には、この点を対象消費者の特定の要素とはせず、そのような可能性がある消費者全体を対象消費者とし、解除権等の行使を簡易確定手続の問題とすることも可能であると解される」とされている。

[75] 厳密にいうと、不当利得返還請求権は最終的に異議後の訴訟の事実審口頭弁論終結時までに成立していれば足りるはずである。したがって、簡易確定手続の債権認否において取消権の不行使を理由に否認された場合でも、それから届出消費者自身が取消しの意思表示をしてその事実を簡易確定手続の審理に提出すれば、届出債権の成立は認められると解すべきである。

(D) 勧誘概念の問題

さらに、特に不当勧誘行為については、共通性・多数性・支配性の要件と取消し要件である「勧誘」の概念との挟み撃ちが懸念される。一方で、個々のセールストークが不実告知で不当であるという限りでは共通性・多数性の要件を満たすかどうかが問題となる場合が多い。他方で、不特定多数の消費者を対象とした広告による不実告知は、共通性や多数性に問題がなくとも、消費者契約法上の不実告知として取消権が生じるというためには、少なくとも同法4条1項の「事業者が消費者契約の締結について勧誘をするに際し」との要件が充足されなければならない。

「勧誘」要件については、いわゆるクロレラチラシ事件に関する最高裁判決[76]が、やや傍論的ではあるが、「事業者等による働きかけが不特定多数の消費者に向けられたものであったとしても、そのことから直ちにその働きかけが法12条1項及び2項にいう『勧誘』に当たらないということはできないというべきである」と判示し、不特定多数に対する働きかけであっても消費者契約法上の勧誘に該当する可能性を認めた。しかし、どのような場合に広告やウェブサイト上の文言などの不特定多数人に対する表示が、「勧誘」に該当するかは、依然として不透明である。たとえば、説明会を用いた催眠商法などを大規模に行っているという場合であれば、多数性・共通性を満たし、かつ勧誘にも該当する場合になると思われるし、ウェブ上の表示に基づいて申込みをする電子商取引では、ウェブ上の表示にある文言が「勧誘」にあたると解すべきであるが、それ以外の事例は、実務や判例の集積が必要となろう。

(3) 債務不履行による損害賠償請求

これは、たとえば消費者が注文した商品が届かなかったり、契約と異なる商品が提供されたりした場合に、民法415条に基づき認められる請求権である。

---

[76] 最判平成29年1月24日民集71巻1号1頁。

ただし、債務不履行の場合は解除権が認められ、解除に基づく不当利得返還請求権（民法545条1項）が成立する場合は消費者裁判手続特例法3条1項2号の対象となる。また共通義務確認の訴えは拡大損害や逸失利益を対象から外しているので、不当利得請求のほかに損害賠償請求に係る共通義務が認められる場合は限られてくる。

具体例としては、粗悪品を購入した消費者が代替品を他から購入した場合に、その代替品購入代金相当額を粗悪品販売事業者に求める損害賠償請求権とか、事業者に説明義務違反があって、これに基づき生じる損害賠償請求権などがあげられている[77]。

実例としては、COJが東京医科大学に対して、女子および多浪受験生に対する差別的な得点調整を行っていたことを理由に、不利益な扱いをされていた受験生に受験料等の相当額の損害賠償を支払うべきだとして、共通義務確認訴訟を提起した事例があげられる。そこでは、予備的請求の一つに、公正かつ妥当な選抜方法により選抜を行う義務の不履行を根拠とする損害賠償請求権に対応する共通義務の確認を求めている。

(4) 瑕疵担保責任に基づく損害賠償請求

瑕疵担保責任とは、民法570条に定められた「売買の目的物に隠れた瑕疵があったとき」の売主の責任である。

ただしここでも、瑕疵により契約の目的を達することができない程度に至れば契約の解除が認められ、支払い済みの代金は消費者裁判手続特例法3条1項2号の不当利得返還請求権となる。解除がなされない場合の損害賠償請求権を多数の消費者が共通して負う場合としては、多数の購入者がいるマンションに建築瑕疵があり、その修補に必要な額を損害賠償として請求する場合などが考えられる。

瑕疵の程度が消費者ごとに異なっている場合には、簡易確定手続において結局一人ひとりの消費者の瑕疵の存否・程度を審理しないとならないことに

77　山本102頁、日弁連コンメンタール73頁。

なり、消費者裁判手続特例法3条4項の支配性の要件に欠けると解されるおそれがある。しかし、商品の一定範囲のものすべてに瑕疵があるという場合であれば、支配性の要件は満たされよう。また商品ごとに異なるという場合でも、簡易確定手続において書面によりその瑕疵の有無を判定できる場合であれば、支配性の要件が満たされると解する余地があろう。

なお、民法（債権関係）の改正により、瑕疵担保責任の概念が契約不適合責任となることから、同改正法の施行期日（2020年4月1日）以降、本号は削除される。

(5) 不法行為に基づく損害賠償請求権

(A) 意　義

これは、民法709条以下に基づく請求権ということになるが、「消費者契約に関する」という条件がかかっている点と、「民法（明治29年法律第89号）の規定によるものに限る」との限定が付されている点、さらに損害面での限定があるので、その適用範囲は極めて限定的なものとなっている。

たとえば、事業者が有名ブランド商品の偽造品を真正品と偽って販売したという場合は、その販売行為自体が不法行為と評価され、代金相当額の損害賠償請求権が成立する。品質の劣る化粧品を優良品と偽って販売したという事例においても、代金相当額の損害賠償請求権が成立する可能性がある[78]。ただし、これらの場合は同時に債務不履行に基づく損害賠償請求権、あるいは詐欺または不実告知を理由とする契約取消しに基づく不当利得返還請求権も成立するので、消費者裁判手続特例法3条1項2号および3号と重複することになる。その他、未公開株を公開による値上がり確実と偽って販売する事例、金などの現物まがい商法などが該当するものとされている[79]。

実際の例として、前述したCOJの東京医科大学に対する女子受験生等の差別的取扱いに関する共通義務確認訴訟では、主位的請求として公正かつ妥当な方法による選抜をしなかったことが違法として不法行為に基づく損害賠

---

[78] この事例に関しては、町村使い方2頁以下のシミュレーションを参照。
[79] 山本105頁、日弁連コンメンタール74頁。

償請求権に対応する共通義務の確認が求められている。

　(B)　損害の限定

　もっとも、消費者裁判手続特例法3条2項において、拡大損害や逸失利益が共通義務の対象から除外され、人身被害が生じた場合の損害賠償や慰謝料請求権も除外されているので、たとえば粗悪な化粧品を販売して損害を与えたという事例において、その代金相当額を不法行為に基づく損害として請求することはできても、化粧品を使って肌に異常が生じた場合の治療費や慰謝料などは請求できない。

　また、立法過程で問題となった事例として、個人情報漏洩による情報主体本人の損害賠償請求権も、ここで問題となりうる。個人情報を漏洩した保有者と情報主体本人たる消費者とが直接契約関係にある場合や、消費者との契約の履行をする事業者という関係にある者の場合は、消費者契約に関する不法行為といえても、個人情報保有者と消費者とが契約関係にない場合は、共通義務確認の訴えの対象とはならない。また個人情報漏洩を不法行為とする損害賠償では、慰謝料を損害とするのが常であるが、この点でも、共通義務確認の訴えの対象とはなり得ない[81]。

　(C)　特別法による不法行為の除外

　不法行為に関する請求については、わざわざ「民法（明治29年法律第89号）の規定によるものに限る」と限定されており、特別法に定められた損害賠償請求権、たとえば製造物責任法や金融商品販売法、保険業法、独占禁止法などに基づく損害賠償請求権は、それが消費者契約にかかわるものだとしても除外されることになる。もちろん、特別法に特則があっても、民法の不法行為に関する規定が排除されていなければ、民法上の不法行為に基づく損害賠償請求権も競合して成立しうる場合があるし、消費者契約にかかわるものであれば債務不履行を理由とする損害賠償請求権も競合して成立する場合がありうる。こうした場合は、特別法上の損害賠償請求権があったとしても、消

80　消費者裁判手続特例法3条3項2号。
81　この点の批判として、日弁連コンメンタール75頁以下参照。

費者裁判手続特例法3条1項3号または5号の請求に対応する共通義務確認の訴えが提起できることになる。

　民法に限るとする理由は、それらの特別法が過失の証明責任の転換や損害額の推定規定等を置いていたり、使用者責任の特則を定めていたりして、権利行使を容易にする規定となっているところ、これにさらに集団的消費者被害回復制度の対象とすれば、当事者間の利益バランスが崩れるおそれがある[82]というのである。[83]

　もっとも、こうした限定は、私見によれば、理論的に妥当なものとは言い難い。証明責任の分配にせよ、損害額の推定にせよ、不法行為の性質を有する請求の権利者に有利な規定であることは確かだが、そのことと集団的な被害回復を可能にする制度とは次元が異なる。前者は実体的権利義務の成否に関係するものであり、特に証明責任の転換は積極的要件を消極的要件に移すことでもあるので、実体要件の変更という意味をもつ。これに対して集団的被害回復を可能にする制度は、実体的権利義務の成否にはかかわらず、ただ裁判上の権利実現を容易にするものにとどまる。集団的被害回復裁判手続の対象としたからといって、本来成立しないはずの権利が成立するようになるわけではない。ただ単に、提訴が容易でないため実現が困難であった権利が、実現できるようになるのみである。結局、特別法による不法行為の性質を有する義務を集団的消費者被害回復裁判手続の対象としても、実体法の定める権利義務の成否というレベルでは、当事者間の利益バランスに影響を及ぼすものではないというべきである。

　なお、現実に被害回復を裁判によって実現する可能性という点での当事者間の利益バランスは、確かに集団的被害回復制度の適用が認められることによって変更されることになる。しかしそれは、本来実体法上回復されるべき権利が当事者間の情報格差や資力、コストなどの障害により、回復できない

---

[82] たとえば、製造物責任法は過失ではなく欠陥を帰責原因とする。また金融商品販売法5条に基づく損害賠償責任に過失は要件とされず、同法6条により損害額推定が規定されている。

[83] 一問一答29頁、山本104頁。

でいたものを是正するということであり、その意味での利益バランスの変更は、むしろ立法趣旨に正面からかなうもののはずである。

3 共通義務確認の訴えの訴訟物

(1) 共通義務確認訴訟の定義と訴訟物の考え方

(A) 基本的な考え方

共通義務確認の訴えとは、「消費者契約に関して相当多数の消費者に生じた財産的被害について、事業者が、これらの消費者に対し、これらの消費者に共通する事実上及び法律上の原因に基づき、個々の消費者の事情によりその金銭の支払請求に理由がない場合を除いて、金銭を支払う義務を負うべきことの確認を求める訴え」と定義されている（消費者裁判手続特例法2条4号）。

この規定を前提にすると、共通義務確認の訴えの訴訟物は以下のように構成される。すなわち、通常であれば、特定の原告が特定の被告に対して有する給付請求権またはその他の法律関係の存否が訴訟物となるが、共通義務確認訴訟では、原告ではなく相当多数の消費者に対して、特定の被告たる事業者が共通して負う可能性のある金銭支払義務の存否が訴訟物となる。この場合の被告は特定の事業者であるが、共通義務に対応する金銭支払請求権（対象債権）を有するとされる消費者は、特定の消費者ではなく、いわば仮想的（バーチャル）に構成された対象消費者（消費者裁判手続特例法2条6号）である。たとえば、特定の事業者Y社が、ブランド品のニセモノを本物と表示して、具体的な消費者A_1〜A_{100}に販売し、ニセモノと気がついたA_1〜A_{100}が消費者契約法4条1項1号に該当するとしてY社に代金の返還を求めているという事例でいうと、共通義務は、Y社が具体的な消費者A_1〜A_{100}に対して負う金銭支払義務ではなく、「Y社がブランド品のニセモノを本物と表示したことで本物と誤認して購入した」という属性を有するバーチャルな対象消費者に対して、Y社が共通して負う可能性のある金銭支払義務であり、これが訴訟物である。

バーチャルな消費者という構成は、法律の文言からは明確に示されているわけではない。しかしこの集団的消費者被害回復制度は、第一段階で対象消費者に対する共通義務が認められ、第二段階で、個々の消費者が共通義務に対応する債権を主張して手続に参加するという構造を有する。したがって、第一段階における「対象消費者」は、まだ第二段階で債権届出を授権する個々具体的な消費者そのもの（上記例の A_1〜A_{100}）ではなく、その具体的な消費者に共通する属性を有するものとして構成された仮想的（バーチャル）な存在である。個々具体的な消費者が登場するのは、そのようなバーチャルな対象消費者に自らが該当することを主張する第二段階においてであり、その該当性が簡易確定手続における主たる審判対象となるのである。

なお、第二段階において個々の消費者がバーチャルな存在としての対象消費者に該当するとしても、すなわち共通の事実上および法律上の原因が認められるとしても、さらに、個々の消費者の事情によっては金銭支払義務を負わない可能性がある。このことは定義規定自体が留保している。したがって、確認の対象たる法律関係は、バーチャルな対象消費者に対して特定の被告事業者が共通して負う可能性のある金銭支払義務であり、特定の消費者と事業者との間の金銭支払義務というわけでは（まだ）ない。

(B) 訴訟物に関する学説

これについて、山本和彦教授は、上記消費者裁判手続特例法2条4号の規定から、訴訟物を「消費者契約に関する請求に係る共通義務の確認」とされ、消費者と事業者との間の法律関係の確認と位置づけられる[84]。また「共通義務という新たな概念を立てて、個別事情によって義務を負わないことがあるという留保付きの義務（法律関係）を確認するという構造」であり、「各消費者に帰属する権利の一部分を一般化抽象化したものと評価できる。その意味で、権利の確認の範囲には含まれるが、第2段階の各消費者の具体的な請求権の確定との関係では、構成要件的に（一種の前提要件として）機能する」

---

[84] 山本151頁。

と説明される[85]。この「各消費者に帰属する権利の一部分を一般化抽象化したもの」という説明は、筆者のいう「バーチャルな」ということと趣旨を同じくするものと思われる。

　また、伊藤眞教授は、「共通義務確認訴訟の訴訟物を対象債権と対象消費者の範囲によって特定された共通義務という概括的法律関係」とされる[86]。「概括的」という概念は必ずしも明確ではないが、「対象債権と対象消費者の範囲によって特定された」（下線は筆者）との表現からは、個々具体的な消費者とは区別された、「範囲」としてしか特定されない消費者を指し示しているように思われる。

　さらに、三木浩一教授は、訴訟物は「実体権そのものではなく、実体権の成立要件の一部を取り出して、訴訟物としている」と説明される[87]。そのうえで証書真否確認の訴え（民事訴訟法134条）と類似するとし、裁判所の審判権との関係でも法律上の争訟には該当せず、「その他法律において特に定める権限」（裁判所法3条1項）に該当するとされる。この説明のうち証書真否確認は、具体的に特定される当事者間の、さらに具体的な証書の真否を問題としている点で、バーチャルな存在である対象消費者に対する共通義務とは異なるが、実質的には、特定当事者間の具体的権利義務の存在そのものの確認ではないこと、そして法律上の争訟には該当しないとされている点が示唆に富む。

(C)　共通義務の規範類似性

　上で述べたようなバーチャルな対象消費者に対して特定の事業者が共通して金銭支払義務を負うということは、法的三段論法における大前提、すなわち規範の定立に類似する。もちろん抽象的な規範そのものではなく、現実に相当多数の消費者に共通する被害が生じ、かつその回復の権利が法的に認め

---

[85]　山本155頁。
[86]　伊藤44頁。また、伊藤眞「消費者被害回復裁判手続の法構造――共通義務確認訴訟を中心として――」曹時66巻8号（2014年）2048頁以下も参照。
[87]　三木295頁。

られることを主張立証しなければならないが、その後に、いわば小前提として、個々具体的な消費者（上記例の $A_1 \sim A_{100}$）が対象消費者に該当する（言い換えれば、大前提の要件部分で認められた事実上および法律上の原因がある）ということを判断するのであり、その判断から個々具体的な消費者が特定の事業者に金銭支払請求権を有するとの結論が導き出される。そうした意味において、共通義務確認訴訟とは、特定の事業者が一定範囲の対象消費者に共通義務を負うとの規範を定立することを目的としているようにも理解できる。[88]

また、バーチャルな対象消費者との関係で、特定の事業者の法的地位を決定するという点では、消費者関係法令に反するとの理由でなされる行政処分や、適格消費者団体による差止請求（消費者契約法12条）にも類似する。後者は、原告団体の被告事業者に対する差止請求権を創設することで、具体的権利義務関係をめぐる訴訟と理解されているが、実質的には被告事業者と取引関係に入る消費者の利益を将来的に実現するものであり、行政庁の処分と共通の機能を有することは否定されない。ただし、行政庁の処分にせよ差止判決にせよ、具体的な消費者と事業者との間の関係に直接規範として作用することはなく、それらが予定するサンクション（刑事罰や強制執行）によって間接的に影響を及ぼすにとどまる。これに対して共通義務確認訴訟は、特定の事業者が対象消費者に対して共通義務を負うという規範を定立して、それが簡易確定手続や異議後の訴訟における届出消費者の権利の消長に直接作用する（既判力をもって拘束する）のであるから、規範性がより強く認められるといえよう。

(2) **権利義務が競合する場合の訴訟物の考え方**

(A) **請求権競合の例**

訴訟物の構成は、民事訴訟法学上の著名な争点となっており、共通義務確認訴訟の訴訟物を考えるにあたっても、そもそも訴訟物をどのように構成するのかによって異なる結論が出てくる可能性がある。具体的に問題となるの

---

[88] そのように考えると、法律上の争訟には該当しないという性格決定が妥当するようにも思われる。ただし、三木教授の意図とは異なるかもしれない。

は、消費者が事業者に対して有するべき対象債権について、請求権競合の関係が成立する場合である。

> 事例
> B社は、多数の消費者（A_1〜A_{100}）に、高級ブランドのバッグのニセモノを正規品であるとして販売した。

上述の例で、事業者は購入者に対して民法96条の詐欺または消費者契約法4条1項1号の重要事項の不実告知を理由とする取消しによる原状回復義務（不当利得返還請求権）と、不法行為に基づく代金相当額の損害賠償義務とがそれぞれ成立し、これらは同時に複数の請求権が成立するが、そのいずれかの請求権について給付してしまえば他のすべての請求権も消滅する、言い換えれば1回の給付しか正当化しないという意味で、請求権競合の関係に立つ。[89]

この例において、共通義務確認の訴えを特定適格消費者団体が提起するとしたら、その訴訟物の構成はどうなるのであろうか。

一般の給付訴訟においては、同一当事者間に請求権が競合して成立する場合のみを対象として訴訟物の構成を考えればよかったが、共通義務確認の訴えにおいては、より複雑となる。すなわち共通義務に対応する複数の請求権が一人の消費者に競合して成立することもありうると同時に、消費者によってはそのいずれかの請求権のみが成立するという場合が考えられるからである。上述の例でいうならば、取消権を行使した消費者には不当利得返還請求権と不法行為に基づく損害賠償請求権とが競合して成立するが、取消権を行使せずに行使期間が満了した消費者には不法行為に基づく損害賠償請求権だけが成立するということがありうる。そして共通義務が請求権ごとに認められるのか、請求権すべてを包括して認められるのかという考え方の具体的帰結にあたっては、複数の請求権が競合して成立する消費者の立場といずれかの請求権しか成立しない消費者の立場の双方を考慮して検討する必要がある。

---

[89] このほか、有名ブランドの真正品を目的物とする債務の不履行を理由とする損害賠償請求権も成立するが、ここでは省略する。

そこで、給付訴訟における代表的な訴訟物の学説から、共通義務確認訴訟についてどのように考えられるかを検討してみよう。

(B) 新訴訟物理論によった場合＝受給権構成

まず、新訴訟物理論[90]（以下、「新説」ともいう）によった場合の考え方から検討してみよう。

新訴訟物理論は、実体法上の給付請求権をそのまま訴訟物とするのではなく、これを給付を受ける法的地位または受給権として訴訟上再構成された地位・権利を訴訟物とする。この考え方は、いうまでもなく給付訴訟を念頭に置いたものであるので、確認訴訟については確認対象たる権利義務法律関係が訴訟物とされる。そこで、共通義務確認の訴えでは、新説に立っても、確認対象たる実体法上の請求権に対応する義務の存否が訴訟物となることが考えられる。

しかし、確認の利益の関係上、給付訴訟により実現できる給付請求権の確認を求めることは通常許されない[91]。ところが共通義務確認の訴えは、多数の消費者に共通する金銭支払請求権に対応する義務の確認を求めるものであり、個別の消費者が提起するとすれば給付の訴えとなるべき請求権の存否を対象とするものである。

また、確認訴訟であれば当然に実体法上の権利または法律関係が訴訟物となるというものでもない。債務不存在確認請求については、消極的確認対象たる権利が実体法上競合する場合にそれらを包含する地位ないし権利の不存在を訴訟物とするとの考え方も有力である[92]。

確認訴訟についても訴訟上の地位ないし権利として再構成されたものが訴

---

[90] 新訴訟物理論も多様な考え方がありうるが、ここでは差し当たり、新堂幸司教授の考え方を前提とする。新堂幸司『新民事訴訟法〔第5版〕』（弘文堂・2011年）311頁以下。

[91] ただし、最判平成11年1月21日民集53巻1号1頁は、条件付き権利としての建物賃貸借における敷金返還請求権の存在確認を適法と認めていた。

[92] 新堂幸司「『訴訟物』の再構成」『訴訟物と争点効(上)』（有斐閣・1988年（初出1959年））68頁以下。そこでは消費貸借金返還債務不存在確認の訴えを提起して勝訴した者が、後に消費貸借契約の無効を理由とする不当利得返還請求訴訟を提起された場合に、既判力が及ぶべきと論じられている。

訟物になると考える余地があるとすると、上記の例における特定適格消費者団体の共通義務確認の訴えは、被告事業者が対象消費者に対して共通して負う当該ニセモノの売買代金相当額の返還義務（の存否）が訴訟物となり、売買契約の不実告知または詐欺に基づく取消しを理由とする不当利得返還請求権か、不法行為に基づく代金相当額の損害賠償請求権かは、共通義務を根拠づける理由にすぎないものと位置づけることも可能である。

　以下、これを受給権構成と呼ぶ。[93]

　(C)　旧訴訟物理論による場合＝個別請求権構成

　旧訴訟物理論（以下、「旧説」ともいう）[94]は実体法上の請求権をそのまま訴訟物と位置づけるので、共通義務確認の訴えにおいても同様に解するものと考えられる。したがって上記設例では、不実告知または詐欺を理由とする取消しの意思表示に基づく不当利得請求権と、不法行為に基づく損害賠償請求権[95]とに対応する売買代金相当額の共通義務（の存否）という2通りの訴訟物が観念し得て、特定適格消費者団体が共通義務確認の訴えを提起する際は、そのいずれか、またはそのすべてを訴訟物として特定して請求することとなる。

93　なお、新訴訟物理論をとるからといって必然的に共通義務確認の訴えにおいても受給権構成をとらなければならないというものではない。たとえば消極的確認の訴えについて実体法上の請求権ごとの不存在確認と解する立場はあり得るし、給付訴訟においてもたとえば手形債権と原因債権のように1回の給付を求める複数の請求権が訴訟物として別々と考える場合もあり得るからである。そこで本書では、新訴訟物理論ないし訴訟法説とは一応区別して、受給権構成と呼ぶこととした。

94　旧説については、差し当たり、伊藤眞教授の教科書によることとする。伊藤眞『民事訴訟法〔第6版〕』（有斐閣・2018年）210頁以下。

95　消費者契約法4条1項の不実告知を理由として取り消したか民法96条1項の詐欺を理由に取り消したかは、適用法条が異なるので、実体法上の請求権が別異となり、訴訟物としても異なるとの考え方もあり得るが、旧訴訟物理論においても、たとえば賃貸借契約の終了に基づく明渡請求権について、終了原因が期間満了か解除かによって明渡請求権が異なるとは解さない一元説が有力説とされる。倉田卓次監修『要件事実の証明責任　契約法下』（西神田編集室・1998年）602頁以下参照。これと同様に、不当利得返還請求権の根拠法条が消費者契約法か民法かによって実体法上の請求権は異ならないと解することができる。同旨、笠井正俊「消費者裁判手続特例法に基づく請求・審理・裁判等に関する手続上の諸問題」千葉ほか編362頁以下、特に375頁以下。

第1節　共通義務確認の訴えの対象

以下、これを個別請求権構成と呼ぶ。[96]

(3) 訴訟物構成によるそれぞれの帰結

上記のように、訴訟物理論の違いにより、受給権構成と個別請求権構成とがあり得ることが確認できた。次に、その帰結の差異を検討する。

(A) 簡易確定手続の対象債権との関係

共通義務確認請求訴訟では、訴状において、「対象債権及び対象消費者の範囲を記載」し、その請求の趣旨および原因を「特定」しなければならない（消費者裁判手続特例法5条）。この対象債権は、簡易確定手続開始決定書における対象債権として記載され（同法20条）、簡易確定手続申立団体による対象消費者への通知にも記載される（同法25条1項3号）。そして対象消費者に該当する者が簡易確定手続申立団体に授権して団体が届け出る届出債権についても、その「請求原因については、共通義務確認訴訟において認められた義務に係る事実上及び法律上の原因を前提とするものに限る」と規定されている（同法30条2項2号）。

そこで、上記の設例でいえば、原告が取消しに基づく不当利得返還請求権のみを主張して、これに対応する共通義務の確認を求め、その認容判決が下された場合、受給権構成であれば、不当利得以外の法律構成による支払請求権であっても簡易確定手続での対象債権となる可能性がある。ただし、消費者裁判手続特例法30条2項2号に定められた「事実上及び法律上の原因を前提とするもの[97]」と認められるかどうかは別途問題となるので、共通義務確認訴訟において不当利得返還請求権のみが主張され認められた場合は、それ以

---

[96] 旧訴訟物理論ないし実体法説の立場からも、必然的に個別請求権構成となるわけではない。競合する実体法上の請求権を統一的に理解する立場（新実体法説）もありうるからである。そこで、本書では旧訴訟物理論とは一応区別して個別請求権構成と呼んでいる。

[97] この「事実上及び法律上の原因」という用語は、一般には共同訴訟の要件を定めた民事訴訟法38条前段後半において用いられているが、そこでは1996年改正前の民事訴訟法以来広く解釈してよいとされてきた。たとえば上田徹一郎＝井上治典編『注釈民事訴訟法(2)』（有斐閣・1992年）29頁以下〔山本弘〕。もっともそれは共同訴訟の要件が認められたとしても不都合があれば裁判所が職権で弁論を分離することができるので、幅広く認めても差し支えはない場面でのことである。

外の法律構成（たとえば不法行為）による対象債権は認められないということとなる。

これに対して個別請求権構成であれば、取消しに基づく不当利得返還請求権以外の法律構成、すなわち不法行為に基づく損害賠償請求権は、そもそも訴訟物としての共通義務の範囲に入らないという理由で、対象債権とはなり得ないことになる。

なお、簡易確定手続における債権届出で特定された対象債権は、簡易確定決定に対して適法な異議が出された場合の異議後の訴訟においても、その届出書が訴状とみなされる（消費者裁判手続特例法52条1項）ので、訴訟物となる。しかも異議後の訴訟では訴えの変更は制限されている（同法54条）ので、訴訟物の同一性がないとされる請求権を異議後の訴訟で新たに提出することはできない。

(B) 共通義務確認訴訟における請求の併合形態と判決の対象

次に、共通義務確認訴訟において不当利得返還請求権と不法行為に基づく損害賠償請求権のいずれをも主張して訴えを提起した場合に、受給権構成と個別請求権構成とでどのように扱われるかをみてみよう。

(a) 受給権構成

まず受給権構成によれば、訴訟物は一つで複数の法的観点が提示されているにすぎないので、請求の併合はなく、判決も一つの共通義務の存否を確認して下すことになる。

ただし、前述したとおり、簡易確定手続における届出債権は「請求原因については、共通義務確認訴訟において認められた義務に係る事実上及び法律上の原因を前提とするものに限る」とされており、対象消費者には複数の法的観点のいずれかにしかあてはまらない者が含まれていることが想定されるので、その複数の法律観点に対応した事実上および法律上の原因を、それぞれ、認定する必要がある。

上記の例で具体的に考えると、不実告知を理由とする不当利得返還請求権と不法行為に基づく損害賠償請求権とがともに主張されていたとしても、受

給権構成では１個の訴訟物としての共通義務が複数の理由で主張されているので、通常の給付訴訟では、その理由は選択的に主張されているものとされ、裁判所はいずれかの理由、たとえば不法行為構成により損害賠償請求を認容すれば足りる。この場合、採用されなかった理由、たとえば不実告知による不当利得返還請求権を積極的に認定判断する必要はない。しかし共通義務確認訴訟では、不当利得または不法行為のいずれかの理由によらなければ認められない対象消費者がいる可能性があるので、各理由は選択的ではなく、いずれも認定判断されなければならない。そうでなければ、簡易確定手続における債権届出が認められる対象消費者と認められない対象消費者とが出てきてしまい、不当な結果をもたらすからである。

(b) 個別請求権構成

これに対して個別請求権構成によれば、訴訟物は、不当利得返還請求権に対応する義務と不法行為に基づく損害賠償請求権に対応する義務との二つが提示されていることとなるので、請求の併合形態が問題となる。旧訴訟物理論によれば、給付訴訟においては、いわゆる選択的併合として、複数の競合する請求権のいずれか一つが認容されることを解除条件として他の請求権が訴訟物とされていると構成される。[98]しかし、共通義務確認の訴えでは、後の簡易確定手続での届出債権および異議後の訴訟における訴訟物が共通義務確認の訴えで認められた債権と一致していなければならないので、複数の法律構成のいずれでもよいということにはならない。対象消費者の中には、いずれの法律構成でもよいという場合と、いずれかの法律構成でなければならないという場合が含まれうるからである。仮に二つの訴訟物を選択的併合と解したうえで、不当利得返還請求権に対応する義務のみが認容されたならば、取消権を行使していなかった対象消費者は簡易確定手続で不法行為債権を主張できないこととなる。それでは多数の消費者の被害救済を図る本制度の趣旨に適合しないし、不当利得と不法行為の両方を主張した原告の意思にも合

---

[98] 伊藤・前掲（注94）214頁以下参照。

致しない。複数の競合する請求権が訴訟物として提示された場合、それらは単純併合として、いずれにも認容または棄却の判決を下す必要がある[99]。

これに対して、伊藤眞教授は、競合する請求権の一つしか主張できない対象消費者の存在を前提としてもなお、選択的併合（または予備的併合）とすることが考えられると説かれる[100]。しかし、その訴訟で認められなかった請求権を有する消費者は、自ら提訴する途が開かれているということから本質的な不利益を被るというわけではないとされるのは疑問である。伊藤教授自身の言葉を借りれば、比較的少額で多数の消費者に共通する利益については、「権利集約の不可欠性」[101]が認められるのであり、事実上、自ら提訴する途が開かれているとは言い難い[102]。また仮に選択的併合ということを認めると、共通する被害を受けた消費者の一部の者が主張可能な請求権を認められるかどうか、共通義務確認訴訟の確定に至るまで判明しないということにもなり、時効消滅のリスクはもちろん、判決効を有利に主張できるという意味での潜在的な当事者性を有する消費者に著しい手続的不安定を強いることにもなる。

なお、裁判所規則19条は、共通義務確認訴訟において複数の競合する請求権に対応する共通義務が認容される事態を前提に、簡易確定手続における債権届出に際して「できる限り」一つに絞るべきこと、一つに絞れない場合は予備的または選択的な併合形態により届け出るべきことを定めている。これは共通義務確認の訴えの段階で選択的または予備的併合を強いられるものではないという意味で、正当な規定である[103]。

(C) 必要的併合および関連請求の中止等

共通義務確認の訴えにおいては、複数の特定適格消費者団体が同一の事業者に対して同一内容の共通義務確認の訴えを提起する可能性がある。そこで、

---

99 以上につき、山本151頁も同旨。
100 伊藤48頁。
101 伊藤7頁、およびその前の5頁からの説明を参照。
102 別の問題についての叙述ではあるが、山本192頁では、「そもそもこの制度は、個別消費者の提訴を期待できないという前提で初めて正当化が可能なものであり、和解が不満であれば個別訴訟を提起すればよいというのは本末転倒」と説明されている。

消費者裁判手続特例法は、最初に共通義務確認の訴えが提起された裁判所が管轄裁判所となる旨の規定（同法6条5項）を置いて、その裁判所が同法6条5項に定められた移送をしない限り、他の裁判所の管轄権を排除し、複数の訴えが同一の裁判所に係属するように工夫している。さらに必要的併合の規定（同法7条）を置き、「請求の内容及び相手方が同一」の訴えは併合審理することとしている。

これらの規定が訴訟物との関係でどのように解されるかは必ずしも明らかではない。そこで、上記の設例に関して受給権構成をとる場合と個別請求権構成をとる場合とで、その帰結を考えてみよう。

まず受給権構成をとる場合は、法律構成にかかわらず一個の共通義務が訴訟物と解されるので、「請求の内容及び相手方が同一」の訴えは訴訟物が同一の場合と解することができる。

これに対して個別請求権構成をとり、たとえば不当利得返還請求権に対応する共通義務の確認を訴訟物とした場合には、別個の法律構成に基づく共通義務確認の訴えに消費者裁判手続特例法6条5項の適用はないと解し、したがって当然には同法7条の適用もないと解することがありうる[104]。

しかし、実質的に重複した訴えが別々に係属することは望ましくない。一般の民事訴訟における二重起訴禁止規定（民事訴訟法142条）の解釈においても、訴訟物が同一である場合には必ずしも限らずに、主要な争点が重複する

---

[103] ただし、条解裁判所規則51頁注2では、共通義務確認訴訟において裁判所規則19条のような規定がないことを認めつつ、「消費者の財産的被害を適切に回復し、消費者の利益の擁護を図るという観点を踏まえて、共通義務確認訴訟において、同一の社会的事実に基づく複数の請求を単純併合ではなく選択的併合又は予備的併合としたり、複数の共通義務が認められた場合にそのうちの一つの共通義務を選択して簡易確定手続開始の申立をしたりすることを検討することが期待される」と説くが、単純併合が必要な場合に選択的または予備的併合とすることは本文で述べたように消費者の利益擁護に背く面があり妥当ではない。また複数の共通義務が認められた場合に、その一つを選んで簡易確定手続開始申立てをすることは、それによって債権届出ができなくなる消費者がいるようなケースでは、消費者裁判手続特例法14条の定める申立義務違反となることも考えられる。

[104] ただしその場合でも同法6条6項に基づき裁量移送したうえで、民事訴訟法152条に基づいて職権による併合をすることはありうる。

場合に適用があると解する立場が有力である[105]。消費者裁判手続特例法7条1項の「請求の内容及び相手方が同一」の解釈においても、個別請求権構成をとる場合に、訴訟物が必ずしも同一でない複数の請求でも「請求の内容」が同一であると解することは、無理な解釈とはいえない。

なお、共通義務確認の訴えが係属している場合に、その当事者たる事業者に対して対象消費者が「当該共通義務確認訴訟の目的である請求又は防御の方法と関連する請求に係る」訴訟を提起しているときは、その訴訟手続の中止を命じることができると規定されている（消費者裁判手続特例法62条）。これは共通義務確認の訴えの対象となっている請求権を訴訟物とする個別訴訟はもちろん、共通義務確認の訴えの対象とはできない拡大損害なども含めた金銭請求や、そもそも共通義務確認の訴えの対象ではない非金銭請求も含めた請求についても適用があると解される。したがって共通義務確認の訴えとは法律構成の違いにより訴訟物が異なると解される場合でも、中止命令の対象となりうることになる。

(D) 既判力の作用と範囲

共通義務確認の訴えの既判力は、民事訴訟法114条および115条の適用があるほか、消費者裁判手続特例法9条により、「当該共通義務確認訴訟の当事者以外の特定適格消費者団体及び当該共通義務確認訴訟に係る対象消費者の範囲に属する第30条第2項第1号に規定する届出消費者に対してもその効力を有する」と規定されている。

この法規定を前提として、共通義務確認の訴えに関する訴訟物の考え方ごとに、既判力の作用と範囲を考えてみよう。

(a) 受給権構成

まず、受給権構成によれば比較的シンプルで、上記設例の詐欺取消し、不

---

[105] その中でもさまざまなニュアンスの違いがあるが、請求の基礎を基準とする住吉博『民事訴訟論集(1)』（法学書院・1978年）289頁、主要な争点の共通性を基準とする新堂・前掲（注90）227頁、主要な法律要件事実の共通性を基準とする伊藤・前掲（注94）231頁など。なお、三木浩一「重複訴訟論の再構成」『民事訴訟における手続運営の理論』（有斐閣・2013年（初出1995年））266頁以下も参照。

実告知取消し、不法行為のいずれの法的構成で訴えたとしても、既判力は法的構成の別にかかわらず共通義務の全部に及ぶことになり、これは請求認容判決でも棄却判決でも同様である。他の特定適格消費者団体が同じ損害回復のために異なる法律構成で別訴を提起していた場合、先にその先行訴訟の認容判決が確定すれば訴えの利益を欠き、棄却判決が確定すれば共通義務不存在との判断に拘束される。対象消費者に対しては、全部棄却判決の場合はそれによって第二段階の手続が開始されることはなく、債権届出の余地もないので、判決の効力が及ぶことは考えられない。これに対して、認容判決については、団体を通じて債権届出をすることにより、共通義務確認判決の効力が及ぶ。一部認容・一部棄却判決についても同様であり、この場合は一部棄却判決の不利な効力も合わせて引き受けることとなる。

ただし、前述のとおり、簡易確定手続の対象債権となりうるのは、その請求原因が「共通義務確認訴訟において認められた義務に係る事実上及び法律上の原因を前提とするものに限る」と規定されている（消費者裁判手続特例法30条2項2号）ため、受給権構成の下で既判力の範囲は法律構成にかかわらないで及ぶとしても、債権届出ができるのは共通義務確認の訴えで認められた事実上および法律上の原因と一致する必要がある。[106]

　　(b)　個別請求権構成

これに対して、個別請求権構成によれば、原則として実体法上の請求権の一つに対応する共通義務の確認を求めた場合には、その範囲でしか既判力は生じない。したがって、たとえば不当利得返還請求権に対応する共通義務の確認を求めて確定判決等に至った場合には、これと競合する不法行為に基づく損害賠償請求権に対応する共通義務の確認に既判力は及ばず、同一の団体でも他の団体でも別に訴訟を提起できることとなる。

このことは、不当利得返還請求権に対応する共通義務が認容された場合であっても同様であり、これに加えて不法行為に基づく損害賠償請求権に対応

---

[106] この点は、既判力を論じる際にあらためて検討する。

第 2 章　共通義務確認の訴え

する共通義務の確認を求めることができる。通常の給付訴訟で請求権が競合する場合は、こうしたことはあり得ない。というのも競合する一つの給付請求権に認容判決が確定すれば、これに基づいて強制執行して満足すればよいのであり、競合する他の請求権に基づいて同一の給付を求める訴えを提起することは、既判力が及ばないという以前に実益がない。ところが共通義務確認の訴えでは、多数の消費者の給付請求権に対応する共通義務を観念するので、ある請求権に対応する共通義務が確認されても、その請求権と競合する別の請求権のみしか主張できない消費者が存在する場合には、その請求権に対応する共通義務の確認をする実益があるからである。たとえば取消権行使による不当利得返還請求権に対応する共通義務の存在が確認された場合、取消権を行使した消費者は対象消費者となりうるが、これを行使しなかった、あるいは取消権の行使期間が経過したため行使できなかった消費者が、不法行為に基づく損害賠償請求権を主張できる場合には、別途不法行為に基づく損害賠償請求権に対応する共通義務の確認を求める実益があるのである。[107]

　これに対して、たとえば不当利得返還請求権に対応する共通義務の確認請求が棄却された場合は、原則として既判力が他の請求権構成に及ばないが、他の請求権構成による再訴が信義則に反するとされる可能性がある。この点に関する判例[108]によれば、少なくとも同一の特定適格消費者団体が、不当利得返還請求権に対応する共通義務の確認を求めて請求棄却された後、不法行為に基づく損害賠償請求権に対応する共通義務の確認を求めることは、前訴において不法行為に基づく主張をすることに支障がなく、むしろ不法行為構成の訴訟物もあわせて主張すべきと評価でき、また実質的にも不法行為に基づく請求権を基礎づける事実について前訴で審理がされていたと解される場合には、不当な蒸し返しであるとして後訴が却下される可能性が高い。[109]

---

[107] 伊藤49頁は、選択的併合とされ審判対象とはされなかった共通義務について再訴することは濫訴防止との関連であり得ないとするが、実益がある限り、対象消費者の集団的利益を擁護する任務を負う特定適格消費者団体としては、むしろ再度の提訴をすべきというべきである。

[108] そのリーディングケースとして最判昭和51年9月30日民集30巻8号799頁。

問題は、これと同様のことが他の特定適格消費者団体についてもいえるかどうかである。前訴を提起した特定適格消費者団体が不当利得返還請求権に対応する共通義務のみを訴訟物としていた場合に、その確定判決の効果として他の特定適格消費者団体が別訴を提起することが信義則違反になるというためには、他の団体による提訴が容易で、かつそうすべきだったと評価できることが必要と考えられるが、すでに訴訟当事者となった団体が別の法的構成に基づく請求を追加すべきだったとはいえる場合でも、その訴訟の当事者ではない団体には当該訴訟における審理内容を適時に知りうるとは限らず、別訴を同時に提起して併合を求めたうえで審理に参加すべきだったといえる場合は少ないと思われる。[110]そうだとすれば、他の団体による別の訴訟物を立てての後訴が信義則により遮断されることは原則としてないと解される。

(4) 小　括

　(A) 受給権構成と個別請求権構成の帰結のまとめ

　以上の考察をまとめると以下のようになる。

　まず、共通義務確認の訴えにおける訴訟物は、訴訟物理論の違いにより、対象消費者に複数の実体法上の請求権が成立する可能性のある場合には、その複数の請求権のそれぞれに対応する複数の共通義務がそれぞれ訴訟物を構成すると解する立場（個別請求権構成）と複数の請求権をまとめた受給権に対応する単一の共通義務が訴訟物になると解する立場（受給権構成）があり得る。

　受給権構成に立つならば、訴訟物は複数あるいずれの法律構成に基づいて主張立証して認容判決を受けても共通なので、いずれの法律構成に基づく債

109　私見の立場からは、皮肉なことに、競合する請求権に対応する共通義務の確認もすべきであったと評価することとなるが、共通義務確認訴訟の段階でも競合する請求権が複数あるときにその一つに限って、または予備的ないし選択的併合として、共通義務確認をすべきとする立場からは、逆に、信義則違反と評価する前提を欠くこととなる。

110　まして、他団体が複数の共通義務を選択的併合として訴えを提起している場合に、その一つの共通義務について審判されなかったときに備えて別の団体が別訴を提起することは考えにくい。いずれが審判対象となるかはわからないからである。

権であっても簡易確定手続における対象債権となりうるが、その請求原因が「共通義務確認訴訟において認められた義務に係る事実上及び法律上の原因を前提とするもの」（消費者裁判手続特例法30条2項2号）でなければならない。また共通義務確認の訴えで複数の法律構成に基づく請求権を主張した場合でも請求の併合はなく、判決の対象は一つの共通義務である。ただし、複数の法律構成で事実上および法律上の原因が重ならない場合には、そのいずれについても認めるか認めないかを認定する必要があり、そこで排斥された事実上および法律上の原因については、簡易確定手続における対象債権とはならない。消費者裁判手続特例法7条の必要的併合の範囲は訴訟物の範囲と一致する。同法62条の関連する訴訟は、受給権構成であっても訴訟物の枠組みを超えて適用がある。既判力の範囲も受給権構成は法律構成にかかわらず共通義務の存否に既判力が生じ、他の特定適格消費者団体による同一内容の請求は遮断される。

　これに対して個別請求権構成では、訴訟物は複数の実体法上の請求権それぞれに対応する複数の共通義務ごとに観念され、ある実体法上の請求権に対応する共通義務を訴訟物とする確認請求が認容されれば、簡易確定手続ではその請求権を対象債権とすることになり、それ以外の請求権は対象債権とならない。共通義務確認の訴えで複数の請求権に対応する共通義務を訴訟物とした場合は、単純併合となり、いずれについても判決する。また消費者裁判手続特例法7条の適用は、同一訴訟物について適用されると考えられるが、競合して成立しうる他の請求権に対応する共通義務確認訴訟にも拡張して適用することも、解釈論としては成り立ちうる。同法62条についても訴訟物が同一とはいえない個別訴訟について適用がある。既判力の範囲は、原則として訴訟物が同一の請求について及ぶので、競合する請求権の一つのみに対応する共通義務確認請求が認容された場合に、他の請求権に対応する共通義務確認請求を別訴提起することは許される。これに対して棄却判決が下された場合には、既判力が及ばない他の請求権に対応する共通義務について別訴で確認を求めることは、同一の特定適格消費者団体が提訴するのであれば信義

第 1 節　共通義務確認の訴えの対象

則違反とされる可能性が高いが、他の団体による別訴を信義則違反と評価することは原則としてできない。

　(B)　私　見

　以上の対比を前提として、消費者裁判手続特例法の解釈として適合的なのは、個別請求権構成と解される。それは簡易確定手続および異議後の訴訟手続における対象消費者の請求権と共通義務確認の訴えの対象債権とが、その事実上および法律上の原因について共通していることを要求されているので、共通義務確認訴訟の既判力の範囲も対象債権と一致すると解するほうが簡明に思われるからである。

　しかし、上述のとおり、個別請求権構成をとったとしても、なお訴訟物となる「共通義務」の中に複数の法律上および事実上の原因が観念できることになるので、その限りでは受給権構成と同様の問題が生じる。しかし、それでも共通争点から共通義務へと変更した立法趣旨[111]や、紛争を実体法上の請求権よりもさらに細かく分断することによる不都合を考慮すれば、少なくとも訴訟物としては実体法上の請求権に対応する「共通義務」と考えるべきである[112]。

111　本書第 1 章第 2 節 2 (4)参照。
112　これに対して、後藤ほか判タ論文15頁以下は、「社会的事実が異なる結果として対象消費者の範囲が異なることとなった場合には、対象消費者の一部が重なり合うとしても、訴訟物は別個」とし、同一会場内で不実告知と退去妨害とが行われ、消費者によってはそのいずれかまたは両方を受けて契約したとの事例では、社会的事実が異なり対象消費者の範囲も異なるから訴訟物は別個と解するとされる。このように解するならば、個別請求権構成からは同一の訴訟物と解されるべき場合でも、さらに訴訟物を細分化して理解することになる。このことと、簡易確定決定の既判力の範囲や異議後の訴訟における訴え変更の可否に関する同論文33頁以下の叙述との整合性には疑問が残る。

第2節　訴訟要件

1　共通義務確認の訴えの訴訟要件

　共通義務確認訴訟は、簡易確定手続と異なり一般の民事訴訟として行われるので、一般の民事訴訟における訴訟要件が必要となる。その一方で、消費者裁判手続特例法は、その提訴資格を、新たに創設された特定適格消費者団体に限るなど、訴訟要件に関していくつかの特則を置いている。これらの特則の意義および解釈については、一般の民事訴訟における訴訟要件の議論を踏まえつつ、共通義務確認訴訟の特徴に即して考える必要がある。

　共通義務確認訴訟の対象となる請求と除外される損害（消費者裁判手続特例法3条1項および2項）に関しては前述したが、これらも訴訟要件に関する特則と位置づけることができる[113]。

　本節では、共通義務確認訴訟の訴訟要件について、特に当事者適格と狭義の訴えの利益に関して、その意義と解釈を検討することとする。

2　当事者適格

(1)　共通義務確認の訴えと原告適格

(A)　問題の所在

　共通義務確認の訴えは、第二段階の手続と合わせて個々の消費者の受けた被害を回復することを直接の目的としている。しかし、第一段階では、消費者裁判手続特例法3条1項により、もっぱら特定適格消費者団体の主導により手続が進められ、被害回復の本来の権利者である対象消費者の特定は、第二段階まで行われない。この特殊な構造を前提として、特定適格消費者団体が共通義務確認の訴えを提起追行する資格、すなわち原告適格の理解をめぐ

---

[113]　伊藤37頁以下は、請求適格（権利保護の資格）とする。

って議論がある。

　原告適格は訴訟物との関係で論じられるものであるから、訴訟物の理解が違えば原告適格の理解も異なりうる。訴訟物たる共通義務は、前述のとおり、バーチャルな対象消費者が被告事業者に対して有する可能性のある金銭支払請求権に対応するものである。[114] バーチャルということの意味は、その段階で対象消費者が具体的に特定されることは予定されず、むしろ第二段階で個々の消費者が対象消費者に該当すると主張して参加することを予定したものということである。また対象消費者と被告事業者との法律関係は、個別の消費者の事情によっては成立しない可能性も残されている。そのような留保付きの法律関係ではあるが、いずれにせよ原告となる特定適格消費者団体は、そうした法律関係の主体ではない。そのうえで、原告団体が自らの関与しない他人間の権利義務の確認を訴訟上求める資格をどう基礎づけるかが問題となる。

　確認訴訟の一般的な議論においては、当事者適格は確認の利益に吸収され、[115] 他人間の法律関係の確認であっても原告にその確認の利益が認められれば適法と解される。しかし特定適格消費者団体は、その意味での確認の利益、特に確認判決によって除去されるべき団体自身の法的地位に現存する不安危険というものは想定できない。したがって通常の確認の利益により団体の原告適格を基礎づけることはできず、法律が団体に提訴資格を認めていることの理解は、別途、考える必要がある。[116]

　(B)　固有適格説と訴訟担当説

　論理的には、団体自身の適格に基づき、他人間の権利義務関係の確認を求めるものとする立場と、他人に帰属する権利を訴訟当事者として行使する、[117] 訴訟担当の一種と位置づける立場とがありうる。後者はさらに、当該他人の授権に基づいて訴訟追行を行う任意的訴訟担当と、法令に基づき訴訟追行権

114　訴訟物に関する私見は、本章第1節参照。
115　秋山ほか・前掲（注3）279頁、伊藤・前掲（注94）190頁以下参照。
116　なお、確認の利益の理解については本節3参照。

限を有する法定訴訟担当とに分かれうる。[118]

　このうち任意的訴訟担当とする構成は、具体的な対象消費者が授権することなく提起追行されるという共通義務確認の訴えの本質的な特徴と一致しない。法定訴訟担当とする構成も、特定の消費者の権利回復を前提にせざるを得ない点で問題があるほか[119]、この訴えが消費者の集団的利益の保護に寄与するものであることにそぐわない。提訴資格を与えられた特定適格消費者団体は、「不特定かつ多数の消費者の利益のために」（消費者契約法13条）行動する適格消費者団体を母体としており、被害回復関係業務もその一環として行われ、これによって「消費者の利益の擁護を図り、もって国民生活の安定向上と国民経済の健全な発展に寄与することを目的」（消費者裁判手続特例法1条）としているのである。権利主体たる消費者が具体的に特定されない段階で特定適格消費者団体が共通義務確認の訴えを提起するのは、個々の被害者

---

[117] この立場もさまざまなニュアンスの違いがある。伊藤・前掲（注86）2046頁以下は、共通義務確認訴訟の訴訟物を「個々の消費者の金銭支払請求権の基礎となるべき、共通の法律関係」、すなわち「概括的法律関係」とされ、同2057頁では共通義務の主体でもなく私法上の利害関係もない特定適格消費者団体に「特別に当事者適格を認められたものと解される」とされている。伊藤30頁も参照。また山本和彦「集団的利益の訴訟における保護」『民事訴訟の現代的課題』（有斐閣・2016年（初出2014年））499頁では、「請求権の中身を分断して、他の被害者と共通する権利として切り分けられる部分（いわゆる共通義務）を取り出し、その部分については一種の固有権として団体に確認訴権を認めたもの」とされている。もっともこの「固有権」という言葉が注目され誤解を招いたとして、山本151頁注13）および14）にて説明をされている。そして同頁の本文中では「他人間の法律関係の確認」を法が政策的に団体に認めたものという形で、特定適格消費者団体の原告適格の理解を整理されている。上原敏夫「集団的消費者被害回復手続の理論的検討」伊藤眞古稀祝賀記念『民事手続の現代的使命』（有斐閣・2015年）32頁も参照。八田卓也「消費者裁判手続特例法の当事者適格の観点からの分析」千葉ほか編381頁以下は、法が手続全体を通じて集団としての消費者一般の利益を守ろうとしていることを前提に、既判力が不利には権利帰属主体に及ばない点を捉えて、特定適格消費者団体の当事者適格は固有の適格と構成されるべきだとされている。

[118] 共通義務確認の訴えを任意的訴訟担当と構成する見解は見当たらないが、八田・前掲（注117）・千葉ほか編398頁が、（第二段階での届出の授権を停止条件とした）「一種の停止条件付きの任意的訴訟担当」という構成を提示する。ただし、これは「手続を対象消費者のためのものとみた場合」という仮定的な構成であり、八田教授の見解というわけではなさそうである。法定訴訟担当説は三木298頁。

[119] 伊藤32頁。なお、三木教授もこの点は「通常の法定訴訟担当とは異なる」とされている。三木299頁。

たる消費者に簡略化された手続での被害回復の可能性を開くとともに、不当な消費者取引の是正という消費者一般の利益を目的とする。[120]

このような規定を前提として特定適格消費者団体の原告適格を考えるならば、被害回復を行う消費者の主観的利益の実現のために訴訟追行権を付与される訴訟担当者という性格よりも、消費者の集団的な利益の実現を目的とした固有の訴訟追行権を付与されたものと解すべきである。

(2) **被告適格**

消費者裁判手続特例法は、その3条3項において、被告適格についても限定を付している。それによれば、基本的には、消費者契約の当事者である事業者が被告適格となるが、不法行為を理由とする場合は、「消費者契約の相手方である事業者若しくはその債務の履行をする事業者又は消費者契約の締結について勧誘をし、当該勧誘をさせ、若しくは当該勧誘を助長する事業者」が被告適格を有する。

このことから、事業者の従業員や代表者などは、たとえその者に対して不法行為責任が追及できる場合であっても、共通義務確認訴訟の被告とすることはできないということになる。その趣旨は、相当多数の消費者の請求を問題とする訴訟において応訴の負担が加重されているので、事業者に限ったと説明されている[121]。その一方で不法行為に基づく請求の場合の被告適格の拡張は、消費者の被害回復の困難性に着目して個々の消費者の簡易迅速な請求・

---

[120] 八田・前掲（注117）・千葉ほか編394頁では、共通義務確認訴訟が第二段階と切り離して意義を有する理由として、「共通原因に係る行為を事業者（これは共通義務確認訴訟の被告となった事業者とそれ以外の事業者の双方を含む）が行うことに対する抑止的効果を有する可能性」をあげられるとともに、同395頁以下では、第二段階も含めて個々の対象消費者に還元し尽くせない利益として、加害事業者の利益吐き出し、市場からの追放、同種の「違法」な行為が行われなくなることに対する利益を想定可能だとされる。なお、前述した訴訟物に関する私見（本章第1節2(1)）で言及した行政処分や差止訴訟との類似性も、この理解に近いと考える。

[121] 一問一答31頁。こうした限定は、現実に消費者被害を引き起こす事業者の実情に合致せず、悪質な事業者ほど財産を経営者個人に移すなどして集団的被害回復から逃げやすくするものであり、妥当ではない。日弁連コンメンタール67頁参照。なお、法人格否認の法理が適用される場合は、代表者などが事業者とみなされることがあり得るとしているが、そうした場合は民事訴訟法41条の同時審判申出共同訴訟となり得ると考えられる。

主張を可能とするために創設されたとの基本的な考え方に立ち返り、そのために「当該契約に一定の関与をした事業者についても、必要な範囲において対象」とするというものであり、それぞれ以下のような場合を想定しているとされる[122]。まず「消費者契約の相手方である事業者」との文言は、必ずしも消費者契約が私法上成立していなくても外形上存在する契約関係で足り、契約の効力が終了した後でもよい。また「履行をする事業者」とは請負契約における下請事業者などが想定されている。さらに「勧誘をする事業者」とは、保険代理店や不動産仲介業者などが考えられるとする[123]。そして「勧誘をさせる事業者」とは、マルチ商法における統括事業者が、「勧誘を助長する事業者」とは未公開株式の販売事例において不特定多数の消費者に高額で販売されることを知りながら、販売業者に株式を譲渡した事業者などが考えられるとしている。最後の事例は、たとえばニセモノを本物と偽って販売する事例においてニセモノを販売事業者に卸した業者にもあてはまるであろう。

3 確認の利益

(1) 一般的な確認の利益と共通義務確認訴訟の特殊性

特定適格消費者団体が共通義務の確認について独自の適格を法律上有するとしても、その場合の確認の利益はどのようにして基礎づけられるであろうか。

確認の利益とは、一般的に原告の権利または法的地位に危険・不安が現存し、かつその危険・不安を除去する方法として原告・被告間に当該確認請求についての判決をすることが有効適切であることと説明されるが、前述のと[124]

---

122 一問一答32頁。
123 なお、一問一答34頁は、勧誘に関して広告宣伝活動を行った事業者は「不特定多数向けのもの等客観的にみて特定の消費者に働きかけ、個別の契約締結の意思の形成に直接に影響を与えているとは考えられないもの」として、勧誘した事業者にはあたらないとしている。しかしこれはクロレラチラシに関する最判平成29年1月24日民集71巻1号1頁以前の考え方であり、勧誘に関してはより実質的に、消費者の意思形成に直接影響したかどうかをもって判断される必要がある。

おり、特定適格消費者団体自身の主観的利益を問題とするわけではない共通義務確認の訴えは、こうした定式での確認の利益を認めることは困難である。[125]

この点について消費者裁判手続特例法は、共通義務確認の訴えの訴訟要件として多数性、共通性、支配性を要求している。具体的には、同法2条4号の定義から、消費者契約に関して相当多数の消費者に財産的被害が生じていること（多数性）、事業者が負うべき金銭支払義務がこれらの消費者に共通する事実上および法律上の原因に基づいていること（共通性）が必要とされるほか、同法3条4項により、共通義務確認の認容判決を得られれば、これに基づく簡易確定手続において対象債権の存否および内容を適切かつ迅速に判断することが困難であるとは認められないこと（支配性）が必要とされる。

これらのうち共通性は、訴訟物たる共通義務の概念自体に組み込まれているので、独立して問題となることは少ないとの見解もあるが[126]、以下のとおり問題は多い。多数性と支配性の要件は、共に共通義務確認訴訟独自の確認の利益を定めたものとして重要であり、また実際に訴えが提起された際にも問題となりやすい。

(2) 共通性の概念

共通性の要件は、「個々の消費者の事業者に対する請求を基礎付ける事実関係がその主要部分において共通であり、かつ、その基本的な法的根拠が共通であること」と説明され、個々の消費者の請求に固有の問題は第二段階に留保されているので、因果関係や損害についてまで共通している必要はないとされる。[127]

実際の提訴例について見ると、COJが東京医科大学に対して女子受験生

---

124 新堂・前掲（注90）270頁、伊藤・前掲（注94）182頁、秋山幹男ほか『コンメンタール民事訴訟法Ⅲ〔第2版〕』（日本評論社・2018年）61頁など参照。
125 ただし、伊藤教授は対象消費者と相手方事業者との間の即時確定の利益をもって、共通義務確認訴訟の確認の利益を基礎づけられる。伊藤36頁。しかし、法定訴訟担当という構造をとらない立場との整合性には疑問が残る。
126 伊藤39頁参照。
127 一問一答18頁。山本153頁も参照。

等を不利に取り扱う得点調整を設けて適用していた事案で、COJ の訴状では、二次試験において「公正かつ妥当な方法により選抜を行う義務」に反する判定基準で合否判定を行ったことと、受験契約において「選抜方法について事前に説明する義務」を怠ったことを、それぞれ不法行為または債務不履行となるべき法的原因と主張して、受験料および受験に要する費用その他の損害の賠償義務があることの確認を求めている。ここでは、二次試験を受けた女子受験生と多浪受験生等に共通する事実上の原因として、違法な得点調整を行ったことがあげられ、それが不法行為または債務不履行の法的原因として共通するものである。また二次試験を受けるかどうかにかかわらず、女子受験生等の不利益に扱われる受験生については、そのような不利益取扱いを含む選抜方法について事前に説明する義務を怠ったという事実と、これを不法行為の法的原因として、共通して主張されている。なお、この事案では、さらに因果関係や損害についてもほぼ共通性が認められるといえよう。

　こうした共通性の要件の具備は、訴状における請求の趣旨および原因の記載から、特に対象消費者の範囲および対象債権等の内容から、「相互に矛盾がなく、請求を基礎付ける事実関係が主要部分で共通し、基本的な法的根拠が共通であるといえる」[128]かどうかを審査される。そこで、たとえば粗悪な品質の商品を優良品と偽って売却したという事例では、購入者を対象消費者としつつ、購入された商品のうち、優良品と粗悪品とが混じっていたという主張では、対象消費者に共通する原因として粗悪品を販売したことが主張されておらず、共通性に欠ける。これに対して購入者全員に対して粗悪品を販売していたとの主張であれば、共通性に欠けるところはない。優良品と粗悪品とが混じって販売されていたケースでも、対象消費者を「粗悪品の購入者」とグルーピングすることができれば、やはり共通性に欠けることはなくなる。

　問題は、このように主張として共通性のある対象消費者が設定されていても、審理の結果、対象消費者の間に共通性が認められなかったり、対象消費

---

[128] 後藤ほか判夕論文9頁。

者の一部についてのみ共通性ある請求権が認められたりした場合の処理である。基本的には、共通性を含む訴訟要件は本案判決を下す要件であるから、審理の結果共通性が認められなければ訴え却下とすべきであるが、一部の対象消費者には共通性が認められるということであれば、その対象消費者に限って本案判決を下し、それ以外の対象消費者については訴え却下とすることとなる。なお、共通性あるものとして主張された事実上および法律上の原因が、審理の結果認められなかったという場合、たとえば上述の粗悪品販売の例で、粗悪品の販売自体が認められなかったという場合は、請求棄却の本案判決を下すことになるし、一部の対象消費者には粗悪品が共通して販売され、残部の対象消費者には優良品が販売されたという場合は一部認容、残部の対象消費者には粗悪品と優良品とが混在して販売されグルーピングができないという場合は、残部について訴え却下とすることが相当である。[129]

(3) **多数性と確認の利益**

共通義務確認の訴えは、対象消費者の権利を終局的に確定するものではなく、個々の消費者が自ら給付訴訟を提起することと比較して、紛争の抜本的解決に資するとは言い難い。しかし、多数の対象消費者の被害回復可能性が確定されることにより、多数の紛争が一挙に解決の可能性を得られる。この多数性が共通義務確認による紛争解決への有用性を基礎づけている。

このように解するならば、相当多数の解釈も、個別提訴が期待できるかどうかということと相関的に考えることができる。すなわち、対象消費者が個別に訴えを提起することが期待できる事例においては、比較的多くの対象消費者が想定されることが必要と考えられる。たとえば、しばしば具体例としてあげられるマンションの耐震偽装による購入者の損害賠償請求権については[130]、対象消費者一人あたりの損害額が数千万円に上るとすると、個別の提訴が十分考えられるし、その個別提訴を場合によっては中止する可能性もある[131]

---

[129] こうした処理について、一部認容を原告が望むかどうかも含めて場合分けする詳細な検討が、後藤ほか判タ論文9頁以下に記されている。

[130] たとえば一問一答19頁参照。

共通義務確認訴訟を提起する必要性は大きくない。しかしその場合でも対象消費者の人数が十分多数に上るのであれば、一挙解決のメリットが大きくなる。これに対して、少額被害であって個別の訴えが期待しにくい事例の場合には、比較的少数の対象消費者であっても、共通義務確認の訴えによる紛争解決の有用性は認められる。その他、対象消費者の相互の関係が密接かどうか、地域的な広がり、本案判断の困難さや解決の見通しの不透明さなど、個別提訴の難易に影響するファクターを総合的に勘案して、共通義務確認訴訟による必要性を評価し、必要性が高ければ対象消費者として想定される数が比較的少数でも確認の利益が認められると解すべきである。

したがって、多数とは何人を意味するかは、数十人といわれることもあるが[132]、そのような絶対的な人数基準を立てることは適当ではない。

(4) **支配性と確認の利益**

消費者裁判手続特例法3条4項は、簡易確定手続の審理方式の中で対象債権の成否判断が可能であることを要求している。

簡易確定手続は、事業者の認否および争いがある届出債権について当事者の審尋と書証に限った手続で決定により判断するものであり、個々の対象消費者の権利があらためて訴訟を経ることなく簡易迅速に実現できるという共通義務確認の有用性が現れる手続である。したがって、共通義務が認められることを前提としてもなお対象債権の成否が簡易確定手続により判断できない場合には、結局、共通義務の確認の訴えに本案判決を下しても、紛争の解決には有用でないということになる[133]。

もっとも、この支配性を厳しく要求すれば、本制度の存在意義を失わせることにもなりかねない[134]。また、そもそも共通義務確認の訴えの定義(消費者

---

131 消費者裁判手続特例法62条。
132 一問一答17頁。
133 例としては、相当多数の対象消費者に共通して保険金支払義務を負うことを確認したとしても、その保険事故の発生についての認定が困難という場合が考えられる。一問一答36頁参照。
134 伊藤41頁は、「支配性の要件欠缺を理由として訴えの全部または一部を却下するのは、あくまで例外的な場合にとどまろう」と指摘される。

裁判手続特例法 2 条 4 号）において「個々の消費者の事情によりその金銭の支払請求に理由がない場合」が留保されており、個々の消費者の事情が簡易確定手続で審理される必要があることをもって直ちに支配性なしとすることは法文解釈としても不当である。その意味で、立法担当官の解説があげる例のうち、商品の不具合を理由とする損害賠償請求権についても、不具合の有無を文書で証明することが可能な場合であれば、支配性ありと解すべきである。[135] 過払金返還請求についての貸し借りの内容や取引の範囲が借主ごとに異なるという場合でも、それは開示されるべき取引履歴に基づき書面審査で判断可能なことであるから、支配性なしとは言い難い。対象消費者の中で保険事故の認定判断が困難な場合はありうるが、必ずしもそうとは言い難い場合もありうる。そして過失相殺が問題となる場合も、必ずしも個々の対象消費者ごとに検討する必要はなく、類型的な判断が可能な場合がありうる。たとえば、不当勧誘に対して消費者側の知識経験などから過失相殺が考えられる場合は、金融・投資の詐欺的な取引でもみられる。その場合も、消費者の投資経験や年齢などによる分類に基づき過失割合を類型化することが考えられる。こうした審理は共通義務確認訴訟では行わないとされる損害額の算定に立ち入っているようにもみえるが、訴訟要件の審理に必要であれば許容されよう。そうした類型化は、共通義務確認訴訟の中で、対象消費者のグルーピングという形で行うとすれば、簡易確定手続の審理がより円滑に進むものと考えられる。[136]

　なお、共通性のところで述べたとおり、訴訟物たる共通義務の一部を限れば簡易確定手続による対象債権の判断が容易に行えるというような線引きが可能であれば、その一部のみを適法として残部を却下するという処理も考えられる。

135　一問一答36頁。
136　同旨のものとして、後藤ほか判タ論文13頁も「書証（調査機関による成分分析報告書等）によって容易に判別できる場合であれば、支配性の要件を満たすことになると考えられる」としている。日弁連コンメンタール97頁も参照。

第3節　和　解

1　和解による解決の意義

　集団的消費者被害の回復は、和解による解決が望ましい。このことは、立法準備段階でも再三強調されてきたところである[137]。

　外国の類似制度との比較研究においても、たとえばアメリカのクラスアクションは、そのほとんどが和解により終結しているとされている[138]。またフランスのグループ訴権でも、すでに終結した唯一の実例である【2】SLC-CSF 対パリ・アビタ OPH は、和解により対象消費者への支払いを事業者が行う旨が取り決められて、履行されているし、法律自体も、調停を求めた明文規定（フランス消費法典 L.623-22 条以下）が置かれ、和解による解決が明確に志向されている[139]。

　もっとも、裁判上の和解は、一般に、原告が訴訟物たる権利義務・法律関係について有する実体的処分権に基づいてなされる。これに対して特定適格消費者団体は、集団的消費者被害回復手続により実現されるべき対象消費者の権利について、少なくとも共通義務確認訴訟の段階では何らの実体的処分権も有していない。にもかかわらず、共通義務確認訴訟の結果によっては対象消費者の対象債権の存否が事実上左右され、その訴訟の結果は他の特定適格消費者団体にも拘束力が及ぶ。したがって、特定適格消費者団体が対象消費者の権利の存否を左右する合意を締結できるかどうかは、疑問がありうるところであった[140]。

　そこで、消費者裁判手続特例法は、10条において、特に特定適格消費者団

---

[137]　三木313頁、山本188頁以下参照。
[138]　山本189頁。
[139]　フランス法およびその実例につき、本書第6章参照。
[140]　こうした観点から検討するものとして、垣内秀介「共通義務確認訴訟及び簡易確定手続における和解」法の支配182号（2016年）77頁以下、特に80頁以下参照。

体が、共通義務の存否について和解をすることができる旨を定め、この点の疑義を取り除いた。また簡易確定手続に関しては、裁判外の和解（同法34条）および訴訟上の和解（同法37条）の可能性を認める明文規定を置いている。異議後の訴訟については、同法53条6項が裁判外の和解の可能性のみを規定しているが、訴訟追行権の一部として和解締結権限が認められるものと解される。

しかし、これらの和解の内容には、対象消費者自身が当事者となっていないことから、一定の制約がありうる。特に共通義務確認訴訟の場合は、対象消費者の授権を得ていないこと、訴訟物も共通義務という特殊な概念によっていることから、通常の訴訟上の和解と同列には論じられない特殊性がある。さらに、裁判外の和解に関しても、特定適格消費者団体の権限から制約がある。

2 共通義務確認の訴えにおける和解

(1) 訴訟上の和解

(A) 共通義務の存否に関する和解

消費者裁判手続特例法10条が認めている「和解」の内容は、「共通義務確認訴訟の目的である第2条第4号に規定する義務の存否について」であり、同法2条4号の文言によれば「消費者契約に関して相当多数の消費者に生じた財産的被害について、事業者が、これらの消費者に対し、これらの消費者に共通する事実上及び法律上の原因に基づき、個々の消費者の事情によりその金銭の支払請求に理由がない場合を除いて、金銭を支払う義務を負うべきこと」の存否である。これを共通義務というならば、共通義務確認訴訟における和解は、共通義務の全部または一部の存否を認めるかどうかについて合意により定めることをいう。

共通義務の全部を認めるという、いわゆる請求認諾的和解は問題がない。[141] 同法12条は請求認諾と並んで共通義務の存在を認める和解により簡易確定手続が開始されることも明示している。反対に共通義務の全部の不存在を認め

第2章　共通義務確認の訴え

る和解、すなわち請求放棄的和解も、他の特定適格消費者団体による参加の可能性があることや特定認定の取消事由（同法86条2項1号）となりうることは別論として、和解の効力は認められる。

　(B)　共通義務の一部を認める和解

　共通義務の一部を認め、残部を認めない和解も、請求の一部認容判決がありうるのと同様に可能と解される。たとえば対象債権や対象消費者の範囲を一部に限ったり、共通義務を根拠づけるものとして原告が主張する「事実上及び法律上の原因」について一部に限るなどである。具体的には、対象消費者の契約締結の期間を過去2年としていた訴えにおいて、過去1年に限定するとか、地域的な限定をするといった場合が考えられるし、対象債権に不法行為に基づく損害賠償請求権と不当利得に基づく返還請求権の二つを設定する訴えにおいて、そのいずれかのみについて認めるといった場合も考えられる。このような一部のみを認める和解も、そこで認められなかった部分の効力が他の特定適格消費者団体に及び、またこの和解に基づいて開始された簡易確定手続に債権届出をもって参加した届出消費者にも及ぶ。したがってこの点も請求放棄的和解と同様に考えられる。共通義務の一部のみについて和解を成立させ、残部についてはなお訴訟を継続するという和解も、理論的には可能である。

　これに対して、共通義務の割合的な一部を認め、残部を認めないとする和解については、これを許さないとする見解もあるが、理論的には可能とする立場もある。共通義務確認訴訟における両当事者の合意は、直ちに対象消費者の権利を処分したこととはならず、その和解に基づき開始された簡易確定

141　ただし、互譲との関係では問題がないわけではない。伊藤70頁。もっとも伊藤教授も、たとえば訴訟費用は各自負担とすることでも互譲の要件を満たすとされるし、一般には勝訴判決を受ける可能性ないし見込みを放棄する点に譲歩があるとみてもよいとされている（秋山ほか・前掲（注25）207頁）ので、実質的にはほとんど問題とはならない。

142　他の特定適格消費者団体は、民事訴訟法38条による共同訴訟参加が可能となる。山本195頁参照。

143　一般の民事訴訟においてこれが許されることにつき、秋山ほか・前掲（注25）203頁。

144　山本191頁。

第3節 和　解

手続において債権届出を授権することで、その効力を受けるのであるから、和解の効力を享受するかどうか、一部のみを認める和解であれば認められなかった部分についての不利益を甘受するかどうかは、対象消費者の選択に委ねられている。その意味で本質的にオプトインの手続であるので、共通義務について割合的な和解が成立したとしても、それに乗るかどうかは対象消費者の自由である。そして、そのような和解が、請求放棄的和解の場合と同様に、対象消費者の利益を害すると評価されるのであれば、消費者裁判手続特例法11条の趣旨から和解の無効原因があると解される[146]。また、後述する手続的規律があるので、実質的な支障はないともいえる。もっとも、共通義務の存在は認めながら、何らの根拠もなく割合的に損害額を50％などと定めるのであれば、何らの根拠もなく請求の放棄をするのと同様に、対象消費者の利益を損なう行為と評価されよう。そうだとすると、何らかの根拠をもって割合を定めるのであれば、結局、上記の共通義務の一部を認める和解として適法なものと認められることとなる。

(C)　共通義務に付随する事項の和解

共通義務の存否以外の事項については、共通義務に付随するものであり、対象消費者の権利義務に直接かかわらない事項、たとえば被告事業者が対象消費者の特定に必要な情報の開示を約したり、事業者の謝罪、問題となった不当条項の不使用を約するといった合意は、訴訟上の和解としてすることが可能と考えられている[147]。このほか、簡易確定手続において特定適格消費者団体が行うべき個別の対象消費者への通知への協力、消費者裁判手続特例法27条所定の情報公表についてマスメディアへ広告を出すなどの具体的な方法、

---

[145] 垣内・前掲（注140）84頁。ただし、垣内教授は立法者の判断があるとすれば、解釈論としては限界があるとの留保を付けている。また後藤ほか判タ論文27頁も、結論は明確にすることなく、「慎重に判断されるべき」としている。ただし、和解のプロセスの中で裁判所が「判断」をする余地があるのかどうかは疑問である。不適法な和解と判断する場合は和解調書の作成に応じないということになろうか。

[146] 一問一答58頁、日弁連コンメンタール133頁。

[147] 一問一答55頁。

簡易確定手続の中で対象消費者として認められるための必要書類などの諸事項を定めることが考えられる。[148]

(D) いわゆる準併合和解

これに対して、特定の対象消費者の権利に関する和解、特に原告の特定適格消費者団体が授権を得た対象消費者の権利の存在を認める和解をあわせてすること(準併合和解)をすることができるかどうかは否定的に解する見解が多数である。[149] 共通義務確認の訴えの当事者適格を認められた特定適格消費者団体の権能としては、少なくとも同訴訟の枠内で個別の対象消費者の権利をあわせて請求することはできないと解さざるを得ない。将来、法改正により認められればともかく、現行規定の下では、次に述べるような裁判外の和解として個別の消費者の権利を認める合意をするにとどまる。

(E) 和解の手続

訴訟上の和解の手続は、一般の民事訴訟と同様の規律が妥当する。加えて、共通義務確認の訴えに関しては、請求の放棄や訴訟上の和解など確定判決およびこれと同一の効力を有するものが存することとなる訴訟行為をするには、それが他の特定適格消費者団体にも効力を及ぼす(消費者裁判手続特例法9条)ので、消費者裁判手続特例法78条1項7号および施行規則15条3項に基づき、その訴訟行為より2週間前までに内閣総理大臣および他の特定適格消費者団体にその旨を報告・通知しなければならない。また和解後も、同法78条1項5号に基づき、遅滞なく内閣総理大臣および他の特定適格消費者団体に報告・通知が必要である。[150]

(2) 裁判外の和解の可能性

共通義務確認訴訟の段階で特定適格消費者団体が裁判外で被告事業者と合意に達する、いわゆる裁判外の和解の可能性についても議論がある。たとえ

---

148 なお、町村使い方93頁。
149 消極に解するものとして、三木314頁、山本195頁、一問一答55頁。認める方向で検討に値するとするものとして、伊藤71頁以下。
150 この報告および通知の方法は、施行規則15条以下参照。

ば、共通義務確認訴訟の係属中に、裁判外で被告事業者と対象消費者の権利を全部または一部を認めて、その権利行使方法について合意するとともに、訴え取下げに合意するといった場合が考えられる。こうした合意は、それが特定適格消費者団体の権能に属するかどうかはともかく、一般の民法の原則に従い、(特定適格)消費者団体と事業者とが和解契約を締結することは可能と解される[151]。

この場合、対象消費者からの授権がない限り、対象消費者に裁判外の和解の効力が及ぶことはない[152]。事業者がその合意を履行しなければ、団体に対する債務不履行責任が生じるし、その合意と不履行の事実に基づいてあらためて共通義務確認の訴えを提起することも考えられる。

他方、対象消費者の一部から授権を受けて事業者と和解することは、団体監督ガイドライン4(6)ア③(巻末234頁)が「不当な目的でみだりに共通義務確認の訴えの提起」等に該当するとして例示する「自己の構成員のみの利益となるような和解をするなど合理的な理由なく特定のグループに属する一部の対象消費者だけを利する目的をもって裁判上又は裁判外の和解をする場合」に該当するおそれが生じるほか[153]、その授権の際に報酬を得たとすれば弁護士法上の問題も生じる可能性があると指摘されている[154]。特定適格消費者団体自身がそのような授権を受けることは困難で、個別の対象消費者が和解に至る可能性がある場合には、別途、弁護士を代理人として交渉するほかは

---

151 一問一答56頁、三木314頁以下、山本192頁注161、伊藤69頁以下。なお、団体監督ガイドライン4(8)(巻末235頁)では、財産上の利益の受領の禁止等の解釈に関して、「被害回復裁判手続に係る相手方との話合いが実現し、その結果、被害を受けた消費者に対し弁済したり、リコールを実施すること等を合意することは、制度の公正性、適正性及び信頼性を損なうものではなく、被害回復裁判手続を追行したこと又は追行しなかったことの対価として金銭の授受がされたものではない以上、『被害回復裁判手続の追行に関し』てされた場合には該当しない」との指摘もされている。

152 ただし、第三者のための契約として、一定の実体法上の効果が生じることは考えられる。山本和彦ほか『座談会・消費者裁判手続特例法の実務対応(上)』NBL1064号(2015年)4頁以下、特に19頁〔松田知丈〕参照。

153 この点を指摘するのは山本ほか・前掲(注152)18頁〔松田〕。

154 弁護士法72条との関係で問題を指摘するのは、一問一答56頁、山本192頁注161。

ないと考える。

　現実には、KC'sが葛の花由来のイソフラボンを含む商品の販売に関して不実告知があったとして、販売事業者に対して消費者への返金を求めた事例において、15社中11社からは、消費者への返金に応じることと、その返金状況をKC'sに定期的に報告するとの回答を得ている。これにより、共通義務確認訴訟の提起を差し控えたということであれば、実質的な裁判外の和解が成立したものとみることもできる。この場合には一部の消費者の依頼や授権を受けたものではないので、弁護士法上の問題も生じない。こうしたケースは、少なくとも適法なビジネスを続けていこうという企業との間では、数多く生じるものと考えられるし、消費者裁判手続特例法の中でもきちんと位置づけて、これを促進するようなしくみが必要ではないかと考えられる。

第4節　共通義務確認訴訟の判決効

1　基本的な考え方

　共通義務確認訴訟における確定判決の効力は、原則として通常の民事訴訟の確定判決と同様であるが、消費者裁判手続特例法9条は、主観的範囲に関する特則のみを定め、当事者以外の特定適格消費者団体と、対象消費者の中で同法30条の規定に基づき簡易確定手続申立団体を通じて債権届出をした届出消費者にも判決効が及ぶと規定する。

　ところで、一般に確定判決の効力、特に既判力は、その客観的範囲として主文に包含されるものにしか及ばず（民事訴訟法114条1項）、判決理由中の判断には拘束力は生じないとされている。また判決の基準時、すなわち事実審の口頭弁論終結時における訴訟物たる権利義務の存否について既判力が生じるので、基準時後の変動は既判力にかかわらず主張できる一方で、基準時前の事由は遮断される。そして主観的範囲についていえば、その効力が及ぶ

範囲内では判決が有利にも不利にも作用する。これらは、具体的に特定された権利義務の確認判決であることを前提にしているものだが、共通義務確認訴訟の場合はその訴訟物や当事者適格が特殊であることから、通常の確認判決とは異なる部分が出てくる。また確定判決等を基礎として、簡易確定手続が開始され、その中で対象消費者の債権届出がなされる点、異議後の訴訟が予定されている点でも、通常の民事訴訟とは異なる契機がある。

以下では、通常の叙述の順番とは異なるが、明文の規定のある既判力の主観的範囲について検討した後、既判力の客観的範囲と理由中の判断の拘束力、そして既判力の基準時の考え方を取り上げる。

2 既判力の主観的範囲

(1) 当事者以外の特定適格消費者団体

(A) 確定判決の場合

既判力の主観的範囲については、民事訴訟法115条の適用があるほか、前述した消費者裁判手続特例法9条が特則を定めている[155]。この規定により、共通義務確認訴訟の当事者以外の特定適格消費者団体にも、その判決が請求認容であれ棄却であれ、さらには訴え却下判決であっても、その既判力が及ぶことになる。

こうした既判力の拡張は、複数の特定適格消費者団体が同じ訴訟物となる共通義務確認訴訟を同一事業者に対して訴え提起した場合に、それぞれ合一確定の必要性があるという意味を有する。その結果、複数の団体が共同原告となった場合には、民事訴訟法40条の適用のある類似必要的共同訴訟と解されるし、ある団体が先行して提起した共通義務確認訴訟には、他の団体が同法52条に基づく共同訴訟参加が可能となるし、別訴を提起しても必要的に併合される（消費者裁判手続特例法7条）。

ただし、共通義務確認訴訟の既判力が他の団体に及ぶといっても、認容判

---

155 その趣旨につき、一問一答51頁参照。

決について他の団体が援用するという場面は考えにくい。簡易確定手続の開始申立てができるのは共通義務確認訴訟の当事者であった団体に限られる（消費者裁判手続特例法12条）し、消費者裁判手続特例法87条２項により他の特定適格消費者団体が簡易確定手続開始の申立てをすべきものと指定された場合は、民事訴訟法115条１項３号により既判力が及ぶと解されるからである。

しいて考えるならば、ある団体が確定判決により認められた共通義務が、他の団体の訴訟で先決関係となったり、矛盾関係となったりすれば、既判力の拘束力が及ぶことも考えられないではない[156]。

これに対して棄却判決が確定した場合には、同一訴訟物について当事者以外の団体が共通義務確認の訴えを提起することができなくなるという意味で、既判力が及ぶとされる意味は大きい[157]。

なお、却下判決の場合にも既判力は生じると解される[158]ので、共通義務確認訴訟の訴訟要件が欠けると判断された点について、他の特定適格消費者団体も拘束されることとなる[159]。

(B) 確定判決以外の理由による終了の場合

ところで、確定判決以外の事由により共通義務確認訴訟が終了した場合も、訴訟上の和解や請求の放棄・認諾に関しては、調書の記載に確定判決と同一の効力が認められる（民事訴訟法267条）。この確定判決と同一の効力は、既判力を含むものかどうか議論がある[160]。仮に既判力否定説に立つならば、消費者裁判手続特例法９条の確定判決の効力にも、和解等の既判力は含まれないことになる。明文上は、請求の認諾および共通義務の存在を認める和解について簡易確定手続の開始の可能性が認められている（同法12条）が、これは

---

[156] ただし、その場合に先決関係となるのが理由中の判断ではないかという疑問はある。
[157] 実際には訴えを提起しても、既判力が及ぶ限りで拘束力が生じ、請求棄却となる。町村使い方98頁参照。
[158] 伊藤・前掲（注94）541頁。
[159] 伊藤41頁。
[160] 伊藤・前掲（注94）485頁および499頁参照。

当事者以外の特定適格消費者団体にはほとんど関係しない。そうだとすると、和解や請求の放棄によって共通義務が認められないという結果に終わっても、他の特定適格消費者団体は別途、同一事業者に同一の共通義務の確認訴訟を提起できるという解釈も一応なり立つ。

もっとも、こうした解釈は、請求の放棄または和解をしようとするときは事前に内閣総理大臣（消費者庁長官）および他の特定適格消費者団体に通知報告をすべきことを定め（同法78条1項7号および施行規則15条3項参照）、他の団体による共同訴訟参加による阻止ないし牽制の機会を与えていることと整合性はないようにも思われる。少なくとも立法担当者は、請求の放棄や和解による不利な効果が他の団体や対象消費者に及ぶ可能性を前提にしているのであろう。

そこでいわゆる制限的既判力肯定説に立つとすると、和解や請求の放棄があったとしても、それが再審事由にあたるような通謀によってなされたというときはもちろん、錯誤や詐欺などの意思表示の瑕疵によってなされたというときも、当事者である特定適格消費者団体のほか、当事者でなかった特定適格消費者団体も、共同訴訟参加の申立てとともに期日指定申立てをして、共通義務確認の訴えの再開を求めることができることとなる。

(2) 対象消費者に対する既判力の拡張

対象消費者については、消費者裁判手続特例法9条が「当該共通義務確認訴訟に係る対象消費者の範囲に属する第30条第2項第1号に規定する届出消費者」に対しても共通義務確認訴訟の既判力が及ぶと定めている。このことは、簡易確定手続が開始された場合にのみ、その中で債権届出を授権した消費者に既判力が及ぶということになるので、認容判決の既判力は届出消費者に拡張される。

これに対して、棄却判決の場合は、簡易確定手続が開始されることはないので、結果的に対象消費者に既判力の拡張はされない。この意味で片面的拡張と呼ばれる。[161]

ただし、不利な判決が一切対象消費者に及ばないというわけではない。共

通義務の一部のみを認容する判決が確定した場合、これに基づいて開始された簡易確定手続に債権届出をした届出消費者は、一部のみを認め、残部は認めない判断に拘束される。たとえば学校に対する学納金返還義務の確認請求において、その一部（たとえば授業料相当額）に限って返還すべき共通義務があると判断され、残部（たとえば入学金相当額）は返還義務がないと判断された共通義務確認判決が確定し、これに基づいて入学辞退した消費者が学納金の全額の返還請求権を届出債権として求めたとしても、その既判力により、入学金相当額の部分は認められないということとなる。

3 既判力の客観的範囲と理由中の判断

(1) 原　則

民事訴訟法114条1項によれば、既判力は主文に包含されるものに限り生じる。すなわち既判力が生じるのは訴訟物として提示された請求権の存否の判断についてであり、その理由中の判断には既判力は生じない。

共通義務確認訴訟でも、その訴訟物は、被告事業者が一定範囲のバーチャルな対象消費者に対して共通して負うべき金銭支払義務であるから、既判力はその共通の金銭支払義務の存否のレベルで生じる。

具体例をあげるならば、ブランド品のニセモノを本物と称して販売したという事例では、その購入者として設定されるバーチャルな対象消費者は、少なくとも販売事業者に対して消費者契約法4条に基づく取消権を行使して代金相当額の不当利得返還請求権を取得する。これを対象債権とする共通義務確認訴訟が提起され、認容されれば、不当利得返還請求権に対応する共通義務が被告事業者に認められるべきことが既判力をもって確定される。ただし、「個々の消費者の事情によりその金銭の支払請求に理由がない場合」（消費者裁判手続特例法2条4号）は留保される。

161　こうした判決効の拡張を片面的拡張と呼ぶべきではなく、単に事業者側が勝訴した場合にその効力を対象消費者との関係で有利に利用する手続が設けられていないことの結果にすぎないとするものとして、三木307頁以下。

第4節 共通義務確認訴訟の判決効

　共通義務が成立すべきことを認めるには、これに対応するバーチャルな対象消費者に共通の実体法上の請求権（上記例では不当利得返還請求権）の成否にかかわる要件事実が、その留保される部分を除いて、認められなければならない。具体的には、以下の諸要件が想定される。

> ① 被告事業者が相当多数の消費者に、ブランド品のニセモノを販売し、その代金を受け取ったこと
> ② 被告事業者は購入した消費者への勧誘に際して、その商品をブランド品の本物と表示したこと
> ③ 当該商品がブランド品の本物であることが、消費者契約法4条5項の「重要事項」に該当すること
> ④ 当該商品を購入した消費者が、それを本物と誤認したこと
> ⑤ 購入した消費者の相当多数が契約取消しの意思表示をしたか、または少なくとも取消権の行使期間中にその意思表示をすることが認められること

　以上の諸点が認められれば、相当多数の消費者に共通して、売買代金相当額の返還義務が成立すると判断できる。このうち③は法的判断であるが、①、②、④は事実であり、実際に相当多数の消費者について生じたことの主張立証に基づいて、認定される必要がある。特に④は、主観的な「誤認」という要件にかかっているので、具体的な消費者を特定しないで認定できるかどうか疑問が生じる余地もあるが、広告等で有名ブランド品と表示し、商品パッケージや商品の形態が本物と酷似し、価格も本物と大きくは異ならないといった状況が認められれば、個別にニセモノとの説明がなされていたといった特段の事情がなければ、購入者は誤認するものと認めることができよう。そして⑤は、共通義務に対応する不当利得返還請求権の発生要件ではあるが、理論的には第二段階の簡易確定手続における債権届出までに取消しの意思表示をしていれば、そしてそれが消費者契約法7条の行使期間を徒過していな

162　こうした抽象化された事実の認定を必要とする点が、本制度の特質である。なお、特段の事情の有無は、留保される「個々の消費者の事情」となる。
163　厳密には、異議後の訴訟の事実審口頭弁論終結時までは認めてよいことになる。本章第1節2(2)参照。

ければ、不当利得返還請求権は認められるはずであるので、取消権の行使可能性が認められることで足りると解する。[164]

　いずれにせよ、以上の各判断は理由中の判断であるから、既判力の対象ではないことになる。

(2) 共通義務確認判決の認定と簡易確定手続の審判対象の関係

　共通義務確認判決の確定に引き続いて行われる簡易確定手続では、消費者の授権を得た簡易確定手続申立団体がその債権届出をする。そして、消費者裁判手続特例法30条2項2号は、債権届出における請求原因を「共通義務確認訴訟において認められた義務に係る事実上及び法律上の原因を前提とするものに限る」としている。したがって、債権届出を簡易確定手続申立団体に授権する消費者（届出消費者）は、共通義務確認訴訟で認定された事実関係および法律関係が自らにあてはまることをもってバーチャルな対象消費者の属性に該当するとの申立てをすることとなる。

　上記の例でいうと、ⅰ各届出消費者が相手方事業者から、共通義務確認判決でブランド品のニセモノと認められた商品を購入していたこと、ⅱ各届出消費者は購入の勧誘に際して、その商品が本物であるとの表示を受けていたこと、ⅲブランド品の本物であることは重要事項にあたること、ⅳ各届出消費者はその表示により本物と誤認したこと、そしてⅴその購入契約取消しの意思表示をしたこと、これらが満たされる届出消費者は、対象消費者として共通義務に対応する代金相当額の返還請求権が認められる。

　簡易確定手続においては、各届出消費者の債権を相手方事業者が認めず、その認否を債権届出団体が争う限り、裁判所が審理して簡易確定決定において債権の存否を判断する。その際、共通義務確認判決で認められた上記(1)①〜⑤のうち、③は前述のとおり法律判断であり、各届出消費者の主張のⅲを

---

[164] この点について山本166頁注57は、取消権の行使を対象消費者の特定の要素とする必要がないと解する余地を認められる。これに従って後藤ほか判夕論文19頁では、対象消費者目録に「取消しの意思表示をした」旨の記載は不要としつつ、理由中で取消しの意思表示が必要である旨を記載しておく必要があるとする。この点も本章第1節2(2)参照。

別途審理する余地はないが、各届出消費者の⒤商品購入、ⅱ勧誘に際しての表示、ⅳ誤認、ⅴ取消しの意思表示は、共通義務確認判決で認定された事実とは別の事実である。共通義務確認判決では、具体的な消費者を特定せずに、相当多数の対象消費者に上記(1)①〜⑤の事実上および法律上の原因が認められ、これに基づいて被告事業者に共通義務があるとの判断がされたのであり、債権届出をした個々具体的な消費者に①、②、④、⑤にあてはまる事実があるかどうかは別問題だからである。したがって、上記の⒤、ⅱ、ⅳ、ⅴの存否は、共通義務確認判決の既判力とは無関係で、簡易確定手続の中で、文書証拠に基づいて認定判断される必要がある。

(3) **事実上および法律上の原因の拘束力**

これに対して、共通義務確認判決の中で認定された事実に対する法的評価は、上記(1)の③が典型的だが、それ以外でも②の勧誘概念の解釈適用、①、②、④の事実から消費者契約法4条1項の取消権が生じることについては、簡易確定手続の中で、そして異議後の訴訟の中でも、あらためて争うことはできないと解される。これらを争うことは、結局共通義務確認訴訟で認められた共通義務の存在を、再度争うこととなるのであるから、共通義務の存在に既判力が生じるという以上、その既判力の作用として、共通義務確認判決で認められた事実上および法律上の原因に基づき共通義務が発生することは争い得なくなるはずである。これは、あたかも理由中の判断に拘束力が生じるような結果である。このことは、簡易確定手続のみならず、異議後の訴訟においても同様であり、共通義務の存在が既判力をもって認められる効果と

---

165 もちろん相当多数の消費者にそのようなニセモノ商品の販売が行われたことを主張立証するには、具体例として具体的な消費者の購入とその経緯、購入商品等を主張し、証拠提出することとなる。しかしそこで主張立証の対象とされた具体的消費者は、例として登場しているにすぎない。

166 訴訟形式を共通争点確認としていた消費者委員会集団的消費者被害救済制度専門調査会「報告書」(2011年) およびこれに基づく「集団的消費者被害回復に係る訴訟制度の骨子」の段階の構成 (本書第1章第2節2(4)参照) では、現在の事実上および法律上の原因の存否が訴訟物であって、その点に既判力が生じるとの説明が可能である。しかし、訴訟物を共通義務とした法律案以後は、理由中での判断に何らかの拘束力を認めざるを得なくなった。

して拘束力を生じる。

しかし、この結果は、いわゆる争点効と異なるのはもちろん、たとえば民事訴訟法114条2項のように例外的に理由中の判断の既判力を認めたものでもない。共通義務という、具体的な権利義務そのものではない抽象的なレベルでの法的効果の発生を、しかも個々の消費者の事情を留保して認めるという特殊な訴訟物構成をとったことによる帰結であり、その意味で特殊な効果というべきである。

4　判決基準時の考え方

(1)　一般の場合

既判力は「主文に包含するものに限り」有する（民事訴訟法114条）。具体的には、本案判決の場合、訴訟物に対する存否判断に及ぶのが原則である。

しかし、私法上の法律関係は時間とともに変化しうるものであるから、既判力にも時的限界がある。すなわち、事実審の口頭弁論終結時が既判力の基準時（または標準時）とされ、それ以前の事由に基づき既判力に反する主張をすることは許されず、またそれ以後に生じた事由は既判力により遮断されることはない。既存の権利義務の存否が訴訟物となることが通常なので、基準時後の事情に基づき初めて発生する権利が既判力をもって確定することは、原則としてはない。

(2)　共通義務確認訴訟の認容判決の場合

これに対して、共通義務確認の訴えは、その基準時について別途の考慮が必要である。というのも、特定当事者間の特定された権利義務・法律関係の、基準時における存否を判断するのとは異なり、共通義務確認の訴えは、「消費者に共通する事実上及び法律上の原因に基づき、個々の消費者の事情によ

167　新堂・前掲（注90）709頁以下。
168　後藤ほか判夕論文35頁、特に注141参照。また山本289頁注367は、信義則上の制約とする。
169　ただし、その例外として将来給付の訴え（民事訴訟法135条）および条件付き権利の確認訴訟がある。

りその金銭の支払請求に理由がない場合を除いて、金銭を支払う義務を負うべきことの確認を求める訴え」（消費者裁判手続特例法2条4号）であり、もともと口頭弁論終結時における個々具体的な対象債権の存否を確定的に判断するものではないからである。

具体例として、上述のブランド品のニセモノを本物と称して販売した事業者に対して、消費者契約法4条1項1号の不実告知を理由とする取消しに基づく不当利得返還請求権を対象債権とする共通義務確認訴訟を提起したという事例で考えてみる。

共通義務の存在確認判決が確定した場合でも、個々の対象債権の存否についていえば、共通義務確認訴訟の事実審口頭弁論終結以前の事由に基づいて不存在と判断されることもあり得ようし、逆に口頭弁論終結後の事由に基づいて成立した債権も、この共通義務確認判決の既判力を受けることがあり得る。

前者は消費者裁判手続特例法2条4号が明示しているように、たとえば事業者が基準時前に個別に商品代金の払戻しに応じていたという場合が考えられる。共通義務としての金銭支払義務が基準時において確定していても、その対象債権に該当する個々の債権が基準時前に弁済されていたなどの事由により不存在とされる場合があり得るわけであるから、一般の場合の既判力の作用とは大きく異なることになる。

また後者は、上記の例で取消しの意思表示を判決基準時後にした消費者の場合が、その典型として考えられる。形成権の行使のみならず、共通義務の基礎となる消費者契約が基準時後に締結されていた場合も問題となる。先の不実告知の例でいうと、被告事業者が共通義務確認訴訟の事実審口頭弁論終結後も不実告知を認めずに同様の販売方法を継続し、消費者契約を締結し続けていたところ、上告審で共通義務確認判決が支持され確定したという場合に、その判決の既判力は基準時後に締結された同様の契約にも及ぶかが問われる。個々の対象債権を特定することなく、共通義務という形で、いわば抽象化された権利義務を訴訟物とする共通義務確認訴訟の場合には、基準時前

に基本となる消費者契約の成立が認められるもののみを対象とすることが当然に導かれるわけではない。[170]訴訟物は、一定範囲の対象消費者に対して被告事業者が共通して負うべき金銭支払義務であり、その個々の消費者の事情は留保された法律関係であるから、基準時後に成立した契約に基づくものでも、対象債権・対象消費者の記載により特定された共通義務に包摂される限り、訴訟物とされた共通義務に含まれると解することができる。

以上に対して、共通義務確認訴訟において提出されなかった事実主張や証拠に基づき、共通義務そのものに関する既判力ある判断を覆すことはできない。その意味では、共通義務確認訴訟の判決にも、基準時における遮断効が認められる。典型的には共通義務確認請求の認容判決が確定した後、これに基づく個別債権確定手続の中で、「個々の消費者の事情」以外の、対象債権に共通する成立原因が不存在であることを主張して共通義務の存在を否定することは許されない。

この関係は、共通義務確認訴訟において認められる対象債権と、第二段階で届け出られる債権とが別のものであると整理すれば、わかりやすいと思われる。既判力の時的限界や遮断効を観念するのは、バーチャルな対象消費者が有する対象債権についてであり、個々の届出債権ごとの事由は、既判力の対象ではないということになる。

(3) 共通義務確認請求棄却判決の遮断効

他方、共通義務確認請求の棄却判決が確定した後、これと同一の訴訟物を構成する共通義務の確認請求訴訟を、再度、同一または他の特定適格消費者団体が提起する場合（消費者裁判手続特例法9条参照）は、棄却判決の既判力が及ぶ。

この場合に、共通義務確認請求棄却判決の基準時後に成立したと主張される債権に既判力が及ぶのかどうかについては、認容判決の場合と同様に問題がある。通常の既判力の基準時の考え方からすれば、基準時後の事由は遮断

---

[170] ただし、対象債権として契約締結等の時点を限定していた場合は別であるし、通常はそのような形をとると思われる。

されることなく、既判力を受けないはずである。

しかし、認容判決の場合には基準時後に成立した契約に基づくものでも、対象債権・対象消費者の記載により特定された共通義務に包摂される限り、既判力が及ぶとしたこととの均衡は失している。また、同一の事業者の同一の取引に対して、同じ理由での共通義務確認の訴えを繰り返し提起できるとすることは、紛争解決への期待を害することとなる。

結局、同一の消費者契約に関する共通義務確認訴訟を、棄却の確定判決後に新たに生じた債権と構成して繰り返し提起することは、基準時後の事情変更がない限り、訴権の濫用と評価すべきと考える。

第5節　共通義務確認訴訟に関するその他の特則

1　対象消費者による補助参加の禁止

消費者裁判手続特例法8条は、消費者が共通義務確認訴訟の結果に利害関係を有するとしても、特定適格消費者団体側に補助参加することはできないと規定する。本来であれば、対象消費者に該当する消費者は、団体による共通義務確認訴訟の勝訴により自らの被害回復のための請求権行使が可能になるのであるから、民事訴訟法42条に規定された補助参加の利益を有すると考えられる[171]。にもかかわらず、これを禁止したのは、補助参加を認めることが「争点の拡散や期日指定の困難、送達手続の煩雑化などの問題が生じる」可能性があり、手続の効率化と負担の軽減という制度趣旨に反することとなるからと説明される[172]。

こうした趣旨であれば、対象消費者に該当する者以外の者に補助参加の利益があるという場合は、原則に戻って補助参加を認めてもよい。たとえば他

171　山本179頁参照。
172　一問一答49頁。

の特定適格消費者団体は、自ら共同訴訟人となることもできるし、事後的に共同訴訟参加も可能と解されるが、さらに補助参加をすることも可能である[173]。また、民事訴訟法47条に基づく詐害防止参加も可能と解されている[174]。

他方、被告事業者との関係で、その敗訴責任の分担を求められる可能性のある事業者についても、補助参加の利益が考えられる。たとえば、小売店の販売した商品に欠陥があったという場合に、その商品を納入したメーカーは、将来求償を受けるおそれがあるし、むしろ被告からの訴訟告知（民事訴訟法53条）も考えられる[175]。

2 特定認定の失効・取消し

原告適格を有する特定適格消費者団体は、その特定認定の有効期間が3年とされており（消費者裁判手続特例法69条）、共通義務確認訴訟の係属中に特定認定が失効する可能性があることは当然想定される。また有効期間が満了しなくとも、認定の取消しにより資格を失うこともありうる（同法86条）。

そこで、そのような場合に共通義務確認訴訟がどうなるかを定めたのが同法61条であり、認定の失効または取消しは訴訟の中断事由とされ、同法87条の規定に基づいて「被害回復裁判手続を受け継ぐべき特定適格消費者団体として」内閣総理大臣の指名を受けた団体が、訴訟手続を受継する（同法61条1項1号）。

ただし、二つの例外が規定されている。一つは、訴訟代理人がいる場合で、この場合は特定認定の失効または取消しによっても代理権が消滅しない（消費者裁判手続特例法60条）とされ、中断受継も生じないものと規定されている（同法61条2項）[176]。第二に、共同訴訟人として他の特定適格消費者団体がいる場合も、中断受継は生ぜず、当該共同訴訟人が訴訟追行をすることになる[177]。

---

[173] その性質は、共同訴訟的補助参加となる。山本181頁。
[174] 伊藤83頁は、その根拠として詐害再審の規定（消費者裁判手続特例法11条）をあげる。山本181頁も参照。
[175] 一問一答49頁、山本181頁。

第5節　共通義務確認訴訟に関するその他の特則

もっとも、複数の特定適格消費者団体が同一の訴訟物で全く同一の事実上および法律上の原因を主張して訴訟追行しているときであれば、この解決でよいが、異なる訴訟物を定立した団体が共同原告となっている場合は、一方の特定認定が失効した後に残された団体は、失効した団体の定立した訴訟物について、自らの請求に追加する必要がある。

3　当事者の倒産

共通義務確認訴訟の係属中に当事者が破産等の倒産手続開始決定を受けた場合には、破産法44条1項に基づく中断が生じ、受継が問題となる。[178]

原告である特定適格消費者団体が破産した場合には、解散に伴う特定認定の失効により、内閣総理大臣が受継する特定適格消費者団体を指定する。[179]これに対して被告事業者が破産した場合は、破産財団に関する訴えで破産債権に関しないものは管財人による受継が、破産債権に関するものは通常であれば破産債権確定手続によって破産債権の確定が行われ、その後に争いがあれば中断した訴訟の受継ということになる。[181]しかし、個々の消費者にとっては破産債権となるべき対象債権について、概括的であれ抽象的であれ、既判力をもってその成立要件を争えなくするのが共通義務確認訴訟であるから、破産債権に関しないものと解することには疑問がある。他方、共通義務確認訴訟はまだ個々具体的な消費者を特定せず、いわばバーチャルな対象消費者の

176　この解決は、民事訴訟法124条の中断受継についても同様である。同条2項。なお、訴訟代理人の訴訟追行が認定取消しの原因となる消費者の利益を害するものであった場合は、こうした解決が的を射ないことになる。長谷部由起子「集団的消費者利益の実現における司法と行政」千葉ほか編433頁注50は、そうした場合に訴訟代理権が消滅し、中断受継が行われるべきと解釈論を展開される。

177　一問一答130頁。

178　他の倒産処理手続については民事再生法40条、会社更生法52条参照。以下では破産に代表させる。

179　一問一答59頁。

180　破産法44条2項。伊藤59頁は、こうした受継申立てを認めて管財人との間で訴訟を継続すべきとする。これ対して山本150頁は反対。

181　破産法127条。

事業者に対する権利の確認を求めている段階であり、個々具体的な消費者の債権が特定されていない以上、破産債権の確定手続に移ることはできない。

そうだとすると、被告事業者が破産した場合は、原告が訴えを取り下げるか、訴えを却下するか、または中断したまま、破産手続終結により共通義務確認の訴えも終了すると解するか、いずれかとなる。中断中に訴え却下や訴え取下げが可能とする根拠は見出し難いので、共通義務確認訴訟は中断したまま破産手続終結により終了するものと解することとなろう。[183]

4 詐害再審

消費者裁判手続特例法11条は、「原告及び被告が共謀して共通義務確認の訴えに係る対象消費者の権利を害する目的をもって判決をさせたときは、他の特定適格消費者団体は、確定した終局判決に対し、再審の訴えをもって、不服を申し立てることができる」と規定し、いわゆる第三者による詐害再審の可能性を認める。

再審の訴えは、民事訴訟法338条以下に規定があり、通常は原裁判の当事者に再審訴訟の当事者適格があるが、判決効が拡張されている場合には、その判決効を受ける者に再審訴訟の当事者適格を認める場合があり、消費者裁判手続特例法11条もその一例となる。[184]

再審の訴えが提起され、再審事由が認められると、再審開始決定が下され（民事訴訟法346条）、これに基づいて本案の審理および裁判をする（同法348条）。この場合、当事者は、通常であれば再審の申立てをした原裁判の当事者となるが、消費者裁判手続特例法11条による詐害再審の場合は、原裁判の当事者以外の団体による申立てであるから、再審申立団体がどのような資格となるかが別途問題となる。再審申立団体が当事者とならなければ、共謀し

---

182 一問一答59頁。もっとも中断中に訴えの取下げができるかという問題を指摘するものとして、伊藤59頁。

183 山本150頁注9、竹下守夫編集代表『大コンメンタール破産法』（青林書院・2007年）184頁以下〔菅家〕。

184 たとえば行政事件訴訟法34条、会社法853条、特許法172条など。なお、山本196頁参照。

て対象消費者の権利を害する目的をもって判決をさせた原裁判の原告が再び当事者となる。それでは再び詐害的な訴訟行為がされるおそれがあるので、詐害再審申立団体が共同訴訟参加または共同訴訟的補助参加の申立てが必要と解することになる。[185]

---

[185] 山本198頁。

第 3 章　個別債権確定手続

第3章　個別債権確定手続

第1節　総　説

1　第二段階の全体構造

　第一段階で共通義務を認める判決が確定し、または請求の認諾もしくは共通義務を認める訴訟上の和解が調書にまとめられると、これらの確定判決等で認められた共通義務を前提として、個別具体的な消費者の被害回復債権を実現する手続に移る。

　その手続として、消費者裁判手続特例法は、簡易確定手続と異議後の訴訟という、さらに二つの段階を定める。これは倒産法上の破産債権調査・確定手続に範を得たもので、債権届出、認否、決定手続による裁判、そして異議に基づく通常訴訟手続という構造を有している。

　ただし倒産手続とはいくつかの点で本質的に異なる。特定適格消費者団体は、債権者と債務者の間に立つという点で管財人に相当するが、管財人の地位は債権者の代理人的側面と、逆に倒産者の財産の管理処分権を行使し、法定訴訟担当者ともなる側面をあわせもつ[186]。これに対して簡易確定手続や異議後の訴訟を追行する特定適格消費者団体は、基本的に債権者たる消費者のために手続を追行する存在であるという点で、管財人とは大きく異なる。その他、倒産手続には担保権者や債務名義のある倒産債権者の存在が手続の複雑さをもたらしているが、消費者裁判手続特例法上の個別債権確定手続にはこうした面での複雑さはない。さらに、倒産手続は手続に参加しない倒産債権者が最終的に失権する可能性があるが、消費者裁判手続特例法では、簡易確定手続に参加しない消費者が失権することは、少なくとも理論的にはなく、この点から倒産手続よりも簡易な手続構造が正当化される。

---

[186] 特に破産管財人の地位をめぐっては債権者代理人説、債務者代理人説、破産財団代表者説などを経て、現在では倒産財産管理機構説が有力となっている。伊藤眞『破産法・民事再生法〔第4版〕』（有斐閣・2018年）214頁以下。

2　特定適格消費者団体の手続追行資格

　第一段階では、特定適格消費者団体が、具体的な被害回復の権利を有する消費者とは別個に、共通義務確認訴訟の訴訟追行権（当事者適格）を有するが、第二段階では、基本的に被害回復の権利を有する消費者の授権を基礎として、簡易確定手続および異議後の訴訟の追行資格を有する。すなわち簡易確定手続における債権届出は、簡易確定手続申立団体が、対象消費者に該当するとして授権契約を締結した個々の消費者のために行う訴訟行為であり、これに基づいて裁判所は簡易確定決定として届出債権の存否を判断する。こうした構造は任意的手続担当と位置づけられるのが一般的であるが[187]、個々の消費者は簡易確定手続申立団体に授権することなく簡易確定手続による権利実現を求めることは認められていないので、この手続を利用しようとする限り授権は必要的である[188]。また、簡易確定決定に異議が出された場合は、やはり届出消費者の授権に基づき、債権届出団体が任意的訴訟担当者として訴訟追行を担う。ただし、ここでは届出消費者が自ら原告として訴訟追行する途も開かれており、債権届出団体の側も簡易確定手続におけるよりは緩やかな要件で授権を拒絶することが認められている[189]。

　なお、個々の被害回復権を有する消費者からの授権を要するのは、債権届出以後の手続であって、第二段階の冒頭の手続はそうではない。すなわち、簡易確定手続の申立てを行うことや、開始決定を受けて対象消費者となるべき消費者に通知公告を行うこと、そのために相手方事業者に情報の開示を求め、裁判所に情報開示命令を求めることは、消費者の授権を受ける前に行われる訴訟行為である。そうすると、簡易確定手続の追行も、授権前は団体固

---

[187] 三木311頁。
[188] こうしたことから、山本235頁注131では「強制された任意的訴訟担当」とされる。これに対して伊藤116頁で「義務づけられた任意的手続担当」としているのは、担当者たる簡易確定手続申立団体の側に着目してのことであり、意味は異なる。
[189] 消費者裁判手続特例法53条4項は「正当な理由」による授権契約締結拒絶を団体に認めている。

有の手続追行権と解する余地もあるが、授権前であっても授権する届出消費者の利益のために手続を追行しているのであるから、将来授権を受けることを条件として認められた手続追行権と考える。

第 2 節　簡易確定手続

1　申立ておよび開始決定

(1)　申立権者

　個別債権確定手続のうちの簡易確定手続は、共通義務確認訴訟の確定判決等において当事者となっていた特定適格消費者団体が申立権を有し、かつ申立義務を負う。[190] 当事者となっていなかった特定適格消費者団体にも確定判決等の効力は及ぶ（消費者裁判手続特例法9条）が、消費者裁判手続特例法61条1項の受継の場合を除いて、個別債権確定手続の当事者となることはない。

　複数の団体が同一の共通義務確認訴訟を共同で追行し、いずれも勝訴判決を得た場合は、そのそれぞれが簡易確定手続の開始申立権を有するが、そのうちの一つの団体が開始を申し立てて開始決定を得た場合には、他の団体は開始申立てをしない「正当な理由」（消費者裁判手続特例法14条）があるとして、申立義務を負わないとされている。[191]

　複数の団体が事実関係としては同一だが訴訟物としては異なる共通義務（たとえば、ニセモノ販売についての不当利得返還義務と不法行為による損害賠償義務など）の確認を求めて共同提訴し、それぞれ認容された場合には、いずれの団体にも申立義務があると解することになる。この場合に、一つの団体[192]

190　消費者裁判手続特例法12条および14条参照。この申立義務違反は同法86条1項4号の認定取消事由にあたるし、同法97条に罰則も規定されている。
191　一問一答63頁、伊藤96頁。山本206頁は、簡易確定手続開始決定を得たときではなく「申立てをしているとき」とされるが、他団体の申立てが不適法却下される可能性を考えると、申立義務がなくなるのは開始決定を得たときというべきである。

のみが申立てをして、他の団体が申立てをしなかったときに、簡易確定手続の前提となる共通義務は、申立団体が訴訟物としていたものに限られる。こうした事態を避けるためには、共通義務確認訴訟の段階で訴訟物を揃えておく必要がある。

このほか、本拠地を異にする複数団体がそれぞれの所在地に近い対象消費者の債権届出を分担する趣旨で、共通義務確認訴訟を提起して勝訴したという場合も想定される。こうした場合まで、常に一の団体に開始決定が下されたことをもって他の団体に申し立てをしない「正当な理由」が認められると解することには疑問も残る。複数団体間の協議により一の団体に絞って申立てをすることとした場合には他の団体に申立てをしない「正当な理由」が認められるが、単に申立てを怠っていたという場合は、「正当な理由」があるとは言い難い。[193]

(2) **申立期間**

申立ては共通義務確認訴訟の認容判決確定の日または請求の認諾もしくは和解により終了した日から、1カ月以内にすべきものとされており、これは不変期間である（消費者裁判手続特例法15条）。ただし、追完の余地はある（同条2項）。

申立期間を徒過してなされた開始申立ては不適法と解さざるを得ない。

(3) **申立方式**

簡易確定手続の開始申立ては、書面によって行わなければならず、その記載内容は裁判所規則11条が以下のように定めている。

---

[192] 伊藤96頁。しかし、共通義務確認訴訟の共同原告には民事訴訟法40条の適用があり、共通義務確認判決に基づく簡易確定手続の開始申立てにもその趣旨を及ぼすとすれば、いずれかの団体が申し立てれば、すべての団体のために開始申立ての効果が生じると解することも可能かもしれない。このように考えないと、同判決中で認められた「事実上及び法律上の原因」（消費者裁判手続特例法30条2項2号）に基づく対象債権の届出が、あるものは可能となり、別のものは可能でなくなるという結果をもたらすこととなり、不当である。もっとも、現行法は第一段階と第二段階とを峻別しているので、立法論となろうか。

[193] もちろん一団体のみの申立てによって対象消費者の利益は一応満たされるので、行政処分や罰則の適用には慎重であるべきである。

(A) 当事者の表示（裁判所規則11条1項1号、2号）

簡易確定手続の申立てをする特定適格消費者団体の名称と住所、その代表者の氏名[194]、相手方事業者の氏名または名称、住所、相手方事業者に法定代理人がある場合はその氏名、住所を必要としている。相手方事業者が法人であるときはその代表者の氏名と住所についても記載しなければならない。また裁判所規則11条2項2号には、特定適格消費者団体または代理人の郵便番号、電話番号、ファクシミリの番号の記載が必要とされている。代理人の氏名住所に関しては、同規則35条が準用する民事訴訟規則2条1項1号で要求されている。

(B) 申立ての趣旨および開始原因となる事実（裁判所規則11条1項3号、4号）

申立ての趣旨は簡易確定手続を開始するとの決定を求めることであり、その開始原因は共通義務確認訴訟が認容判決の確定、請求の認諾、和解により終結したことを記載する。これにより、簡易確定手続申立期間の起算日の記載もされることとなる[195]。

(C) 対象債権および対象消費者の範囲（裁判所規則11条1項5号）

共通義務確認訴訟の判決等において認められた対象債権、および対象消費者の範囲である。共通義務確認訴訟の判決等で認められていない対象債権、対象消費者の範囲を指定することが許されないことは当然だが、その範囲を縮小した申立てについては、たとえば過去5年間に事業者から商品を購入した者を対象消費者の範囲として認められた判決等に対して、過去4年間とする場合も考えられる。その場合、対象消費者に該当する者が過去4年間に限られることが判明したなどの事情があれば、一部に限った申立てとして「正当な理由」（消費者裁判手続特例法14条）が認められれば、有効と扱っても差し支えないように思われる。

---

[194] 団体の代表者の住所は、その氏名と資格により特定ができるため、不要とされている。条解裁判所規則31頁。

[195] 条解裁判所規則30頁。

第 2 節　簡易確定手続

(D)　その他

裁判所規則11条2項1号には、届出期間に関する申立団体の意見を記載することが規定され、また同項3号には他の特定適格消費者団体が消費者裁判手続特例法12条に基づいて申立適格を有する場合に、その団体の申立ての見込みを記載することとされている。これは、他の団体の申立て見込みがないのに申立期間満了後まで待って簡易確定手続開始決定を下すのは相当でない場合もある一方、決定後は他の団体による申立てができなくなる（同法23条）ことから、他団体の申立ての可能性を把握する必要があるからと説明されている。[196] なお、裁判所規則1条2項の相互連携努力義務の下で、他団体の状況については一定の調査をする責務が申立団体には認められよう。

さらに、裁判所規則11条3項には、「できる限り」として、届出消費者の数の見込み（1号）、消費者裁判手続特例法25条の通知および同法26条の公告のそれぞれの方法と要する期間（2号）、そして同法29条の情報開示命令申立ての見込みについて記載しなければならないと規定されている。これらは、後述する債権届出期間の決定に参考となる事項である。

(E)　費用の予納

このほか、消費者裁判手続特例法17条は同法22条に定められた簡易確定手続開始の公告および申立団体と相手方への通知の費用を予納しなければならないと定めている。

(F)　添付書類（裁判所規則12条）

簡易確定手続開始申立書には、その原因となった共通義務確認訴訟における請求認容判決の判決書もしくは調書判決（民事訴訟法254条2項）の場合における調書およびそれらに関する判決確定証明書、または請求認諾調書の謄本もしくは共通義務の存在を認めた和解調書の謄本を、添付しなければならない。

このほか、団体代表者の資格証明書および代理人の委任状、相手方事業者

196　条解裁判所規則31頁。

に法定代理人または代表者がいる場合のその資格証明書も、裁判所規則35条が準用する民事訴訟規則18条、15条、23条1項に基づき必要となる。

　　(G)　申立書の写しの送付（裁判所規則13条）

　簡易確定手続申立書は、相手方の数と同数の写しを添付しなければならず、裁判所書記官はこの写しを相手方に送付する。その際、裁判所から当事者に対して、債権届出期間およびその認否期間についての意見を聴取する。

(4)　簡易確定手続開始決定と同時処分

　簡易確定手続開始申立てに対しては、それが不適法でなければ、対象消費者および対象債権を記した決定書をもって開始決定が下される（消費者裁判手続特例法19条、20条）。その際の同時処分として、消費者裁判手続特例法21条は、簡易確定手続申立団体の債権届出期間と相手方の認否書提出期間を定めなければならないと規定している。

　この債権届出期間の決定にあたっては、裁判所規則により申立書の追加的事項である債権届出期間に関する簡易確定手続申立団体の意見（裁判所規則11条2項1号）と、相手方への開始申立書写しの送付の際に、双方の当事者に聴取することができるとされている届出期間および認否期間に関する意見（同規則13条3項）とが考慮される。開始申立書にはさらに、届出消費者の数の見込み[197]、対象消費者に対して予定している通知・公告の方法とその必要期間、情報開示命令申立ての見込み（同規則11条3項各号）を記載することとされているので、これらの情報も考慮して、債権届出期間が決定される。

　どれくらいの期間が適当なのかについては、具体的に、言及した文献はない[198]。この期間は、作業に要する期間というよりも、対象消費者に授権契約

---

[197]　なお、ここでは届出消費者の数の見込みであり、裁判所規則2条2項1号で訴状の義務的記載事項とされ、消費者裁判手続特例法6条3項および4項でも管轄原因にされている「対象消費者」の数の見込みではない。しかし実際上は、相手方事業者から情報を開示されている場合でなければ、対象消費者数と別に届出消費者数を見込むことは困難である。

[198]　山本214頁注54では、破産債権届出期間に関する破産規則20条1項1号の「破産手続開始の決定の日から2週間以上4月以下」をあげ、消費者であって授権を要することから「より長いレンジを要する可能性があろう」とする。

第2節　簡易確定手続

締結の機会を締め切ることが正当化される期間と考えるべきであり、対象消費者のさまざまな事情を考慮して、その機会が実質的に保障される期間を考える必要がある。対象消費者とその連絡先が簡易確定手続申立団体の保有する情報ですべて特定できて、その通知発送作業が電子メールにより直ちに行える例外的な場合でも、すべての対象消費者が了知したと期待できる期間や本人確認、原則として面談または電話等により個別に行う説明義務履行、そして書面による授権契約の締結などの極めて慎重な手続に要する期間をあわせれば、最低でも2カ月は必要である[199]。対象消費者が地域的に広範に分布していたり、数百人から数千人となれば、これらの期間は6カ月から1年程度は必要となる。さらに、すべての対象消費者を特定できず、公告や事業者による公表を通じて対象消費者からの連絡を待たざるを得ない場合は、そのための期間にさらに1カ月以上は必要と考えられる[200]。そして情報開示命令による対象消費者の情報取得を必要とする場合は、事業者の対応と裁判所の裁判に要する期間を見込んで3カ月程度は必要と考えられる。そうだとすると、最低でも2カ月程度、大規模で対立の激しい事件となれば1年から1年半は必要と考えられる。

相手方の認否に要する期間もこの段階で決定することとされているが、これは届出債権ごとの認否をするので、届出消費者の数の見込みに応じて、相手方事業者の事実確認と書面作成に要する期間を見込んで決定する。

なお、これらの期間は簡易確定手続開始決定とともに公告され（消費者裁判手続特例法22条1項4号）、申立てまたは職権により伸長される可能性がある（同法24条）。裁判所規則11条および13条で得られた情報の前提に見込み違いがあった場合などに適用されるものと考えられる。

---

[199] 団体監督ガイドライン4(4)（巻末231頁）参照。
[200] たとえば、犯罪利用預金口座等に係る資金による被害回復分配金の支払等に関する法律11条2項は、預金保険機構が振り込め詐欺被害者に被害回復分配金支払手続の開始を公告するにあたり、その支払申請期間を公告の日から30日以上と定めている。

(5) 簡易確定手続開始申立ての取下げ

簡易確定手続開始申立ては、書面により取下げが可能であるが、裁判所の許可を要するものと規定されている（消費者裁判手続特例法18条）。取下げがいつまで可能かは、特に規定がないが、簡易確定手続開始決定の前には限られず、相手方の認否や債権届出団体の認否を争う申出の有無、そして簡易確定決定と異議の有無により定まる簡易確定手続の終了まで、取下げは可能と解される[201]。債権届出後には、債権届出の取下げの可能性もある（同法40条）が、これとは手続と効果を異にする。

簡易確定手続開始申立ての取下げが許されるのは、授権する消費者が現れずに債権届出が皆無であった場合が想定される。このほか相手方事業者が破産した場合があげられる[202]が、これには共通義務確認判決の既判力が失われてしまうことと、時効中断効が失われてしまうことから[203]、賛成できない[204]。

2 対象消費者への周知

(1) 通知・公告

簡易確定手続開始が決定されると、簡易確定手続申立団体は、知れている対象消費者に、消費者裁判手続特例法25条の通知を行うとともに、同法26条の公告を行わなければならない。いずれも「正当の理由がある場合を除き」との留保が付されているが、通知を要しない正当な理由としては、知れてい

---

[201] 伊藤103頁参照。なお、一問一答64頁は、取下げが許容され得る事案について「確定した届出債権が存しない段階で」と記載しており、一部でも届出債権が確定した後は、もはや手続開始申立ての取下げは許されないと解しているようである。この点につき伊藤教授は「すでに確定した届出債権の内容（特例法46Ⅳ・47Ⅰ）は、取下げによって影響を受けないと考えるべき」とされている。
[202] 山本210頁、一問一答64頁。
[203] 時効中断効については、取下げによっても少なくとも催告の効果があると指摘されている。山本210頁、伊藤104頁。しかし、消費者裁判手続特例法38条の時効中断は、債権届出を前提とするので、取下げにより債権届出の機会が失われれば、催告の効果が生じる余地もないはずである。
[204] 町村使い方105頁以下・115頁以下参照。なお伊藤102頁も、簡易確定手続申立団体に破産債権届出の権限を認めるべきとされる。

る対象消費者のすべてからすでに授権を受けている場合などが考えられる。[205]
同条の公告が必要ない正当の理由としては、顧客名簿などの情報によって対象消費者のすべてに通知が可能である場合が考えられる。

　通知・公告の内容は、消費者裁判手続特例25条、26条のほか、施行規則3条が定めており、さらに団体監督ガイドライン4(1)が通知の方法（ウ）および通知の内容（エ）を、同じく同ガイドライン4(2)が公告の方法（イ）および公告の内容（ウ）を、それぞれ詳細に規定している（巻末227頁以下）。

　この通知・公告の費用については特段の規定がないため、通知・公告を行う団体の負担となり、授権する消費者から受け取る報酬により回収することが予定されている。[206] その理由は、簡易確定手続を独立した権利行使手続と位置づけて、その準備費用は一般の訴訟準備費用と同様に権利行使をする者が自己負担すべきこと、費用を確定することが簡易確定手続内では困難であることと説明されている。[207]

　しかし、立法論として事業者負担を説く見解もあり、[208] 比較法的にもフランス法は明文で事業者が個別消費者への通知公告費用を負担するものとしている。[209] そもそも簡易確定手続は共通義務確認訴訟で事業者側が敗訴したことに基づき開始されるものであって、敗訴判決を任意に履行しない被告が強制執行を受ける場合と同様の段階と位置づけることも可能である。そのように考えるならば、債権者が予納すべき執行費用を債務者が負担する場合と同様に、事業者が負担するものとした方がむしろ筋が通っている。解釈論的には、事業者が情報開示義務（消費者裁判手続特例法28条）を負っているのであるから、これを適時に履行しなかった場合の損害賠償として、通知・公告に要す

205　伊藤108頁。その他、一問一答68頁、団体監督ガイドライン4(1)ア（巻末226頁）、日弁連コンメンタール160頁参照。ここでも相手方が破産手続開始決定を受けていることがあげられているが、私見によれば疑問である。
206　一問一答71頁。
207　一問一答72頁。
208　山本274頁以下。
209　フランス消費法典L.623-7条、本書第6章および山本63頁以下参照。

る費用の増加分、その他対象消費者に手続開始を周知するのに必要な費用の支払いを命じることが考えられる[210]。

なお、通知・公告義務を履行したことは、裁判所が報告を求めることもあるとされている[212]。

(2) **相手方事業者の責任**

相手方事業者は、共通義務の存在が確認されたことに基づき、対象消費者の権利の存否および内容確定について協力すべき義務がある[213]。消費者裁判手続特例法は、その具体的な内容として、申立団体の求めに応じて同法22条1項に掲げる事項について公表すべき義務（同法27条）、対象消費者の氏名および住所等の連絡先が記載された文書を申立団体に開示すべき義務を定めている（同法28条）。

対象消費者に対する公表の方法は、事業者のウェブサイトのトップページに掲載するか、詳細情報を記載したページへのリンクを設定すること、営業所その他の場所で公衆に見やすいように掲示すること、その他これに類する方法とされている[214]。その時期は、申立団体の求めに応じて遅滞なく、かつ、届出期間中、継続されている必要がある。

こうした公表義務を誠実に履行しなかった場合に対象消費者や申立団体に損害が生じた場合は、事業者にその賠償義務が生じるものと考えられる[215]。

事業者の申立団体に対する情報開示義務に関しては、まず、開示の対象は「対象消費者の氏名及び住所又は連絡先[216]」の情報そのものではなく、それら

---

210 たとえばマスコミを通じた広告実施費用などが考えられる。
211 もっとも、個別消費者への通知公告費用は同法48条、49条のいずれにも含まれないので、それらの条項による調整の対象とはならない。一般の損害賠償訴訟で実現されることとなろう。
212 中山ほか判タ論文6頁以下、特に15頁以下。
213 伊藤111頁。
214 同法27条。詳しくは消費者庁「消費者裁判手続特例法第27条の規定に基づく相手方による公表に関する留意事項」（2015年）、日弁連コンメンタール172頁以下参照。
215 町村使い方108頁以下、伊藤110頁。
216 連絡先の範囲については、施行規則4条が電話番号、ファクシミリ番号、そして電子メールアドレスを指定している。

が記載された文書または電磁的記録である。このことは、その履行方法や、情報開示命令のあり方に影響を及ぼす。

また情報開示義務を負うのは簡易確定手続の相手方事業者であるから、それ以外の者が文書等を所持・管理している場合にその者が情報開示義務を負うことはない。ただし、相手方事業者が当該文書等についての「事実的な支配力を有していると認められるときには、情報開示義務を負うことになる」との見解がある。[217] たとえば電子モールの出店者が販売した商品に関して多数の消費者に共通義務を負うとして簡易確定手続が開始された場合を考えてみると、販売先の消費者情報は全部または一部を電子モール運営者が保有していることが考えられる。この場合に、出店者がモール運営者の保有する情報を入手できるのであれば、上記の事実的な支配力があると認められそうだが、個別の消費者に連絡するには電子モール運営者を通じてしかできず、出店者であっても消費者への連絡情報を入手できないというしくみになっていると、その消費者の連絡先情報については情報開示義務を負う者がいなくなるという問題が生じる。電子モール以外にも、たとえばクーポン事業者が介在したり、クレジットカードや電子マネーなど多様な決済手段が用いられたりすると、同一の消費者取引に多数の事業者が関与し、消費者の氏名や連絡先を保有する事業者と消費者に対して被害回復の共通義務を負う事業者とが分離したり、誰が義務者なのか不透明になることが予想される。[218] こうしたことを考えると、簡易確定手続の相手方事業者のみに情報開示義務を課すという現在の法の体制は不十分である。共通義務の存在が確定した以上、第三者に対しても対象消費者に関する情報の提出を求められるように、見直す必要がある。[219]

---

[217] 中山ほか判夕論文16頁。なお、一問一答79頁、日弁連コンメンタール178頁以下も参照。

[218] 決済面で事業者の分化と連携が進んでいることについて、千葉恵美子「FinTech とキャッシュレス決済をめぐる立法の動向」L&T 74号（2017年）50頁以下参照。

[219] 消費者裁判手続特例法の外で、同法50条が準用する民事訴訟法186条の調査嘱託を用いたり、弁護士法23条の2に基づく弁護士会照会を活用したりということも考えられるが、個人情報保護法との関係を考えるならば、明文規定が必要である。

情報開示義務の履行は、文書の写しの交付（消費者裁判手続特例法28条2項前段）、電磁的記録の場合はそのプリントアウトの交付またはその情報の電磁的方法による提供、すなわちファクシミリ（FAX）送信、電子メール送信、もしくはその情報を記録した磁気ディスク等の交付（同項前段カッコ書）[220]によって行う。いずれの方法によるかは特に定めがないが、簡易確定手続の迅速かつ効率的な進行と対象消費者の手続保障のためには、電子メールによる連絡が可能な情報を電磁的記録により提供することが望ましい。信義則にかなった手続追行義務[221]を負う相手方事業者は、可能な限り、簡易かつ迅速な通知を可能とする形態での情報開示をすべきである。

消費者裁判手続特例法28条3項は開示をしない場合に「速やかに」その旨の通知をすることを定めているが、開示すべき時期については特に定めがない。しかしやはり信義則上の手続追行義務から、相手方は可能な限り迅速に開示すべきである。情報開示が債権届出期間満了の1カ月前より後に行われた場合は、同法25条1項の通知義務が生じないこととなるが、より多くの対象消費者の救済を図るべきという観点からは疑問の残る立法である[222]。この場合は同法24条1項の期間伸長の申立てをすべきものと考えられる。

「相手方が開示すべき文書の範囲を特定するために不相当な費用又は時間を要するとき」は開示義務を負わない（消費者裁判手続特例法28条1項ただし書）。もっとも、情報開示義務は、共通義務が認められたことの帰結として事業者に課される協力義務の一環であるから、その義務の履行のために生じる負担は、本来、甘受すべきである[223]。たとえば事業者が自らリコールを行う場合に通常生じる費用や時間の範囲内であれば「不相当」と評価すべきではない。この点について争いがあれば、次の情報開示命令の際に審理判断されるほか、公表と同様に義務違反に基づく損害賠償請求訴訟の場で判断される

220　施行規則5条参照。
221　消費者裁判手続特例法50条が準用する民事訴訟法2条、裁判所規則1条参照。
222　団体監督ガイドライン4(3)（巻末231頁）参照。ただし、任意の方法で連絡をすることが望ましいとしている。
223　日弁連コンメンタール179頁参照。

こととなる。

　情報開示を求められた相手方がこれを拒むときは、「速やかに、その旨及びその理由を書面により」申立団体に通知しなければならない（消費者裁判手続特例法28条3項）。

(3) 情報開示命令

　相手方事業者が対象消費者の情報開示義務を負うにもかかわらず、文書等を開示しない場合は、簡易確定手続申立団体の申立てに基づき、裁判所が情報開示命令を下す（消費者裁判手続特例法29条）。この申立ては届出期間中にすることができるが、届出期間の満了が迫っている場合は、その伸長申立てをする必要がある。[224] 情報開示命令の審理中に届出期間の満了が迫り、あるいはその命令によって相手方が情報を開示した時期が届出期間の満了間際という場合も、同様である。

　開示命令の申立てには、開示対象となる文書の表示を必要とする（消費者裁判手続特例法29条2項）。具体的には文書の表題、作成日時、作成者を意味する。[225] この表示により文書を特定することとなるが、文書の所持者ではない団体が正確な表題等を示すことは不可能ないし著しく困難であるので、当該文書を識別できる程度に特定されていれば足りると解されている。[226] しかし、同法28条は情報開示義務の対象を「対象消費者の氏名及び住所又は連絡先が記載された文書・電磁的記録」としており、情報開示命令の対象も同様である。そして、そのような文書等が単一ないし独立した書面や電子ファイルの形で存在しているとは限らず、特定の文書等に限定してしまえば、本来開示義務のある文書等が情報開示命令から漏れてしまう可能性もある。文書の表示としては、「対象消費者の氏名及び住所又は連絡先が記載された顧客名簿、

---

[224] 届出期間の伸長は職権によっても可能である（消費者裁判手続特例法24条1項）が、原則として申立てによるのが相当とされている。中山ほか判タ論文17頁。
[225] 伊藤113頁。
[226] 山本229頁、中山ほか判タ論文17頁。なお、伊藤教授も、表題については顧客名簿という属性的表示で足りるとし、作成日時や作成者は民事訴訟法222条の類推適用により相手方事業者に情報の提供を求めるか、または概括的特定で足りるとされる。伊藤113頁。

またはその他の文書・電磁的記録でこれらの情報が記載されたもの」という程度で十分であり、該当する文書等を具体的に特定すべき責任は所持者たる事業者にあると解すべきである。[227]

　情報開示命令の要件は、相手方が「対象消費者の氏名及び住所又は連絡先が記載された文書・電磁的記録」を所持し、かつこの文書の範囲を特定するために不相当な費用または時間を要しないことである。対象となる文書等の所持は申立人が証明責任を負うが、共通義務の前提となった消費者契約が、もっぱら店頭で不特定の顧客に現金と引き換えに商品を手渡すというような形態で行われていた場合を除き、顧客に関する情報を記載した何らかの文書等を所持していることが推定されよう。また、その範囲の特定に不相当な費用または時間を要することの証明責任は相手方にある。

　これ以外に、営業秘密、個人情報保護法上の第三者提供制限または自己専用文書に該当することなどは開示命令を発する妨げとはならない。[228] また情報開示命令申立書には事前の情報開示を求める交渉経緯を記載するものとされているが、事前の交渉が必要という趣旨ではない。[229]

　このほか、裁判所規則17条には、申立団体が相手方に情報開示命令申立書を直送し、相手方がこれに意見がある時は意見書を裁判所に提出し、その際に消費者裁判手続特例法28条3項の通知書面の写しを添付すべきものと規定されている。直送を規定したのは開示命令の審理を迅速に行うためであり、意見書を提出する場合は、これを簡易確定手続申立団体に直送することが必要とされている。[230]

　情報開示命令に関する決定は、相手方を原則として審尋したうえで下さ

---

[227] このように解することは、民事訴訟法の文書提出命令に関する解釈と乖離するとの批判を受けるかもしれないが、民事訴訟法の場合は模索的証明禁止の原則の下で特定の文書の証拠調べを求める方法としての文書提出命令申立てであり、文書の表示から証拠調べの必要性も判断されるし、命令違反等の制裁として文書に関する申立人の主張の真実擬制も予定されている。簡易確定手続における情報開示命令は、そのような前提が異なり、文書の表示の意味を民事訴訟法と同義に解さなければならない必然性はない。
[228] 伊藤114頁。
[229] 中山ほか判タ論文18頁。

れる。情報開示命令は、文書の表示および開示の方法として写しを交付すべきことを記載する。申立てが不適法または理由がないときは却下決定をする。開示命令の対象文書に必要な情報以外の情報が記載されている場合には、その部分を除いた一部開示命令を下すことになる。もっとも、文書の特定を不要と解する私見の立場であればもちろん、文書の特定を概括的な記載でするにせよ、識別可能な程度でするにせよ、単一または独立した文書を具体的に特定して開示を命じるわけではないので、情報開示命令はほとんどの場合に「対象消費者の氏名、住所または連絡先以外の情報が記載されている場合は、これを除いて」といった留保を付すこととなろう。[232]

情報開示命令に関する決定には即時抗告が可能である（消費者裁判手続特例法29条5項）。また情報開示命令には執行力はない（同条6項）が、これに従わない場合は過料の制裁がある（同条7項）。

3　対象消費者による授権

(1)　説明義務

(A)　説明すべき内容

簡易確定手続申立団体の通知または公告により、あるいは相手方事業者の情報公表により、自己に関係する簡易確定手続の開始を知った対象消費者は、申立団体に被害回復のための授権を行うが、これに先立って申立団体は対象消費者に対する説明義務を負っている（消費者裁判手続特例法32条）。

説明の内容は、「被害回復裁判手続の概要及び事案の内容その他内閣府令で定める事項」であり、施行規則7条が定めている。

230　条解裁判所規則42頁参照。なお、直送が困難な場合は、相手方への送付を裁判所書記官に行わせることができることについて、同43頁。
231　その方法は書面または期日により行われる。詳しくは中山ほか判タ論文18頁参照。裁判所規則17条2項の意見書はこの書面による審尋に相当する。
232　中山ほか判タ論文18頁は、部分的な開示命令で「その余の部分に係る申立てが却下されることになる」とするが、もともと情報開示命令の申立てはその限度での命令を求めていたものであり、一部却下は疑問である。

(B) 説明の方法

説明の方法は、施行規則6条1項が、申立団体と授権をしようとする者の間で、①面談のうえで書面を交付して説明する方法、②書面もしくは電磁的記録の表示画面の閲覧を求めたうえで電話等を通じて説明する方法、または③説明会を開き、書面を交付して説明する方法を指示している。この場合、授権をしようとする者の同意があれば、説明書面の交付または電磁的記録の提供で足りるが、それには本制度を理解したうえで明示の承諾が必要で、説明を求められない限り承諾があると扱うことは許されないとされ、さらにこの承諾をする者としない者との間で「合理的な理由のない差異を設けることは許されない」[233]。

これに加えて施行規則6条2項は、④申立団体のウェブページ[234]に説明すべき事項を掲載し、その閲覧を求める方法でもよいと規定するが、それにはⓐ業務規程に授権をしようとする者の問い合わせに対応する体制が定められ、ⓑその体制が複数の方法の問合せに対応でき、対応する時間が十分に確保されているなど授権をしようとする者の便宜に配慮したもので[235]、ⓒ授権をしようとする者がウェブページ閲覧後に説明事項を理解したことを確認する措置を講じられていることが必要である。さらにウェブページ閲覧後に授権をしようとする者の求めに応じて書面交付または電磁的記録の提供をしなければならない[236]。

申立団体が個別の対象消費者に説明を怠った場合には、消費者裁判手続特例法85条2項の改善命令の対象となりうる。また説明義務違反により対象消

---

[233] 団体監督ガイドライン4⑷ア㋐(巻末231頁) 参照。
[234] 施行規則等では「ホームページ」という言葉を用いるが、本書ではウェブページまたはウェブサイトとする。
[235] 団体監督ガイドライン4⑷ア㋑(巻末231頁)はこの方法に「郵便、電話、ファクシミリ、電子メール、面談などに対応できること」と例示し、さらに対応者不在中の電話には留守電機能が必要だとする。
[236] 団体監督ガイドライン4⑷ア㋑(巻末231頁)は、この確認をしなかった者との関係では消費者裁判手続特例法32条の規定による説明がなされていないことになることに留意が必要だとしている。

費者に損害が生じた場合は、その損害賠償義務を申立団体が負うことが考えられる。しかし、説明義務を尽くさないまま締結された授権契約の効力には影響がなく、その契約に基づいて行われた簡易確定手続上の行為も有効なものと解される[237]。なお、授権は対象消費者の側から取り消すことができる（同法31条3項）。

　(C)　説明にかかるコストの問題

　以上のような、法令および団体監督ガイドラインの詳細な説明義務の方法には、しかし、問題があるといわざるを得ない。

　対象消費者にとって、授権の意味や効果を正確に理解することが重要であることはもとより当然であるが、個々の対象消費者の被害額の大小により、必要とされる説明のレベルも異なるというべきである。個々の対象消費者が高額の被害を受けている場合は、授権によるメリットのみならず被害回復が認められない可能性についても十分理解したうえでの同意が要求されるが、少額の被害回復の場合にまで同レベルの説明を要求すれば、そのコストを消費者側が負担する限り、被害回復の可能性自体を閉ざすことにもなりかねない。それでは、個々の消費者自身の権利行使が困難な少額被害の回復を可能にすることを目的として制定された消費者裁判手続特例法の立法趣旨[238]にももとることになる。情報通信技術の活用によるコスト低減は積極的に行うとしても、そうした技術を利用できない脆弱な消費者の存在も忘れるべきではない。

　ただし、本人確認や証拠書類の提出は必要であるから、授権契約に先立つ説明の方法を簡略化するとしても、個々の消費者との連絡は不可欠である。

　そこで、こうした手続上のコストは、通知公告費用とともに、本来自ら被害回復に努めるべき事業者が負担するという方向で改革すべきである。この点は、本書第5章第2節2(1)であらためて触れる。

　なお、申立団体の説明義務履行には、地方自治体の消費生活センターが協

237　同旨、山本237頁、日弁連コンメンタール203頁。
238　町村使い方44頁以下参照。

第3章　個別債権確定手続

力したり、問合せに応じたりすることも、手続コストの低減に有用である。

(2) 授権契約

(A) 授権契約の意義

対象消費者が簡易確定手続を通じて自己の権利実現を行うには、申立団体に対して、消費者裁判手続特例法31条に基づく授権を行う必要がある。この授権は、私法上の委任契約であるとともに、申立団体に対象消費者の権利を裁判上行使することを可能にする訴訟行為と解される。[239] 授権契約により、申立団体は、授権した消費者のために簡易確定手続を追行する。この手続追行権限の関係は任意的手続（訴訟）担当と呼ばれる。[240]

(B) 締約義務

申立団体は、やむを得ない理由があるときを除いて、授権契約の締結義務がある（消費者裁判手続特例法33条1項）。対象消費者に、簡易確定手続を通じた被害回復の機会を保障する必要があるところ[241]、それには申立団体との授権契約締結が不可欠だからである。[242] したがって締約義務違反には過料の制裁も用意されている（同法97条2号）。

そこで、締約義務を免れる「やむを得ない理由」とは、極めて限定的に解される。たとえば授権に必要な書類の提出や申立団体の定めた費用負担を拒んだり、申立団体が定めた授権契約の期間の経過後に申込みがあった場合など[243]が考えられる。[244] すでに他の申立団体に授権した者が重ねて授権契約を求め

---

[239] 民法上の意思表示の規定が適用されるとともに、民事訴訟法上の訴訟能力に関する規定も適用され、たとえば未成年者は法定代理人によってしか授権をすることはできないと解される。民事訴訟法31条以下参照。
[240] 伊藤116頁。山本235頁は任意的訴訟担当という。
[241] これは消費者裁判手続特例法の立法趣旨の核心部分である。
[242] この点について立法担当官の解説では、「対象消費者の権利実現のためには、対象消費者が裁判所の判断を得る機会を保障する必要があるから」と説明される。一問一答91頁。
[243] ただし、申立団体の期間の設定が合理的なものである必要がある。
[244] 団体監督ガイドライン4(5)（巻末232頁）には、このほかに、授権をしようとする者が、仮差押えの執行がされている場合の平等取扱いについて了解しない場合、反社会的勢力の活動の一環であるなど不当な利益を得るために授権をしようとしていることが明らかな場合を例示している。

てきた場合も同様と考えられる。[245]

　これに対して、授権をしようとする者が対象消費者に該当しないとか、その者の対象債権が不存在であるといった理由で授権契約の締結を拒むことができるかどうかは見解が分かれている。立法担当官の解説では、[246]「裁判所の判断を受ける機会を保障すべきであるから、授権を受けるべき」とするが、山本和彦教授は「濫用的な債権届出」となる場合で「およそ主張立証に値しないほど明白な場合」には、授権契約を拒むことができるとする。[247]

　思うに、対象消費者の主張する債権が共通義務確認判決等で認められた対象債権と一致していないような、主張自体失当と解されるケース[248]では、授権契約を拒むことができると解すべきである。この場合は、授権を受けて債権届出をしたとしても消費者裁判手続特例法36条に基づき却下される。これに対して対象債権の存在を主張するも、その証拠がないという場合は、簡易確定手続の中で認められる可能性もあり、しかも認められなかったとしても異議後の訴訟で立証し、特に時効中断の利益を享受する余地がある以上、授権契約を拒むことは許されない。単に証拠がないだけでなく、たとえば授権を求める者の言動などから申立団体が対象債権の不存在を確信しているような場合は悩ましいが、この段階では申立団体の独自の判断で債権届出をシャットアウトするべきではない。

　このほか、債権届出が不適法として却下される場合として、日本の裁判所が国際裁判管轄を有しない対象債権の場合（消費者裁判手続特例法30条3項）[249]

---

[245] 消費者裁判手続特例法31条2項参照。こうした事態を避けるため、授権契約に際して申立団体は当該対象消費者に他の団体への授権の有無を確認しなければならない。裁判所規則20条2項。

[246] 一問一答92頁。伊藤118頁は「対象消費者や対象債権に該当するかどうかという実体的判断とは関わりがない」とする。

[247] 山本238頁。

[248] たとえば共通義務確認判決で認められた商品と異なる商品を購入したとか、判決が一定期間内の購入者に限定しているのに、その期間外の購入者であったというような場合である。

[249] ただし、実際に対象債権の一部について国際裁判管轄が日本の裁判所に認められない場合がありうるかどうかは疑問である。山本203頁参照。

やすでに訴訟が係属している対象債権の場合（同条4項）があり、これらに該当することが明らかな場合には、そもそも授権契約の締結を拒むことができるやむを得ない事由があると考えられる。

(C) 授権契約に基づく申立団体の義務

手続担当者たる申立団体は、被担当者たる授権消費者に対して、民法上の受任者として権利義務を有するほか、消費者裁判手続特例法上は公平誠実義務（同法34条1項）を負う。また、申立団体は、授権した消費者に対して善管注意義務（同条2項）を負う。

公平誠実義務に関しては、債権届出、簡易確定手続の追行、民事執行手続、仮差押えの手続、裁判外の和解、取得した金銭等の管理などに関して、一部の届出消費者のみが有利となるような行為が許されず、また授権をした者と自己の利益とが相反する場合には授権をした者の利益を優先しなければならないといった内容を有する。[250]

この公平性に関して問題となりうるのは、特定適格消費者団体が相手方事業者から受領した金銭の分配方法である。届出消費者のうち一部の者の債権は早期に確定し、債権額に相当する金員が事業者から団体に支払われたが、その他の届出消費者の債権は争われるなどでなかなか支払われなかった場合、支払いのあった順番に団体が届出消費者に金銭を交付してもよいであろうか。通常は可能な限り早期に届出消費者に金銭を交付することが望ましいが、事業者の資力が十分でない場合、支払いを待っているうちに事業者が支払い能力を失ってしまう可能性もある。この点について立法担当者の解説では、強制執行の場面において、「届出消費者のうち一部の者について債務名義を取得した段階で、それらの者のために強制執行の申立てをし、一定金額を回収した場合に、当該債務名義に係る債権を有する届出消費者のみに交付することは、公平義務に違反するものではない」とする。[251] 届出消費者の一部の者について債務名義を取得して強制執行するという場面ではともかく、相手方事

---

[250] 山本240頁以下参照。
[251] 一問一答93頁。

業者が一部の届出消費者の債権相当額のみを先行して支払う場面はさまざまな場合が考えられるので、先行して支払われた金員を直ちに届出消費者に交付してよいかどうか、公平との関係で問題となる場面は否定できない。[252]

以上のほか、公平という観点では、一部の届出消費者と申立団体が対立した場合や、一部の届出消費者が外国人、遠隔地居住者、高齢や障害などの理由で脆弱性が認められる場合[253]などに、どのような配慮をすべきなのか、試行錯誤を重ねるしかない難しい課題がある。

4　債権届出とその後の手続

(1)　債権届出

(A)　届出書の記載事項

対象消費者から授権を受けた簡易確定手続申立団体は、消費者裁判手続特例法30条2項の届出書を、簡易確定手続開始決定をした裁判所に提出する。届出書には、同項の各号および裁判所規則18条および19条に定められた事項、すなわち関係当事者（申立団体、相手方事業者、届出消費者、これらの法定代理人、申立団体の代理人）と請求の趣旨および原因を記載しなければならない。

請求の趣旨は、届出消費者が相手方事業者に対して有する債権について具体的な金額の給付を求める旨を記載し、請求の原因については請求を特定するのに必要な事実、共通義務確認訴訟で認められた義務に関する事実上および法律上の原因に基づくことを明らかにする事実、そして請求を理由づける事実を具体的に記載する（裁判所規則18条2項）。

このように、債権届出書は、届出消費者一人ひとりが訴えを提起する場合の訴状と実質的に同じレベルの記載を必要とされている点は、集団化が不十

---

[252] この点につき町村使い方130頁以下参照。
[253] 団体監督ガイドライン2(8)セ（巻末225頁）には、業務規程の記載事項の一つとして、「(イ)障害を理由とする差別の解消に関する法律等に関する事項」をあげ、「対象消費者が高齢者又は障害者であることが判明している場合には、これらの者にとって適切な方法によって対応するよう努めなければならない」と指摘しているが、これもまた、対象消費者間に格差がある場合の「実質的公平」を求めるものということができる。

第 3 章　個別債権確定手続

分なレベルにとどまっているとの批判を免れないように思われる。この点も、本書第 5 章において再び言及したい。

　⒝　対象債権が複数競合している場合

　裁判所規則19条は、同一の事業者に対する同一の消費者契約および財産的被害から数個の共通義務確認請求がされ、その二つ以上の請求に関する共通義務について簡易確定手続が開始された場合に、個々の対象消費者の一つの財産的被害についてはなるべく一つの対象債権に限って債権届出をすべきこと、そして数個の対象債権の届出をする場合はそれぞれに順位を付して、または選択的なものとして債権届出をするよう定めている[254]。たとえばブランド品のニセモノを大量に販売した事業者に対して、その売買契約の消費者契約法 4 条および民法96条に基づく取消しによる代金相当額の不当利得返還請求権に関する共通義務と、不法行為による代金相当額の損害賠償請求権に関する共通義務の確認が請求され、そのすべてが認められた場合で考えてみよう。申立団体は、対象消費者のそれぞれについて、できる限り不当利得返還請求権または損害賠償請求権のいずれかに限って債権届出をしなければならない（裁判所規則19条 1 項）。複数の請求権を債権届出する場合は、そのそれぞれに順位を付した予備的併合として、あるいは順位を付さない選択的併合として、債権届出をしなければならない（同条 2 項）ということになる。

　共通義務確認訴訟の場合とは異なり、債権届出の段階では、個々の届出消費者ごとの事情が明らかになる。その中には、取消権を行使していない者と行使した者とが含まれるであろうし、民法上の取消権にも消費者契約法上の取消権にも行使期間が制限されているので[255]、債権届出に際して取消権を行使することができなくなっていることもあり得る。その場合には、特定の届出消費者について不法行為による損害賠償請求権に限定して債権届出をするこ

---

[254] その趣旨に関して山本234頁。
[255] 民法126条、消費者契約法 7 条 1 項参照。なお、消費者裁判手続特例法38条の時効中断効は、実体法上の形成権である取消権の「時効」には及ばないものと考えられるが、この点は立法論として疑問が残る。

とが可能であり、裁判所規則19条1項により限定すべきことになる。しかし不当利得請求権と損害賠償請求権とが両方成立する可能性のある届出消費者については、特段の根拠がない限り、いずれかに限るべきではない。たとえば、取消権を行使した対象消費者について不当利得返還請求権に限定して届け出たところ、審理の結果、不法行為は認められても不当利得返還請求権は認められないと判断されることもあり得る。そのようなことになれば、あえて限定して債権届出をした団体は、授権した対象消費者に対する善管注意義務（消費者裁判手続特例法34条2項）に反することにもなりかねない。そういうわけで、個々の対象消費者についても競合して成立しうる複数の請求権は、予備的または選択的に届け出る必要がある。[256]

なお、競合して成立しうる複数の請求権のそれぞれに関する共通義務が認められた場合に、債権届出の段階でも個々の届出消費者について1回の給付しか正当化されない複数請求権を単純併合として届け出た場合でも、その届出は適法だと解されている。[257]しかし競合する請求権を単純併合として届け出た場合に、簡易確定決定で両者がともに認められる場合には1回の給付しか正当化されないにもかかわらず複数の届出債権支払命令を発するという問題が起きる。選択的な届出の場合でも、相手方が選択的な届出債権のいずれかを選択しないで認めたり、認否を行わなければ、それにより1回の給付しか正当化されないにもかかわらず複数の届出債権が確定する。執行段階での調[258]整に委ねるしかないとされているが、相手方事業者が認めた場合はともかく、簡易確定決定に際しては、当事者が明示的に選択的な届出としていなくとも、性質上当然に選択的な届出と扱うことが相当と考える。

---

[256] なお、通常の民事訴訟において請求の予備的併合ができるのは本来択一的な関係にある複数の請求権の場合であるが、競合して成立する複数の請求権の場合にも「不真正予備的併合」として認めてよいとする見解がある。秋山ほか・前掲（注124）116頁。これによれば、ここでも競合して成立する請求権を届け出る場合に順位を付して、予備的届出とすることもできることになる。
[257] 伊藤126頁、条解裁判所規則51頁、中山ほか判タ論文21頁。
[258] 中山ほか判タ論文26頁参照。

(C) 国際裁判管轄

消費者裁判手続特例法30条3項は、日本の裁判所が国際裁判管轄をもたない債権について届出をすることができないと定めている。もっとも併合請求の裁判籍[259]を認めるのであれば、共通義務に包含される一部の債権のみ国際裁判管轄がないということは考えにくい。[260]

(D) 訴訟係属中の債権

団体は、訴訟が係属している債権を届け出ることはできない（消費者裁判手続特例法30条4項）。これは二重の債権行使を防ぐためのものであり、基本的に二重起訴の禁止（民事訴訟法142条）と同趣旨だが、消費者が提起した訴訟が係属している場合に限定している点に特徴がある。事業者が先制的に債務不存在確認の訴えを提起して、集団的消費者被害回復裁判制度の実効性を阻害することを防止する趣旨である。[261]

(E) 債権届出書の複数提出

債権届出は、届出期間（消費者裁判手続特例法21条）内であれば提出可能なので、届出書が複数回に分けて提出されることもありうる。実際上、簡易確定手続開始決定の時点ですでにその存在が判明し、授権契約も迅速に締結した消費者については早期に届出が可能である一方、公告を見て問い合わせてきた消費者や、相手方事業者の、場合によっては情報開示命令を経て提出された顧客名簿などに基づいて存在が判明し、授権に至った消費者については、届出期間の満了直前ということもあり得る。

(2) 債権届出に対する裁判所の処理

(A) 送達および届出消費者表の作成

裁判所は、適法な債権届出書の提出を受けると、これを相手方に送達しなければならない（消費者裁判手続特例法35条）。[262]送達は、申立団体から提出さ

---

[259] 民事訴訟法3条の6。
[260] 山本232頁。
[261] 一問一答84頁、山本232頁参照。
[262] 複数の届出書が提出された場合に、そのつど送達を要するかどうかに関して、中山ほか判タ論文22頁参照。

118

れた届出書の副本に基づいてなされる（裁判所規則22条）。

また、裁判所書記官は債権届出に基づき、届出消費者表を作成する（消費者裁判手続特例法42条）。この届出消費者表には裁判所規則25条に定められた事項が記載される。裁判所書記官による届出消費者表作成の便宜と正確性を確保するために、債権届出団体は届出債権の一覧表の提出を求められる（裁判所規則23条）ほか、実務上は電子データを届出債権管理情報のひな形に入力したものを印刷し、かつ電子データ自体の提出も求められる[263]。

(B) 不適法却下

不適法な債権届出および送達費用の予納がないものは却下される（消費者裁判手続特例法36条）。却下決定に対しては即時抗告が可能である（同条2項）。

債権届出が不適法な場合とは、必要的記載事項を欠いた債権届出書や届出期間満了後の届出のように形式的な理由に基づくときもあるが[264]、届出債権が共通義務確認訴訟で認められた対象債権に該当しないとの理由に基づく場合も考えられる[265]。

(C) 債権届出内容の変更

届出内容に、債権届出期間内であれば、変更が可能である（消費者裁判手続特例法39条）。届出期間満了後に変更を許さないとしたのは、相手方の認否の便宜や迅速な手続追行のためであるので、相手方の利益を害しない変更は可能と解される[266]。

(D) 債権届出の取下げ

届出書の提出後、債権届出団体は債権届出を取り下げることができる（消費者裁判手続特例法40条）。ただし、簡易確定決定後は相手方の同意が必要であるし、簡易確定決定に適法な異議が申し立てられた後は、もはや異議後の

---

263 中山ほか判タ論文20頁参照。
264 ただし、追完の余地につき消費者裁判手続特例法50条の準用する民事訴訟法97条参照。この追完事由は届出消費者についても、債権届出団体についても考慮できる。中山ほか判タ論文22頁参照。
265 その際、却下か棄却かが問題となりうることについて、日弁連コンメンタール211頁以下参照。
266 山本243頁。

訴訟が係属するので、債権届出の取下げの余地はなくなる。

債権届出取下げの効果は、債権届出が当初からされなかったこととみなされる（消費者裁判手続特例法40条2項による民事訴訟法262条1項準用）ので、相手方の認否において認められていたり、簡易確定決定が下されていたとしても、それらの効力は消滅するとされる[267]。また、重要な点だが、債権届出により共通義務確認訴訟の提起時に遡って生じる時効中断の効果（消費者裁判手続特例法38条）も生じなくなる。

(3) 相手方事業者の認否

簡易確定手続の相手方事業者は、消費者裁判手続特例法35条による債権届出書の送達を受けると、認否期間内に、届出債権の内容に対する認否を行わなければならない（同法42条）。認否期間は簡易確定手続開始決定が定めたものであり（同法21条）、場合により伸長される可能性がある（同法24条）。認否の判断に必要な証拠書類があるときは、相手方事業者は債権届出団体に対して送付を求めることができる[268]。

この認否は、書面で行い、届出債権の全部または一部を認めないときはその理由を記載しなければならない[269]。その理由としては当該債権の不存在、対象債権該当性の否認、債権額の争い、条件未成就、期限未到来などが考えられ、証明責任の所在による否認と抗弁の区別は特にないものと解されるが、簡易確定手続の審理を迅速かつ効率的に進めるためには、否認にせよ抗弁にせよ、理由を具体的に明らかにすることが求められる[270]。

相手方は、認否書を裁判所に提出するとともに、債権届出団体に対して直送もしなければならない（裁判所規則27条3項）。また裁判所の求めにより届

---

[267] 伊藤129頁。ただし、再訴禁止効（民事訴訟法262条2項）は生じない。

[268] 裁判所規則26条。この求めと後述の認否を争う申出の判断に必要な証拠書類の送付の求め（裁判所規則29条）の法的意義は興味深い。単なる訓示規定だとしても、その手順や不遵守または不適切な利用に対するサンクションなど考慮しておく必要がある。この点は他日を期したい。

[269] 裁判所規則27条1項、2項。その認否書の書式につき、中山ほか判タ論文50頁以下【書式2-6】。

[270] なお、裁判所規則35条は完全陳述義務を定めた民事訴訟規則79条3項を簡易確定手続に準用している。

出債権の認否の内容の一覧表を作成して提出することもありうる（裁判所規則28条）。もっとも、裁判所が届出債権管理情報による進行管理を行っている場合には、裁判所が作成したひな形の電子データに債権届出書の情報が記載されたものが債権届出団体から相手方に提供され[271]、相手方はこれに認否の情報を追記した電子データを作成し、これを裁判所と債権届出団体に提供するとともに、認否を行う届出債権の部分を印刷して認否書の別表とするので[272]、これとは別に一覧表を作成する必要はないとされている[273]。裁判所書記官は、認否の内容を届出消費者表に記載する（消費者裁判手続特例法42条4項）。

　認否書において届出債権の全部を認めた場合、または期間内に認否をしなかったときは、届出債権の存在および内容が確定する（消費者裁判手続特例法42条2項、3項）。この場合は、届出消費者表の記載が確定判決と同一の効力を有することになる（同条5項）。認否書において届出債権の全部または一部を認めなかった場合には、債権届出団体がこれを争うかどうかの選択を迫られる。一部のみを争って残部を認めるとの認否でも、認められた部分が確定するわけではない[274]。なお、届出債権の一部を争った場合とは、債権額の数量的な一部のみを認める場合が典型である。

　競合する複数の債権が届出債権となっている場合、私見によれば、その形態は順位をつけた予備的届出か、順位をつけない選択的届出のいずれかとなるが、これに対する認否の取扱いは問題である[275]。A債権とB債権の選択的届出の場合に、Aは認めないがBは認めるとの認否は、B債権を全部認め

271　中山ほか判タ論文19頁。
272　債権届出書は直送によらず、裁判所から相手方に送達される（消費者裁判手続特例法35条）が、中山ほか判タ論文19頁は「必要部分を入力した電子データを裁判所及び他方の当事者に提供する」としているので、送達とは別途、当事者間で直接に電子データを送付することが予定されているようである。その方法は、専用のe-filingシステムが用意されない限り、電子メールや電子媒体の送付ということになろうか。
273　中山ほか判タ論文25頁。なお、そこでは相手方が債権届出の内容を改変していないか確認する必要があると注意喚起がなされている。
274　一問一答99頁。
275　本節4(1)(B)参照。

たものと扱い、A債権届出については解除条件が成就して届出がなかったこととなる[276]。問題は、いずれをも認める認否をした場合、あるいはそもそも認否をしなかった場合の処理である。選択的届出債権のいずれをも認めることで、1回の給付しか正当化されない複数の届出債権について、それぞれ債務名義が成立し、最後は執行段階の調整に委ねるしかないとされるが[277]、いずれかの債権のみを認めるよう求めた届出に対していずれをも認める結果となるのは処分権主義との関係で疑問である。裁判所は債権届出団体が順位をつけない以上、任意の一つの届出債権について「認める」と扱い、他の選択的届出債権は届出がなかったものと扱う処理をすべきではないかと考える。

予備的届出の場合も、主位的債権のみを認める認否であれば、それが確定し、予備的債権の届出は解除条件が成就するが、予備的債権のみを認める認否については、一部を認めるものと扱って確定せず、債権届出団体がこれを争い、主位的債権の存在を主張する利益があるとする見解がある[278]。結論は妥当と考えるが、この説明では予備的届出にかかる複数の届出債権を1個の債権と考えて、その一部を認める認否と扱うことになり、主位的債権を認めた場合の処理と平仄があわない。理論的には予備的債権のみを認める認否も、主位的債権の帰趨に条件づけられた予備的なものと理解し、認否で認められなかった主位的債権について、債権届出団体が認否を争わなければそのまま予備的債権が確定し、争う申出をした場合は、簡易確定決定により主位的債権が認容されれば予備的債権の届出はなかったこととなり、主位的債権が認められなければ、予備的債権を認めるとする認否が効力を生じるものと解すべきである。

認否の変更は、特に明文がないが、全部を認める認否の場合は届出債権が確定するので、誤記を除き変更することはできない。全部または一部を認め

---

[276] 中山ほか判タ論文26頁は、その場合に認否を争う利益がないとするが、理論的には本文のような説明となるはずである。
[277] 中山ほか判タ論文26頁。なお、この問題は旧訴訟物理論の選択的併合説に対してつとに指摘されてきた。三ヶ月章『民事訴訟法（法律学全集）』（有斐閣・1959年）93頁参照。
[278] 中山ほか判タ論文26頁。

ない認否の場合は、認否期間内であれば一般的に変更可能と解されるが、認否期間経過後は、届出消費者に有利な変更に限り許される[279]。なお、届出債権の全部または一部を認めない認否の理由について変更することも可能と考えられる。

(4) 認否を争う申出

届出債権の全部または一部を認めない認否に対しては、認否期間の末日から1カ月の不変期間内に、債権届出団体がこれを争う申出をすることができる（消費者裁判手続特例法43条1項）。この期間内に、債権届出団体は、必要があれば相手方に証拠書類の送付を求めたうえで、できる限り予想される争点に関係する重要な事実および証拠を記載した書面を作成し（裁判所規則30条）、団体の内部的な意思決定を行って[280]、書証の写しとともに裁判所に提出し、かつ相手方に直送する。届出債権管理情報に対応する電子データも作成して提供する必要がある。

認否を争う申出に際して、届出消費者からあらためて授権を求める必要はないが、その意思を確認する方法を業務規程に定めなければならないとされているので[281]、意思確認は行政的に必要とされている。また、認否の内容によっては対象消費者に問い合わせたり、追加の資料提出を求めたりする必要が生じることもありうる。そして授権した対象消費者の数が大量で全部または一部認められなかった届出債権も大量になれば、これに裁判所規則が要求するようなレベルの準備を行って認否を争う申出を提出することは、債権届出

---

279 中山ほか判夕論文26頁。
280 認否を争う申出について理事会が決定しなければならないかどうか、消費者裁判手続特例法65条4項3号イ(1)は、「共通義務確認の訴えの提起その他の被害回復関係業務の執行に係る重要な事項の決定が理事その他の者に委任されていないこと」を定款に定めるものとしているのみであるから、明確ではない。しかし、届出債権に対する全部または一部を認めない認否について、争わなければ、当該債権については手続が終了してしまうのであるから、「重要な事項」として理事会の意思決定が必要なものと解される。
281 施行規則8条1号ホ。これを受けて、COJの被害回復関係業務規程14条は、認否を争う申出に際して授権した対象消費者の意思確認をするものと定めている。KC'sの被害回復関係業務規程23条も同じである。なお、一問一答101頁参照。

団体に極めて困難な作業を強いる可能性もある。そこで、実際には認否書を受領する以前から、認否を争う申出の書面と証拠を用意し、届出債権の全部または一部を争う認否書がきたら直ちに当事者の意思確認と理事会の決定を行う態勢を整えておく必要があろう。

なお、認否を争う申出の期間は不変期間であり、消費者裁判手続特例法50条が準用する民事訴訟法97条により、訴訟行為の追完の余地がある。これは当事者の「責めに帰することができない事由」が要件となるが、対象消費者が極めて多数におよび、行政的に要求されている意思確認や認否を争う申出書の記載および証拠の添付に時間を要する場合や、相手方が不変期間満了の間際に認否の理由や証拠書類を送付してきた場合、認否を変更した場合などには、「責めに帰することができない事由」を幅広く認める必要がある。

裁判所書記官は認否を争う申出の有無を届出消費者表に記載し（消費者裁判手続特例法43条4項）、申出がない場合は認否の内容により届出債権の存否が確定する（同法47条1項）。認否を争う申出があった場合は、認否の効力が失われ、裁判所の簡易確定決定の審理に移行する（同法44条）。

(5) 簡易確定決定

(A) 審　理

簡易確定決定は、債権届出とこれに対する全部または一部を認めない認否、そして認否を争う申出が提出されたうえで、届出債権の存在および額について簡易に決定するものである。債権届出が不適法であったり、前提となる共通義務確認訴訟の判決が再審により取り消された場合は、債権届出を却下するので、簡易確定決定は行われない（消費者裁判手続特例法36条、63条）。

簡易確定決定の審理は、当事者双方の審尋（消費者裁判手続特例法44条2項）[282]および書証に限った証拠調べ（同法45条1項）によって行われる。その場合も、文書提出命令による書証の提出はできず、文書の真正の審理に用いられる「対照の用に供すべき筆跡若しくは印影を備える物件の提出の命

---

[282] 通常は書面による審尋となるとされている。山本255頁。

(B) 決　定

簡易確定決定は、主文および理由の要旨を記載した決定書によってする（消費者裁判手続特例法44条3項）。簡易確定決定には消費者裁判手続特例法50条により民事訴訟の判決に関する規定が準用されているので、証明責任の分配に従い、自由心証主義により判断されることとなる。ただし、共通義務確認訴訟の認容判決で認められた共通義務の要件は、簡易確定決定を下す裁判所を拘束するものと解される。[284]

簡易確定決定は、届出債権の全部または一部を認めない認否を争う申出に対して、届出債権の支払義務の有無を判断するもので、支払義務を認める場合は全部または一部の給付を命じるが、支払義務がないという場合は請求棄却となる。給付を命じる決定は届出債権支払命令といい、仮執行宣言をつけることができる（消費者裁判手続特例法44条4項）。相手方が認否において届出債権の一部を認めていたとしても、認否を争う申出によりその効力は失われているので、簡易確定決定で全部を棄却することも許される。法は簡易確定決定について「理由の要旨」を記載することとしているが、単に形式的な理由にとどまらず、特に当事者が異議申立てをするかどうか判断することができる程度に、認定判断の根拠を示すべきとされている。[285]

簡易確定決定は、両当事者に送達され、送達時から効力を生じる（消費者裁判手続特例法44条5項）。

(C)　簡易確定決定の確定と効力

簡易確定決定に対して適法な異議が出されなかった場合は、決定に確定判決と同一の効力が生じる（消費者裁判手続特例法46条6項）。法文上の「確定判決と同一の効力」には、必ずしも既判力が生じるとは解されない場合が

---

[283] こうした証拠制限の趣旨につき、一問一答102頁参照。そこでは、消費者や第三者の報告書等も利用可能なこと、文書送付嘱託（民事訴訟法226条）も可能なことが指摘されている。なお、山本255頁、伊藤138頁も参照。

[284] この点については、本書第2章第4節3参照。

[285] 伊藤139頁、山本256頁。

あるが、確定した簡易確定決定は既判力を有するものとされている。[287]

したがって、簡易確定決定が届出債権支払命令を内容とする場合は、既判力をもって届出債権の存在が確定し、強制執行のための債務名義となることとなる（民事執行法22条7号）。

同様に、簡易確定決定が届出債権の請求を棄却するとの内容で確定した場合は、請求棄却判決が確定したのと同一の効力が生じる。もっともこの既判力の範囲については、以下のとおり、争いがある。

立法担当官の解説は、「簡易確定手続では、共通義務確認訴訟で認められた義務に係る事実上及び法律上の原因を前提とする請求の原因しか主張できないことから、棄却決定の既判力もその範囲にとどまり、別の原因により債権があるとして個別の訴訟をする場合には、既判力は及ばない」とする。[288]これに対して伊藤教授は、錯誤無効を理由にした不当利得返還請求権を対象債権とする共通義務が認められ、これに基づいて開始された簡易確定手続で、届出消費者に重過失が認められて請求棄却の簡易確定決定が確定したという事例を出され、届出消費者が別の法律上の原因、たとえば詐欺取消しを理由にした不当利得返還請求権に基づいて別訴を提起したとしても、簡易確定決定の既判力により許されないと説かれる。この点に関して山本教授は、原則として伊藤説に同調されるが、「異議申立てによってこの点を主張することが期待できないような特別の事情がある場合には、既判力が訴訟物より縮減することが認められ、再訴を認めてよい」と説かれる。[289][290]

私見は、立法担当官の解説と同様に、共通義務確認訴訟で認められた対象

---

[286] たとえば支払督促に関する民事訴訟法396条の「確定判決と同一の効力」は、平成8年の現行法の下で支払督促が書記官の処分となったことに伴い、既判力は伴わないで執行力のみ認められるものと解される点で争いはない。にもかかわらず、「確定判決と同一の効力」という文言を維持したことについて、法務省民事局参事官室編『一問一答新民事訴訟法』（商事法務研究会・1996年）452頁以下参照。
[287] 一問一答105頁。
[288] 一問一答106頁。
[289] 伊藤51頁。同旨、後藤ほか判タ論文34頁。
[290] 山本258頁。

債権の法律上および事実上の原因に基づく請求のみが簡易確定手続における審理の対象となっているので、簡易確定決定が確定した場合の既判力もその範囲でしか生じないと解する。通常の訴訟物と既判力の考え方からすれば、訴訟物の範囲と既判力の範囲とが一致するものと解されるが、簡易確定手続における債権届出は共通義務確認訴訟の認容判決等で認められた法律上および事実上の原因に基づく債権しか届け出ることができないとの特性がある（消費者裁判手続特例法30条2項2号カッコ書）。この場合、上記の伊藤教授の例を借りるならば、錯誤と詐欺取消しを主張できる消費者も簡易確定手続申立団体に授権して債権届出をすることができるのは錯誤を理由とする不当利得返還請求権のみであり、しかも届出をしようとする消費者にはそのように限定されるに至った過程に関与する機会はなかったのである。そうだとすると、錯誤以外の理由でも不当利得返還請求権を主張することができる消費者が、錯誤を理由とする簡易確定手続への債権届出に参加したとしても、錯誤以外の理由に基づく不当利得返還請求権の行使までもがその手続の中でしか実現できなくなるのは不当である。

5　簡易確定決定に対する異議申立てとその効果

簡易確定決定に対しては、送達を受けた日から1カ月の不変期間内に、当事者双方のほか、届出消費者も異議を申し立てることができる（消費者裁判手続特例法46条）。異議の申立てがあると、仮執行宣言が付されたものを除き、簡易確定決定は効力を失う（同条5項）。不変期間内に適法な異議がなければ、簡易確定決定が確定判決と同一の効力を有する（同条6項）。

債権届出団体が異議を申し立てるには、認否を争う申出について前述したのと同様に、理事会の決議が必要と解されるほか、授権した届出消費者の意

291　町村使い方114頁。
292　なお、錯誤について重過失が認められるような場合にそもそも詐欺取消しが可能かという実体的な問題はここでは捨象する。
293　その承継人も異議申立てが可能とされている点について、中山ほか判タ論文34頁参照。

思確認も必要となる。これに加えて、異議申立てにおいては、異議後の訴訟の追行に関する授権証明書が必要となると解されている[294]。しかし、法文上は「債権届出団体は、異議後の訴訟を追行するには、届出消費者の授権がなければならない」と規定されている（消費者裁判手続特例法53条1項）が、消費者裁判手続特例法46条の異議申立てに際しても授権を必要とするかどうかは明らかではない。かえって同法53条9項の規定は、異議後の訴訟の追行について授権を得ないまま異議申立てをすることを想定したものにも読めるし、立法担当官も異議申立て時にまだ異議後の訴訟追行の授権を受けていないことがありうるとの認識であったと思われる[295]。ここでも、簡易確定決定の送達を受けてから1カ月の不変期間内に異議を申し立てなければならないという期間制限があるので、多数の届出消費者がいる場合には、そのすべてとの間で授権契約を締結し、授権証明書を得ておく余裕がないということも考えられよう。これに対して授権証明書を異議申立てに必要とする文献は、債権届出団体が債権届出時点であらかじめ異議後の訴訟追行に関する授権証明書も取得しておくことが考えられるとしているが[296]、これでは債権届出の授権と区別して異議後の訴訟追行の授権を要求し、それぞれについて説明義務を債権届出団体に課している法の趣旨にいささかそぐわないことになる。届出消費者の手続保障は、いつでも自ら訴訟追行をすることができる地位にあることで十分で、異議申立て時点での授権を絶対条件とする必要はなく、授権証明書を欠いた異議申立ても認められるべきものと解する。

　異議後の訴訟に関する授権は、簡易確定手続の授権と異なり、正当な理由がある場合には債権届出団体が拒絶することができる（消費者裁判手続特例法53条4項）。この正当な理由とは、債権届出団体において簡易確定決定の内容が妥当なものと判断している場合や、届出消費者と債権届出団体との間

---

[294] 中山ほか判タ論文33頁。
[295] 一問一答116頁は、「債権届出団体や相手方が異議の申立てをしたが、異議後の訴訟について債権届出団体が授権を受けなかった場合」に「授権を欠くとき」となると説明している。
[296] 中山ほか判タ論文33頁脚注43参照。

で主張立証の方針に大きな食い違いがあり、信頼関係が維持できないような場合にも認められる。[297]

　異議申立権は簡易確定決定後、申立て前に放棄することができる（消費者裁判手続特例法46条7項の準用する手形訴訟および小切手訴訟に関する特則を規定した民事訴訟法第5編の358条）。また、申立て後は、異議申立権の放棄ではなく異議申立ての取下げによることになるが、これは異議後の訴訟の第一審終局判決が下されるまでに限られ、また異議の相手方の同意が必要である（消費者裁判手続特例法46条7項の準用する民事訴訟法360条）。このように、簡易確定決定に対する異議は手形小切手判決に対する異議の規律が参照されている。

6　和　解

　消費者裁判手続特例法37条は、簡易確定手続においても和解が可能である旨を規定している。この段階では、対象消費者と授権契約を交わしたうえで、債権届出等の手続追行権限を有することが前提となるので、この手続追行権限の一部として、届出消費者の届出債権に関する手続上の和解が可能となる。また裁判外の和解の可能性も、同法34条により認められている。実体法上の処分権限も、授権契約を根拠として認められる。この和解による処分の授権は黙示であっても認められると考えられるが、むしろ同法32条および施行規則7条1項、特に同項4号に基づき、明確に説明しなければならない。

　また、和解に際しては、授権をした届出消費者の意思を確認するべきことが予定されている。[298]この規定は和解に関する規範として規定されているわけではないので、意思確認をしなかったとしても、あるいは授権した届出消費者から和解に反対する意思が示されたとしても、和解の効力に影響を及ぼす

297　一問一答115頁。
298　特定適格消費者団体の認定要件を定めた消費者裁判手続特例法65条5項に、和解をしようとする場合の授権した者の意思確認措置が業務規程に定められていなければならないと規定されている。施行規則8条1号ホも参照。

ことはないと考えられるが、実際上は届出消費者の意思に反しない限りでの和解しかできないということになろう。

　和解の内容は、原則として届出債権の存否、額、支払いの条件などに及ぶが、届出債権の不存在を認める合意が許されるかどうかは問題である[299]。和解に際しては届出消費者の意思を確認することが予定されているので、届出消費者の同意を得ていれば、そのような内容の和解であっても問題はないと考えられるが、届出消費者の意思を確認しなかったり、明示的に反対の意思が示されているにもかかわらず、届出債権の不存在を内容とする和解が許されるとすることは、債権届出団体の誠実義務や善管注意義務といった行為規範（消費者裁判手続特例法34条）に反することにもなりかねない。

　そこで、届出消費者の意思に反して届出債権の不存在を認める和解をするということは、実質的には授権契約の解除に相当する結果をもたらすので、消費者裁判手続特例法33条2項の「やむを得ない理由」が必要と考えられる。このやむを得ない理由の考え方については、団体監督ガイドライン4(5)ア（巻末232頁）が厳しい例示を明らかにしているが、そのうち⑤（授権者が反社会的勢力である場合）および⑥（授権した者が必要な書類を出さなかったり行方不明であったりして、手続遂行に著しい支障がある場合）に準じた状況がある場合、すなわち不誠実な届出消費者と認めるべき事情があるときに限られると解すべきである。

　なお、簡易確定手続における和解の無効がどのような手続で救済されるかについても議論がある[300]。一部の届出債権のみ和解が成立し、他の届出債権についての簡易確定決定がされた後に、和解の無効を主張して簡易確定手続の再開申出をすることは、すでに下された簡易確定決定とは別に、追加的な決

---

[299] 山本262頁は、請求放棄的和解が望ましくないとしつつも不適法とはいえないとされ、届出消費者の債権届出団体に対する債務不履行責任追及に委ねれば足りるとされる。しかし、届出消費者の責任追及は損害の立証などの困難が予想され、救済としては機能しないのではなかろうか。

[300] 簡易確定手続の再開はあり得ないとするものとして、山本263頁注252、簡易確定手続の再開を認めるものとして、伊藤151頁、垣内・前掲（注140）86頁。

定をすることとなる。こうした帰結は簡易確定決定がすべての届出債権で争いがあるものについて一斉に判断するという前提と反するようにもみえるが、和解等に無効事由が認められるのであれば、その部分について一種の裁判の脱漏（民事訴訟法258条）があるものとして扱わざるを得ない。なお、和解無効確認の別訴や和解無効を前提とする届出債権の直接請求訴訟も考えられるが、その場合に共通義務確認訴訟の確定判決等の効力が及ぶのかどうか、消滅時効に関する消費者裁判手続特例法38条の適用がどうなるのか、疑問が残る。

7　簡易確定手続中の当事者の倒産手続開始

(1)　相手方の倒産手続開始

共通義務確認訴訟の係属中に相手方が破産等の倒産手続開始決定を受けた場合は、本書第2章第5節3で述べたように、当該訴訟は実質的に終了することとなる。これに対して、簡易確定手続が開始され、債権届出がされた後においては、すでに共通義務確認判決が確定し、また届出消費者が具体的に特定している以上、届出消費者の手続上の地位を損なわないようにする必要がある。具体的には、届出消費者が享受する時効中断効が失われないように、また共通義務確認判決の既判力は破産手続中でも効力が維持されるように、債権届出団体が破産手続において届出消費者の対象債権を破産債権として届け出ることを認めるべきである。[301]

(2)　届出消費者の破産

他方、債権届出団体が破産した場合の帰趨は共通義務確認訴訟の場合と同

---

[301] 立法担当官はこれを否定する。一問一答107頁。しかし、本文で述べたような時効中断効や既判力の利益を一方的に剥奪してしまうことは、解釈論としても適当ではない。破産は総括執行であり、破産債権届出は強制執行と同様の側面をもつのであり、消費者裁判手続特例法2条9号ロの民事執行手続や仮差押手続に準じるものとして、被害回復裁判手続に含まれるとの解釈が必要である。伊藤102頁は、被害回復関係業務の「延長」とされる。こうした考え方とその必要性には評価をしつつ、解釈論としては困難とされるのが山本204頁である。なお、町村使い方115頁は私見を詳細に論じている。

様となるが、具体的な消費者が対象債権を主張して団体に授権した後は、任意的手続担当となるのであり、被担当者である届出消費者には手続的な地位が認められている。この被担当者が破産した場合について、検討が必要である。

他の訴訟担当事例に関する規定に鑑みて、被担当者が破産した場合も簡易確定手続は中断するものと解することになろうが、届出消費者自身が簡易確定手続の追行適格を有しない本制度においては、被担当者たる届出消費者の破産が同時廃止となった場合は債権届出団体が受継し、管財事件の場合は管財人が債権届出団体にあらためて授権するか否かの手順を踏むものと解される。

第3節　異議後の訴訟

1　異議後の訴訟の提起

(1)　訴え提起の擬制

異議後の訴訟は、簡易確定決定に対していずれかの当事者または届出消費者が異議を申し立てた場合に、債権届出書を訴状とする訴え提起が擬制される。

この異議申立ての効果は、したがって、手形判決に対する異議（民事訴訟法357条）や少額訴訟判決に対する異議（同法378条）、あるいは支払督促に対する異議（同法395条）と同様に、通常訴訟手続への移行をもたらすものと理解できるが、その際の簡易確定決定の効力については仮執行宣言の有無により異なる。すなわち、仮執行宣言の付いた届出債権支払命令を内容とする簡

302　本書第2章第5節3参照。
303　授権とその撤回、和解や取下げなどに際しての意思確認などである。
304　以上につき、町村使い方118頁以下参照。

易確定決定は、異議申立てによっても失効しないが、仮執行宣言の付いていない届出債権支払命令または請求を棄却する旨の簡易確定決定は、異議申立てにより失効する（消費者裁判手続特例法46条5項）。

(2) **訴え提起の手数料**

通常の訴訟手続の場合は、その訴えを提起する者が訴額に応じた手数料を納付する必要がある（民事訴訟費用等に関する法律3条）。異議後の訴訟の場合、異議を申し立てた者が手数料を納付するのではなく、提起が擬制される訴訟の原告となるべき債権届出団体または届出消費者が、債権届出の手数料（同法別表1・16項の2）を控除した額を納付しなければならない（同法3条2項3号参照）。相手方事業者が異議を申し立てた場合でも消費者側が手数料を納付させられるのは一見不当に思えるが、支払督促に対する異議や労働審判に対する異議と同様の規律である。[305]

(3) **当事者**

異議後の訴訟の原告は、異議を申し立てた者により異なる。被告は常に簡易確定手続の相手方事業者であるが、原告は債権届出団体または簡易確定決定の対象となった債権にかかる届出消費者のいずれかとなる。

まず簡易確定決定に対して相手方事業者が異議を申し立てた場合は、債権届出団体を原告とする訴訟の提起が擬制される（消費者裁判手続特例法52条1項）。このとき届出消費者が債権届出団体に異議後の訴訟の追行を授権する必要がある（同法53条1項）が、その授権をせず、またはすでにした授権を取り消した場合は、消費者裁判手続特例法53条9項が準用する民事訴訟法124条1項により、訴訟が中断され、届出消費者が受継する。ただし、訴訟代理人がいる場合には、中断はしないこととなる（同条2項）。

簡易確定決定に対して債権届出団体が異議を申し立てた場合には、同団体

---

[305] 消費者裁判手続特例法3条2項参照。なお、簡易確定決定の際には、債権届出の手数料を含む個別費用の負担者が原則として敗訴者負担原則により定められる。異議が申し立てられると、異議後の訴訟が終了したときに、必要に応じて申立てにより、または職権により、負担者を定める（消費者裁判手続特例法49条）。

が原告となる。異議申立てに際して届出消費者の意思確認が必要である。また異議後の訴訟の追行に届出消費者の授権が必要であり、それが欠けたときの処理については、相手方事業者の異議の場合と同様である。

簡易確定決定に対して届出消費者自身が異議を申し立てた場合は、その届出消費者が原告となる（消費者裁判手続特例法52条1項カッコ書）。

なお、簡易確定決定に対して複数の者が異議を申し立てた場合には、最初の異議により簡易確定決定が失効し、訴え提起が擬制されるので、2番目以降の異議は、それが届出消費者によってされた場合を除き[306]、原則として効力がないが、最初の異議申立てが不適法却下され、あるいは取り下げられた場合には、2番目以降の異議に基づいて手続が進められる。したがって、2番目以降の異議を不適法却下すべきではない。

2 訴訟物および攻撃防御方法

(1) 異議後の訴訟の訴訟物とその変更

異議後の訴訟は、債権届出書を訴状として、その送達のときに訴え提起があったものと擬制される（消費者裁判手続特例法52条1項）ので、訴訟物は債権届出書で特定された届出消費者の相手方事業者に対する債権である。訴訟物に関する判例・実務を前提にする限り、届出消費者が有すると主張される実体法上の請求権によって訴訟物が画される。

異議は、上訴と異なり、不服の範囲にのみ及ぶのではなく、不利益変更禁止の原則の適用もないので、たとえば届出債権の一部の支払いを命じる簡易確定決定に対していずれかの当事者が異議を申し立てた場合でも、その届出債権全体が訴訟物として、異議後の訴訟の審判の対象となる。

訴えの変更は禁止されている（消費者裁判手続特例法54条1項）ので、共通

---

[306] すでに簡易確定手続の当事者による異議申立てによって異議後の訴訟が係属した後、届出消費者が適法に異議申立てをした場合は、それが債権届出団体への授権の取消しの趣旨を含むものと認められれば、中断・受継が生じる。そのような趣旨を含まないのであれば、誤解に基づくものであり、効力は生じないものとすべきである。実務上は、その趣旨を釈明する必要があろう。

義務確認訴訟において認められ、簡易確定手続において具体的に特定された実体法上の請求権に限られ、これと競合する請求権がありうるとしても、これを追加したり交換的に変更することは許されない。

ただし、届出消費者または請求額の変更を内容とする訴えの変更は許される（消費者裁判手続特例法54条1項ただし書）。また、請求の追加的併合は許されないが、弁論の併合（民事訴訟法152条）は許されるので、実質的に同一の消費者被害の回復を目的とする別訴を異議後の訴訟に併合することは可能である。[307]

なお、異議後の訴訟において事業者側から反訴を提起することも禁じられている（消費者裁判手続特例法54条2項）。

(2) 異議後の訴訟における請求原因とその変更

請求原因事実は、簡易確定手続における債権届出では共通義務確認訴訟で認められたものに限られる（消費者裁判手続特例法30条2項2号カッコ書）が、異議後の訴訟ではその制限がない。したがって、たとえば不当利得返還請求権の請求原因として詐欺取消しを主張していたとしても、これに消費者契約法に基づく取消しや解除などの事実主張を追加し、あるいはこれと交換的に変更することもできると解される。

異議後の訴訟は通常審理手続であり、証拠制限などの適用はなく、また簡易確定手続において事業者が認否に際して提出した理由や債権届出団体による認否を争う申出に際して提出した理由は必ずしも引き継がれず、それぞれ相手方の主張事実を認めていた場合でも、これに自白の拘束力が認められるわけではない。ただし、これらを包括的に援用することは許される。[308]

共通義務確認判決の既判力は異議後の訴訟にも及ぶので、共通義務を基礎づけるものとして認められた事実および法律関係は、異議後の訴訟において

---

[307] 山本287頁。なおそうなると、同一の訴訟手続内で共通義務確認判決の既判力を受ける請求とこれを受けない請求とが併合審理されることにもなるが、そのことでかえって審理が遅延するのであれば、分離すればよい。

[308] 伊藤170頁。

も争うことは許されない。共通義務確認訴訟の訴訟物はあくまで「共通義務」であり、これを基礎づける事実および法律関係の存否の判断は理由中のものにすぎないが、確定判決で認められた共通義務の存在と矛盾する主張は制度的に許されない。[309]

3 管轄と裁量移送

異議後の訴訟の管轄は、簡易確定決定をした地方裁判所に専属する（消費者裁判手続特例法52条2項）。[310]もっとも、著しい遅滞または損害を避ける必要があると認められるときは、申立てまたは職権により、民事訴訟法4条1項（被告の普通裁判籍）、5条1号（義務履行地）、同条5号（事務所または営業所の業務に関するもの）、同条9号（不法行為地）に基づいて管轄権を有する地方裁判所に移送することができる（消費者裁判手続特例法52条3項）。専属管轄と明文で規定しながら裁量移送の余地を認める条項は興味深いが、[311]簡易確定決定は共通義務確認訴訟の第一審裁判所がするので、特に簡易確定手続の当事者ではない届出消費者が原告となった場合には、その居住地を管轄する裁判所に異議後の訴訟を移送する必要があることが考えられる。

4 判　決

異議後の訴訟における判決は、簡易確定決定に仮執行宣言が付されているかどうかにより異なる。

(1) 簡易確定決定が仮執行宣言付き届出債権支払命令の場合

異議後の訴訟において、簡易確定決定の定める届出債権支払命令と符合す

309　この点については前述した。本書第2章第4節3(3)参照。なお山本289頁脚注367は、信義則を根拠にあげる。また、後藤ほか判夕論文35頁も、共通義務確認訴訟で認められた事実上および法律上の原因を異議後の訴訟で争うことは許されないとの結論を既判力より導くのは困難であり、「特殊な効力（不可争力）が発生することを制度上予定されている（制度効）と解するのが相当」と説明している。

310　これは簡易確定決定をした裁判体が異議後の訴訟も担当するという意味ではない。山本277頁。

311　同種の規定は、会社法835条、仲裁法46条、民事訴訟法20条の2にみられる。

第 3 節　異議後の訴訟

る内容の判断に至った場合は、これを認可する旨の判決を下す（消費者裁判手続特例法55条1項）[312]。同項ただし書では、「届出債権支払命令の手続が法律に違反したものであるときは、この限りでない」と規定している。これはたとえば除斥原因のある裁判官が関与していたときが想定でき、証拠制限規定（同法45条）に違反して簡易確定手続の審理を行ったときのような手続過程に違法がある場合とは区別される[313]。手続過程の違法にすぎないときは、異議後の訴訟の結論が届出債権支払命令と符合している限り認可判決を下すことも許されるが、手続が法律に違反しているときは認可することはできず、取り消して、新たに請求認容判決を下すことになる。なお、その場合にすでに仮執行がされているときは、「仮執行による救済の実効性に鑑み、取消し後に同一内容の判決がされる場合には、例外的に仮執行手続を流用して維持することも可能」との見解があり、妥当である[314]。もっとも手続的には、民事訴訟法260条1項の効果として簡易確定決定が取り消されれば仮執行宣言の効力を失うので、異議後の訴訟による請求認容判決に無担保で仮執行宣言を付し、同条2項による原状回復や損害賠償は認めないとすることとなろう。

　異議後の訴訟で届出債権支払命令の一部のみを認める場合は、一部認可・残部取消判決を下すことになるが、実際上は変更判決によることもできると説明されている[315]。

　届出債権の一部についてのみ仮執行宣言付き届出債権支払命令が下され、残部を棄却する簡易確定決定に対する異議申立てにおいては、これと符合する判断に至った場合は届出債権支払命令の認可判決と届出債権の残部について請求棄却判決を下す[316]。届出債権全部を認めない場合は、届出債権支払命令を取り消して全部棄却判決を下す。これに対して届出債権全部を認める場合

---

[312] これは手形判決に対する異議審（民事訴訟法362条1項）、犯罪被害者等の権利利益の保護を図るための刑事手続に付随する措置に関する法律37条などと同様である。
[313] この区別と例について、伊藤172頁参照。
[314] 山本291頁。
[315] 伊藤171頁、山本290頁。
[316] 伊藤173頁。

は、すでにした仮執行宣言を失効させないために、届出債権支払命令の認可判決に加えて、残部についてあらためて認容する判決を下すべきである。[317]

(2) **仮執行宣言が付されていない簡易確定決定の場合**

簡易確定決定が届出債権の全部を認めないものである場合、あるいは届出債権を認めてその支払いを命じるものであっても仮執行宣言がされていない場合には、前述のとおり、異議申立てにより簡易確定決定が失効するので、認可判決はなされない。異議後の訴訟における審理に基づき、本案については届出債権の認容または棄却の判決を下すこととなる。

5 和　解

異議後の訴訟に関する消費者裁判手続特例法53条6項は、裁判外の和解についてのみ言及しており、簡易確定手続における同法37条のような規定を欠いている。しかし、任意的訴訟担当の訴訟追行授権契約には、その一環として当然に和解権限も含まれると解される。[318]

これに対する説明義務や意思確認については、簡易確定手続におけるそれと同様である。

なお、ここでも請求放棄的和解が可能かどうかが問題となるが、異議後の訴訟の授権契約解除に必要な「正当な理由」(消費者裁判手続特例法53条5項)に相当する事由があれば、債権届出団体の判断において請求放棄的和解をすることは可能と考えることもできよう。しかし、いわば不誠実な届出消費者と認めるべき事情がある場合には限られないので、実際問題としては授権した消費者と十分協議し、請求放棄的和解に応じることに納得を得ることが必要である。その納得が得られない場合、すなわち届出消費者の意思に反して

---

[317] 伊藤173頁では届出債権支払命令を取り消して全額の支払いを命じるものとされるが、これでは仮執行宣言が失効してしまうこととなろう。

[318] 選定当事者に関する最判昭和43年8月27日判時534号48頁参照。なお、このように解すれば、むしろ同じく授権契約を根拠とした任意的訴訟担当の一種と解される簡易確定手続の債権届出団体についても、消費者裁判手続特例法37条は確認的な規定と解することとなる。三木315頁参照。

もなお請求放棄的和解が妥当だと債権届出団体が考える場合は、むしろ授権契約を解除して、当該消費者自身の訴訟追行の余地を残すべきである。そうだとすると、結局、届出消費者の納得が得られない限り請求放棄的和解はできないものと考える。

6　異議後の訴訟係属中の当事者・届出消費者の破産

　異議後の訴訟の係属中に、被告事業者が破産したという場合も、破産法44条1項による中断が生じる。立法担当官は簡易確定手続の場合と同様に届出消費者が個々的に債権届出をするほかないとするが[319]、私見は簡易確定手続の場合と同様に、解釈論としても債権届出団体による破産債権届出を認めるべきものと解する[320]。

　届出消費者が債権届出団体に異議後の訴訟も授権していた場合に、被担当者として破産した場合の処理も、簡易確定手続と同様である[321]。

---

[319]　一問一答121頁。
[320]　本章第2節7参照。
[321]　本章第2節7参照。

第4章　集団的消費者被害回復手続における保全・執行

第4章　集団的消費者被害回復手続における保全・執行

第1節　仮差押え

1　仮差押えの必要性と特殊性

(1)　財産保全をめぐる議論

　消費者裁判手続特例法は、相当多数の消費者に財産的被害を与えた場合の被害回復方法を定めたものだが、そのような場合に事業者が被害回復を行う資力を十分有しているとは限らない。むしろ、これまでの大規模な消費者被害事件では、事業者が倒産した事例も数多くみられるし[322]、消費者被害が表面化してから急速に財産を散逸させて被害回復が困難になったケースもみられる[323]。

　これに対して消費者の被害回復のために事業者の財産保全を図る必要性は、かねてから認識されていた。2009年の消費者庁及び消費者委員会設置法附則6項では「消費者庁関連三法の施行後3年を目途として、加害者の財産の隠匿又は散逸の防止に関する制度」を検討して必要な措置を講ずると定められ、これを受けて2011年から消費者庁の下に開かれた「消費者の財産被害に係る行政手法研究会」では、行政による被害回復や課徴金と並んで行政による消費者のための財産保全も検討された[324]。

　その一方で、消費者裁判手続特例法制定過程においても事業者の財産保全が検討されていたが、消費者庁の「集団的消費者被害救済制度研究会」では

---

[322]　象徴的な事例として豊田商事事件があるが、近年に限っても円天のエル・アンド・ジー事件、近未来通信事件、安愚楽牧場事件、英会話のNOVA事件、てるみくらぶ事件など多数存在する。

[323]　たとえば2018年3月1日に破産手続開始決定を受けたジャパンライフ株式会社は、2016年3月期の売上が250億円前後に上っていたが、同年12月以降累次の消費者庁による行政処分があり、本社ビルを売却するなどしているうちに破産に至ったものである。

[324]　この検討は2016年6月に開催された第8回消費者の財産的被害に係る行政手法研究会で行われたが、現行の民事保全制度に行政による申立てを導入することは無理との認識が一般的となった。

保全のための制度を種々検討するも、民事保全では被保全権利の特定ができないために困難で、その他破産申立ての可能性や行政機関による保全などの可能性が検討されていた[325]。その後、消費者委員会の「集団的消費者被害救済制度専門調査会」では、第二段階の申立て後、対象消費者からの授権を得て適格消費者団体が保全を行う措置について検討すべきだとされていた[326]。つまり、この段階ではまだ共通義務確認訴訟の段階からの仮差押えは構想されていなかったわけである。

共通義務確認訴訟の段階で仮差押えを可能とする立法案が明示されたのは、「集団的消費者被害回復に係る訴訟制度案」[327]からであり、これがそのまま現行法となった。

要するに、集団的消費者被害回復制度に財産の保全が必要であることは認識されてきたものの、現行の民事保全制度の体系の中でこれを実現することは困難であるとされてきた。にもかかわらず事業者の財産保全のために、個々の対象消費者や対象債権が特定されない第一段階から仮差押えを導入するという立法的決断を行ったわけである。こうした経緯を鑑みるならば、財産保全により消費者の被害回復が可能な限り実現できるようにするという立法目的に適合するように、新たな制度に関する柔軟な解釈が求められる。

(2) 消費者裁判手続特例法による仮差押えの特殊性

消費者裁判手続特例法56条に定められた仮差押えは、民事保全法が想定する仮差押えに対して以下のような特殊性がある。まず、仮差押えの被保全権利は、対象消費者が有するであろう事業者に対する金銭債権ということになるが、前述のとおり第一段階の間はまだ対象消費者はバーチャルな存在である。共通義務確認訴訟の提起前後から仮差押えを申請し、執行するのであるから、その段階で被保全権利を特定することはできない。その関連で、管轄

---

325 消費者庁企画課「集団的消費者被害救済制度研究会報告書」(2010年) 51頁以下参照。
326 消費者委員会集団的消費者被害救済制度専門調査会「報告書」(2011年) 31頁。なお、この報告書の中ではまだ「特定適格消費者団体」という用語は登場していない。
327 消費者庁消費者制度課「集団的消費者被害回復に係る訴訟制度案」(2012年) 10頁。

や保全取消しとの関係で必要とされる本案訴訟は、被保全権利そのものの訴訟ではなく共通義務確認訴訟を本案訴訟とみなすものとされている（同法57条1項、58条1項など）。第二に、共通義務確認訴訟を提起することができる特定適格消費者団体が申立人となるのであるから、被保全権利の帰属する債権者以外の者による申立てが予定されている。そして第三に、同法59条は、強制執行申立てや配当要求に際して、仮差押えをした「特定適格消費者団体が取得した債務名義及び取得することとなる債務名義に係る届出債権を平等に取り扱わなければならない」と定めている。もともと特定適格消費者団体は、簡易確定手続の中で債権届出をした対象消費者に「公平かつ誠実に」手続の追行と財産管理をする義務が課せられている（同法34条1項）が、仮差押えをした場合はさらに平等取扱義務があるわけである。

これらの特殊性を踏まえ、具体的な解釈を考えてみる。

2　申立適格

まず、特定適格消費者団体は、いかなる資格で仮差押えを申し立てるのかが問題となる。被保全権利の債権者ではない特定適格消費者団体は、実質的な権利帰属主体となるべき特定の対象消費者からの授権を受けることなく被保全権利のための保全申立権限を認められている。したがって、いわゆる法定保全担当として、対象消費者一般の利益のために保全申立て、保全執行をするものと位置づけられる[328]。

これに対して、特定の対象消費者の授権を受けて仮差押えをすることは、消費者裁判手続特例法56条4項が「第1項の規定によるもののほか、保全命令の申立てをすることができない」と定めているので、むしろできないと解

---

[328] 法定保全担当とすることについてはほぼ異論をみない。山本和彦「集団的消費者被害回復制度の理論的問題」『民事訴訟法の現代的課題』（有斐閣・2016年（初出2012年））450頁、特に474頁、山本294頁、三木316頁、長谷部由起子「特定適格消費者団体のする仮差押えと強制執行」法の支配182号（2014年）87頁、特に88頁、伊藤195頁。なお、対象債権に処分権を有しない特定適格消費者団体がなぜ法定保全担当となりうるかについて、山本教授は保存行為としての保全権限を法政策的に認めたものと説明される。山本294頁以下。

される。

　これに加えて、消費者裁判手続特例法56条2項は「保全すべき権利に係る金銭の支払義務について共通義務確認の訴えを提起することができる場合に限り」との限定を置いている。これは、共通義務確認の訴えの訴訟要件である多数性、共通性、支配性が、仮差押命令の申立てについても必要とされることを意味し[329]、これらは申立ての適法要件として疎明ではなく証明が必要とされている[330]。

3　仮差押えの要件

(1)　被保全権利

　被保全権利は対象消費者が有する可能性のある事業者に対する金銭請求権（対象債権）となるが、個々の対象債権の特定は要求されないところに特徴がある。このような被保全権利の疎明は、したがって、一般の仮差押えのように特定の被保全権利の存在を疎明する場合とは異なるものとならざるを得ない。そこで、消費者裁判手続特例法56条3項は「対象債権及び対象消費者の範囲並びに当該特定適格消費者団体が取得する可能性のある債務名義に係る対象債権の総額を明らかにすれば足りる」と定めている。このうち前半は、共通義務確認訴訟の提起に際して求められる事項と同じだが、後半については議論がある。

　まず対象債権の存在それ自体についても、全く疎明が不要とは解し難い。個々の対象債権の存在は特定できない以上疎明しうべくもないが、少なくとも共通義務確認の訴えにおいて認められるべき共通義務の存在は、疎明が必要であろう[331]。その際、一般の仮差押えでは防御の機会が債務者にないことか

329　山本295頁以下、一問一答123頁、鈴木敦士「消費者裁判手続特例法における仮差押えの手続と課題」現代消費者法23号（2014年）19頁、特に20頁、長谷部・前掲（注328）91頁、日弁連コンメンタール285頁など。
330　近藤ほか判タ論文5頁、特に6頁。
331　明確には述べられていないが、笠井・前掲（注95）362頁、特に369頁は同旨と思われる。近藤ほか判タ論文7頁も参照。

ら、通常予想される抗弁に対する反証や再抗弁を申立人に要求するとされているが[332]、ここでは特定の対象債権が特定されていない以上、個々の債権の消滅事由等を想定して反証を求めることはできない。ただし、訴訟要件の問題とも重なるが、たとえば相手方事業者がリコールなどの被害救済措置を実施していないことなどを明らかにする必要はあると考えられる[333]。

次に「総額」の意義については、立法担当官の解説で「被害総額全体ではなく、そのうち、対象消費者が自ら個別に仮差押えや訴訟追行をする可能性のある債権の額や、他の特定適格消費者団体による仮差押えの有無、他の特定適格消費者団体への債権届出の見込みなどを考慮した上で、自らに債権届出が見込まれる範囲」での仮差押命令申立てをすべきものとし、そのうえで、届出が見込まれる対象消費者の人数と一人あたりの債権額との積により総額を明らかにするという[334]。もっとも、これらの要素が考慮されるべきなのは、それらがある程度現実化したときであり、他の特定適格消費者団体がまだ仮差押命令申立ても共通義務確認訴訟の提起もしていないのであれば、これらを考慮する必要はない。他の特定適格消費者団体による仮差押えが先行している場合は、その申立内容を新たな申立ての書面において記載しなければならない旨が定められている[335]ので、その場合は総額についても他の団体による仮差押えと被保全権利の範囲が考慮される。対象消費者による独自の訴訟や仮差押えも、被害額によってはその可能性があるが、独自に被害回復を求める行動が具体的に明らかになっていなくとも、抽象的な可能性だけで「総額」から控除しなければならないとすれば、結局仮差押えを申し立てた特定適格消費者団体に債権届出を授権することが確実な対象消費者の債権しか仮差押えの被保全権利としてカウントできないことになる。これでは、被保全権利たる対象債権を特定しないまま仮差押えにより保全をするという法の趣

332　山本和彦ほか編『新基本法コンメンタール　民事保全法』（日本評論社・2014年）52頁〔鈴木清志〕。
333　ややニュアンスは異なるが、長谷部・前掲（注328）91頁以下参照。
334　一問一答125頁。
335　裁判所規則39条。

旨に反することになる。結局、具体的に独自の訴訟や仮差押えが明らかになったものに関して、その対象消費者の債権額を控除することで足りると考えるべきである。

さらに「自らに債権届出が見込まれる範囲」として授権する割合を考慮して算定すべきとする見解もあるが[336]、具体的な対象消費者の人数や授権するであろう者の数ないし割合が想定できる事案でない限り、授権する割合を恣意的に設定して対象債権の総額を限定するべきではないと考える[337]。

(2) 保全の必要性

保全の必要性については特則が置かれていないので、通常の仮差押えと同様に、被保全権利について「強制執行をすることができなくなるおそれがあるとき、又は強制執行をするのに著しい困難を生ずるおそれがあるとき」であることの疎明が必要である。

ここでも被保全権利が特定されていない以上、通常の保全の必要性とは異なる発想が必要となる場合も考えられる[338]。

(3) 保証金

仮差押えに必要な担保の額については、特に特則は置かれていない。むしろ、立法担当官は、「濫用的な保全命令の申立てを抑制したり、債務者審尋を行わない迅速な発令を正当化したりする機能」に着目して、積極的に特則を置かなかったものとみられる[339]。

もっとも、特定適格消費者団体の母体となる適格消費者団体は一様に零細

---

[336] 鈴木・前掲（注329）20頁以下は、「1人あたりの請求額が1万円を超えるような事案では少なくとも半分程度は、債権届出がされる」との想定を提示している。日弁連コンメンタール286頁、山本298頁以下なども同調する。

[337] なお、笠井教授も「仮差押えの段階では、被害者全員が抽象的には加入の可能性があることを理論的な前提とすべきである」とされる。笠井・前掲（注95）370頁。

[338] たとえば、被保全権利の存在の確実性の程度に応じて保全の必要性の要求の程度が異なるという考え方に立つならば、消費者裁判手続特例法の下での仮差押えは保全の必要性が高度に認められる場合でなければ発令できないとの考え方にもなりかねない。しかしそれでは、個々の被保全権利が特定されない段階での仮差押えをあえて認めた立法趣旨に反することとなろう。

[339] 一問一答126頁。

な財政規模しか有しておらず、仮差押命令に必要な金銭があまりに巨額なものとなれば、悪質事業者からの集団的被害回復に必要な財産保全ができなくなり、結局消費者裁判手続特例法の立法目的が果たされないことになりかねない。そこで、国民生活センターが、特定適格消費者団体の行う仮差押命令について、必要な担保を立てることとし、独立行政法人国民生活センター法に所要の改正が加えられた。[340] これは冒頭で紹介した行政による悪質事業者の財産保全が部分的にせよ、実現したと位置づけることも可能である。

　以上のほか、仮差押えについては平等取扱義務との関係で、債務名義を早期に得た対象債権とそれ以外の対象債権をどのように扱うべきか、検討を要する問題がある。この点は、強制執行および届出消費者への配当とともに、節を改めて検討することとする。

第2節　強制執行と届出消費者への分配

1　相手方事業者が支払うタイミング

　消費者裁判手続特例法による手続の中で、相手方事業者が被害回復金を支払うタイミングは、理論的には以下の諸段階に分かれる。

① 　共通義務確認訴訟の係属中または終結後に、簡易確定手続によらないで対象消費者への支払いを行う場合

② 　簡易確定手続の中で、債権届出に対する認否を行わず、または届出債権を認めることで、確定した届出債権額を支払う場合[341]

③ 　届出債権の一部を相手方事業者が認め、その認否を債権届出団体が争

340　独立行政法人国民生活センター法3条、10条7号、43条の2。なお、これに対応して特定適格消費者団体が国民生活センターと仮差押えの立担保に関して連携協力する旨の規定を消費者裁判手続特例法75条4項に定めている。なお、実施のための内部規則として、国民生活センターは「特定適格消費者団体に対する立担保援助規程」を定めている。
341　消費者裁判手続特例法42条2項、3項参照。

第 2 節　強制執行と届出消費者への分配

　　わずに確定したとき[342]に、これを支払う場合
④　相手方事業者が届出債権の全部または一部を争う認否を行い、これを債権届出団体が争った場合に、簡易確定決定前に和解が成立し、これに従って支払う場合[343]
⑤　簡易確定決定として発せられた届出債権支払命令に仮執行宣言が付され[344]、または異議なく確定したとき[345][346]に、これを支払う場合
⑥　簡易確定決定に対する異議後の訴訟において、原告たる債権届出団体または届出消費者[347]との間で和解が成立し、これに従って支払う場合
⑦　異議後の訴訟において請求認容判決が確定し、これに基づいて支払う場合

　以上のうち、①は消費者裁判手続特例法が予定するものではなく、被告事業者が一方的に対象消費者の全員かそれに近い範囲で支払いをしてしまえば、共通義務確認訴訟は多数性の要件を満たさなくなり、訴えの取下げまたは却下を余儀なくされる[348]。共通義務確認訴訟において原告特定適格消費者団体と被告事業者が和解する場合[349]も、簡易確定手続の開始につながる内容の和解であれば②以降に支払いがされるが、対象債権を任意に支払うことを内容とする和解[350]であれば、原則として被告事業者が一方的に支払いを行う場合と同様になる。

　上記②以降は、いずれも簡易確定手続によって確定した個別債権の弁済と

342　消費者裁判手続特例法47条。
343　消費者裁判手続特例法37条。
344　消費者裁判手続特例法44条1項および4項参照。
345　消費者裁判手続特例法44条4項参照。
346　消費者裁判手続特例法46条4項。
347　債権届出団体と届出消費者のいずれが異議後の訴訟の当事者となるかについては本章第3節1(3)参照。
348　その場合、訴訟費用の負担は原則として原告負担となるが、場合によっては民事訴訟法62条およびこれを準用する73条2項により、被告事業者の負担とすることも考えられる。
349　消費者裁判手続特例法10条。
350　これは訴訟上の和解としては許されないが、裁判外の和解として訴えの取下げとセットで行うことが許されることについて、本書第2章第3節2(2)参照。

して、法が予定しているものである。実際の弁済の過程について法はほとんど規定を置いていないが[351]、相手方事業者が債権届出団体に確定した届出債権額を支払い、団体がこれを届出消費者に交付することを想定しているものと思われる。

2　被害回復金支払いをめぐる諸問題

もっとも、実務上はさまざまなケースが登場し、実際の運用に困難を生じることもありうる。

(1)　相手方事業者が任意に支払いをした場合

まず、すべての届出債権について上記1の②ないし⑦のいずれかの段階で確定して支払いが行われるとは限らず、むしろ多くの場合に、届出債権のあるものはたとえば②で、別のあるものは④で、さらにその他のものは⑦で、段階的に確定して支払いがされていくものと想定される。その場合に、相手方事業者から任意に支払いのあった届出債権については機械的に届出消費者に費用・報酬等を差し引いて支払いをしてよいかどうかが問題となる。というのも、②の段階で確定した届出債権に全額の支払いが債権届出団体にあったとして、その他の届出債権の存在が確定した時点では相手方事業者の財務状態が悪化して支払われず、最悪の場合は破産手続開始決定を受けるという可能性もある。そのような場合に、最終的に確定した届出債権すべての間で、相手方事業者から支払われた金銭を、債権額に応じて配分されるのが「公平」なのか、それとも先に確定した届出債権は全額届出消費者に支払いがあり、後に確定した届出債権については、その届出消費者に一部または全部の支払いがないという結果になることが「公平」なのであろうか。

このことは、第二段階において一つの簡易確定手続申立団体に授権した届

---

[351] 消費者裁判手続特例法34条は授権をした対象消費者に対する簡易確定手続申立団体の公平誠実義務および善管注意義務を定め、また同法59条は仮差押えをした特定適格消費者団体の平等取扱義務を定めている。これ以外に届出消費者への被害回復金の支払いに関して定められた法規定はない。

出消費者の間の一種の集団性を重視するか、それとも個々の届出消費者の相手方事業者に対する請求権を一つの団体が複数授権されたにすぎないと考えるかという考え方の違いに依存する。破産のような総括執行では、債権者平等の下で、異議のない債権も異議のある債権も最終的に確定すれば債権額に応じて配分されるのが原則であるが、個別の権利行使を一つの手続で行っているだけと割り切れば、通常共同訴訟（民事訴訟法39条）と同様に考えれば足りることとなる。

　届出債権の相互の性質から考えれば、通常共同訴訟と同様で、基本的には各届出消費者にそれぞれ処分権があるし、相手方事業者が任意に一部の届出消費者と手続外で和解して届出消費者が授権を取り消してしまえば、制度的にも債権届出団体としてこれを防ぐ余地はない[352]。そうだとすると、簡易確定手続の中でも、相手方事業者が特定の届出消費者または届出債権に係る金員を債権届出団体に支払えば、団体はこれを当該届出消費者に支払うべきであり、他の届出消費者のためにその支払いを留保することは許されないと解すべきである。

　なお、たとえば上記1の②の時点で確定した届出債権のうち、一部の届出債権のみを任意に支払い、他の届出債権を支払わないという場合でも、手続外で弁済する可能性は同じであるから、相手方事業者のそのような選択が特に破産法上の否認の対象となりうる可能性があるのでなければ[353]、その選択された届出債権を有する届出消費者に金銭を交付するほかはない。

(2) 強制執行の場合

　上記1の②以降、いずれかの段階で確定した届出債権が任意に支払われなかった場合は、債務名義に執行文を得て強制執行を行うことが必要となる。

　債権届出団体が届出消費者のために強制執行をすることができるかどうかは、直接の明文規定がないものの、消費者裁判手続特例法2条9号ロが被害回復裁判手続の定義中に「特定適格消費者団体が対象債権に関して取得した

352　この点は手続外での弁済を認めない破産手続と根本的に異なる。破産法47条参照。
353　破産法162条参照。

債務名義による民事執行の手続」を規定し、同法34条は簡易確定手続申立団体が債権届出、簡易確定手続の追行と並んで「民事執行の手続の追行」を公平かつ誠実に行うべきことを定めていることなどから、肯定的に解される。[354]

その性質は届出消費者の授権に基づく任意的執行担当と解されるが、債権届出の授権とは別に、執行手続に関する授権を要するかどうかは説が分かれている[355]。もっとも、形式的には債権届出団体が債務名義に表示された債権者となるのであり、実質的にも債権届出および簡易確定手続追行に関する授権（消費者裁判手続特例法31条）に際して簡易確定手続申立団体が行う業務の範囲について説明義務があり[356]、その中で強制執行についても説明を行うであろうから、それとは別に強制執行申立てについての授権を必要とする実益はないと考えられる。

さて、届出債権の全部について債務名義を得た段階で、強制執行により届出債権の全額が回収された場合には、確定した届出債権についてはその名義人である届出消費者に費用・報酬を差し引いて交付し、仮執行宣言付きの段階で未確定の届出債権については団体において保管しておく必要がある[357]。強制執行により届出債権の全額に満たない額の金員が回収できた場合は、届出債権額に比例した金員を、確定した届出債権の届出消費者に対しては配当し、未確定の届出債権については上記と同様に団体において保管する。

これに対して、届出債権の一部については上記1の②ないし⑤の段階で債務名義を得たが、その他の届出債権は債務名義を得られないまま、債権届出

354　その他、消費者裁判手続特例法59条も団体による強制執行を予定した規定である。
355　執行のための授権を別に必要とされるのは、上原・前掲（注117）27頁以下、特に42頁。三木320頁以下も執行のための授権必要説として引用されるが、そう明言されているわけではない。逆に「債権届出などの授権に当該債権を執行債権とする強制執行申立てについての授権も含まれている」とされるのが伊藤181頁である。山本309頁以下は、執行のための授権は対象消費者と団体との内部関係で必要とされるにとどまり、執行申立てや配当受領のためには必要がないとされる。なお、立法担当官の解説も同旨である。一問一答135頁。
356　施行規則7条1項4号。
357　仮執行宣言による債務名義が後に取り消された場合は、民事訴訟法260条2項による給付物の返還および損害賠償義務が原告に相当する債権届出団体に生じるので、確定するまでは保管しておくべきである。

団体を原告とする異議後の訴訟で争われているという場合に、債務名義に基づく強制執行によって得た金員をどうするかは問題である[358]。債権届出団体は、債務名義がまだ得られていない届出債権も含めて、授権した対象消費者のために公平誠実に手続を追行する義務を負うのであるから、相手方事業者から回収した金員を一部の届出債権にのみ交付し、他の届出債権には交付しないということは原則として許されない。手続の早い段階で債務名義を備えた届出債権に弁済し、その他の届出債権が確定したころには相手方事業者が無資力となって被害回復ができなくなれば、届出消費者の間の公平は害されるといわざるを得ない。

もっとも、一部の届出債権に関する債務名義に基づいて差押えや配当要求を行い、配当された金員は、実体法上、配当等の対象となった届出債権に当然に充当され、これに基づいて裁判所規則41条により債務者（相手方事業者）に対して通知がされることになる[359]。そうだとすると、結局、届出債権の一部のみに債務名義が備わった段階で強制執行により相手方事業者から金員を得た場合、その時点で債務名義を備えている届出債権の間で債権額に応じた分配を行い、確定したものには配当を実施し、未確定の届出債権については団体が保管すべきことになる。

(3) **仮差押えを経ている場合**

特定適格消費者団体が消費者裁判手続特例法56条以下に基づく仮差押えを相手方事業者の財産に対して執行した場合、その被保全債権は特定されていないので、少なくとも届出債権の全部が被保全債権となりうる。その後、簡易確定手続の中で一部の届出債権について債務名義を取得した段階で、仮差押え対象財産に第三者が強制執行手続を開始した場合、仮差押えの被保全債権を届出債権のどの部分に特定するのかが問題となる。もちろん届出債権の総額が被保全債権額を下回っている場合は、債務名義の有無を問わずに届出

---

[358] 異議後の訴訟が届出消費者によって追行されている場合は、債権届出団体が公平かつ誠実に扱うべき対象から外れるので、問題は生じない。
[359] 条解裁判所規則102頁以下参照。

債権全部が被保全債権となり、債務名義のある届出債権の額に対する配当を得られ、債務名義のない届出債権の額に対する配当は供託されることになる。

　これに対して届出債権の総額が被保全債権額を上回っている場合は、債務名義のある届出債権を被保全債権に含めるかどうかで結果が異なる。含めないとすれば、債務名義のある届出債権は二重差押えや配当要求により配当に参加することができる一方、債務名義のない届出債権は仮差押債権者として当然に配当留保供託がされる（外側説）。債務名義のある届出債権を当然に被保全債権に含めるとすれば、被保全債権額の限度で配当に参加し、債務名義のある届出債権の額を控除した残額について仮差押債権者としての配当留保供託がされる（内側説）。さらに、債務名義のある届出債権とない届出債権とで按分する説や、団体の選択に委ねられているとする説もありうる。理論的には、債務名義を得ている届出債権を仮差押えの被保全債権として扱う必要はないはずであるが、外側説によれば、債務名義のない届出債権が最終的に認められなかった場合を想定すると、仮差押の登記後に登記された担保権者がいる場合は仮差押対象財産からの配当を全く受けられない可能性も生じうる。そうした点を考慮すると、団体の選択に委ねられているとする見解が妥当な結論を導くものと思われる。

　なお、消費者裁判手続特例法59条は、相手方事業者の財産に対する強制執行申立てや配当要求をするに際して「当該特定適格消費者団体が取得した債務名義及び取得することとなる債務名義に係る届出債権を平等に取り扱わなければならない」と規定する。したがって、仮差押対象財産の換価・配当の時点で債務名義を有する届出債権に限って配当することは許されず、その点は授権契約の中で届出消費者の同意を得ておく必要がある。

360　差額は保全取消しの対象となる。山本303頁。

第5章　消費者裁判手続特例法の課題

第5章　消費者裁判手続特例法の課題

第1節　問題提起——消費者被害の予防と救済の現状

1　差止めと被害回復の対照的な結果

　消費者団体訴訟の中でも、適格消費者団体の差止請求権の行使は、一定の活発さを示していると評価することができるが、特定適格消費者団体の被害回復訴権は、残念ながら消費者裁判手続特例法の施行から2年半を経過しても、共通義務確認訴訟提起は1件にとどまっており、活発とは言い難い。

　具体的には、2007年6月7日に適格消費者団体による差止訴訟制度が施行されて以来、2007年中に4団体、施行後2年以内に7団体が適格認定を受けた[361]。また、KCCNが最初の差止請求訴訟を2008年3月25日に提起し[362]、以後、KC'sとKCCNによって同年中に3件の差止請求訴訟が提起された[363]。2019年1月末現在で差止請求訴訟提起件数は62件に上る[364]。

　訴え提起に至らない不当勧誘行為・不当条項の使用差止めの申入れ、裁判外の請求も、制度の施行後、そして各団体の適格認定の前後において極めて活発に行われてきた[365]。

　これに対して集団的消費者被害回復裁判手続は、2016年10月1日に制度が

---

[361] 消費者機構日本（COJ）、消費者支援機構関西（KC's）、全国消費生活相談員教会（全相協）、京都消費者契約ネットワーク（KCCN）の4団体である。以後、2008年には消費者ネット広島とひょうご消費者ネット、2009年には埼玉消費者被害をなくす会（なくす会）が適格認定を受けた。

[362] 株式会社長栄に対する定額補修分担金特約使用差止請求訴訟。京都地判平成21年9月30日判時2068号134頁・判タ1319号262頁。

[363] 2008年中に提起されたのは、長栄に対する訴訟のほか、KCCNの大和観光開発株式会社に対する敷引条項使用差止請求訴訟、KC'sのニューファイナンス株式会社に対する早期完済違約金条項使用差止請求訴訟および株式会社FORTRESS. JAPANに対する不当勧誘行為差止請求訴訟である。

[364] 消費者庁ウェブサイト「適格消費者団体・特定適格消費者団体とは」〈http://www.caa.go.jp/policies/policy/consumer_system/collective_litigation_system/about_qualified_consumer_organization/〉。

第1節　問題提起──消費者被害の予防と救済の現状

施行されて以来、2019年2月末日現在までに3団体が特定適格認定を受けたものの、共通義務確認訴訟の提起はまだ1件しかない。[366]

　もちろん、特定適格消費者団体の誕生により、裁判外で消費者被害の回復に応じる例が、COJによるシャンプー成分不当表示の返金要請、KC'sによる葛の花由来イソフラボン関係不当表示の返金要請など、ある程度はみられる。また、この制度のおかげで、消費者に損害を与える不当な取引が減っているとか、損害回復を任意に行う傾向がみられるなどといわれることもある。その限りでは、集団的被害回復裁判制度創設に一定の効果がみられるという評価もできる。しかし、法施行後に表面化した多数消費者被害事例の多くが被害回復に至っていない現状もあるし、消費者被害が減っていることを示す定量的なデータがあるわけでもない。訴訟を通じて多数の消費者に共通する被害の回復を図るという本来の目的が発揮されていないという評価は否めないところである。

2　集団的消費者被害回復裁判手続の不活発の要因

　これにはさまざまな要因がある。最も大きいのは、消費者裁判手続特例法が、その施行（2017年10月1日）後の消費者契約にしか適用がないうえ、その施行後まだ2年半という時間的な短さから、適用対象となる事案がそもそも少ないということがあげられる。[367]これは、いわば時間の問題であり、いずれ解消する問題ではある。しかしそれだけではなく、制度的な問題が不活発[368]

---

[365]　差止め申入れの外延が必ずしも明確でないので、確定的な数字を示せないが、適格消費者団体と消費者庁が2013年7月5日時点で取りまとめた「差止請求事例集」（2014年）によれば、111件の差止請求がされていた〈http://www.caa.go.jp/policies/policy/consumer_system/collective_litigation_system/about_system/case_examples_of_injunction/pdf/00sashitomejirei.pdf〉。

[366]　COJ、KC's、なくす会の3団体である。それぞれの詳細は本書第1章第3節3参照。

[367]　消費者裁判手続特例法附則2条。なお不法行為に関しては、その適用対象が法施行後に行われた加害行為に限られている。

[368]　もっともこの点についても、手続法一般の時際法的原則に反し、同時期に立法されたフランスのグループ訴権が遡及的に適用されるのに比して、消費者の被害回復に後ろ向きな姿勢との批判が妥当する。

157

さを招いていることは否定できない。

　第一に、団体訴訟の担い手が特定適格消費者団体に限定され、しかもその認定基準が厳格にすぎるのではないかという点である。その厳格さは、法施行時に定められた「特定適格消費者団体の認定、監督等に関するガイドライン」[369]の組織面の規制や経理的基礎の要求、費用報酬面の規制、利益相反に対する規制など、多岐にわたっている。これに対して多くの集団的消費者被害の回復訴訟が、弁護団により担われていることから、立法当初から提訴資格を特定適格消費者団体に限ることには批判があったことが想起される[370]。

　第二に、共通義務確認訴訟の対象が限定的にすぎ、救済を必要としている多数消費者の被害を必ずしも適切にカバーしていないのではないかという点もある。これは事案類型や相手方の限定[371]のみならず、対象となる損害が拡大損害や精神的損害を除外する[372]という限定も、問題が残るところである[373]。

　第三に、情報の非対称性を是正するしくみの欠如があげられる。いわゆる不実証広告規定[374]に相当する制度がなく、また行政処分による責任推定といったしくみもないため、行政処分や課徴金賦課には非を認めて従う事業者が被害回復には全く応じないという態度に出ることを可能とし、共通義務確認訴訟の無力さを招いている[375]。

　第四に和解による解決の不自由さがあげられる。アメリカではほとんどの

---

[369] http://www.caa.go.jp/policies/policy/consumer_system/collective_litigation_system/pdf/collective_litigation_system_160930_0003.pdf
[370] この点は本書第1章第3節1・2参照。
[371] 消費者裁判手続特例法3条1項および3項参照。
[372] 消費者裁判手続特例法3条2項参照。
[373] この点は本書第2章第1節参照。
[374] たとえば特定商取引法6条の2、景品表示法7条2項など。
[375] アメリカを代表格としてディスカバリ制度が英米法上認められているが、そのほかにブラジルでも公共訴訟における訴訟前の民事的捜索による証拠収集が公共機関に可能とされており、これが利用できない民間団体は立証責任転換制度が活用できるという点も興味深い。前田・前掲（注14）28頁以下、特に33頁以下参照。ドイツにおいても、二次的主張責任の法理により、不実証広告規制と同様の効果が認められるという。宗田貴行「適格消費者団体の差止請求権の種類・目的・要件・内容——妨害排除請求権の意義とその活用——」独協105号（2018年）161頁以下、特に227頁参照。

第1節　問題提起——消費者被害の予防と救済の現状

事件が和解により解決されているが、消費者裁判手続特例法の定める和解は極めてリジッドである。[376]

　第五に、消費者被害を引き起こす多くの事件で事業者が経済的に破綻しているため、その財産保全手段が不十分であり、消費者被害回復に優先権も認められず、[377]また倒産手続の中では特定適格消費者団体の手続追行権もないという解釈が一般にとられているので、[378]深刻な消費者被害ほど集団的消費者被害回復制度が無力となるという現状である。[379]

　そして第六に、事業者の負担を軽減し、また消費者の手続保障を損なわないような制度設計の結果、高コストな手続となり、しかもそのコスト負担を消費者および特定適格消費者団体が担うという制度となっている。このことは、集団的消費者被害回復裁判制度の本来の目的であった少額多数被害の回復に困難を生じさせているというべきである。

　本章では、この最後のコスト面の問題を取り上げ、その適切な負担のあり方を検討しようとするものである。

　結論を先に述べておくならば、現在のような手続コストを特定適格消費者団体に負担させ、これを被害回復の受益者である消費者から報酬として回収するしくみは無理があり、消費者団体と消費者のほかに、義務者たる事業者および国・地方公共団体にも分担させる余地があるほか、少額多数被害についてはコストの小さい回復制度をつくる必要があるということである。

---

[376] この点については本書第2章第3節参照。
[377] 消費者裁判手続特例法には、後述するように特定適格消費者団体による仮差押えの可能性が規定されているが、特定適格消費者団体が相手方事業者の財産の所在を特定することが必要であるほか、事業者が倒産すれば、仮差押えは失効する。破産法42条2項。
[378] 一問一答59頁、107頁参照。
[379] この点は本書第4章第1節参照。なお、アメリカのFTC法13条b項に基づく原状回復措置に、緊急停止命令（temporary restraining order）による資産凍結が活用されている。籾岡・前掲（注16）現代消費者法40号43頁以下参照。

第5章　消費者裁判手続特例法の課題

第2節　消費者裁判手続特例法のコストとその負担

1　仮差押え

　消費者裁判手続特例法56条以下は、共通義務確認訴訟の提訴段階からの仮差押えを認めたが、その際必要となる、民事保全法14条に基づく担保金については特段の規定を置いていない。一般に仮差押対象財産の価額を基準とするか被保全債権（請求債権）を基準とするか、いずれかによることになるが、被担保債権額であれば対象債権の総額を基準に計算することとなるであろうから、場合により巨額の担保金が設定されることもありうる。そして、特に一般の仮差押えより低額に抑えられるとは解されていない[380]。

　これに対して、脆弱な財政基盤しかない特定適格消費者団体では[381]、高額になる可能性のある担保金を負担することに無理がある。そしてこの点を放置していては、悪質な事業者が責任を追及されると財産を隠匿したり散逸させたりして被害回復が困難になることに対する対処が全く欠けることになるので、国民生活センターによる仮差押担保金の立替制度が法定された[382]。ただし、提訴団体が共通義務確認訴訟に敗訴した場合は、原則として仮差押えによる損害の賠償義務を負い、これを国民生活センターの立て替えた担保金によりまかなった場合には、国民生活センターが提訴団体に求償する可能性がある。求償するかどうかの審査基準にもよるが、いずれにせよ提訴団体は大きな金銭的リスクを負担することとなり、仮差押えの執行を躊躇せざるを得ない要因となる。

---

[380] 近藤ほか判タ論文9頁およびそこで引用されている各文献参照。
[381] 消費者裁判手続特例法65条4項5号は特定適格消費者団体の認定要件として「被害回復関係業務を適正に遂行するに足りる経理的基礎を有すること」を定めており、団体監督ガイドライン2(5)（巻末214頁）に敷衍されているが、具体的な金額が定められているわけではない。現時点で特定認定を受けている団体の財政規模については、本書第1章第3節3参照。
[382] 平成29年法律43号により追加された独立行政法人国民生活センター法10条7号参照。

2　債権届出までに要する費用

(1)　共通義務確認訴訟の費用

　共通義務確認訴訟の段階では対象消費者からの授権を得ることはないので、原則として提訴団体が訴訟費用および弁護士費用その他を負担する。最終的な負担者は、通常の費用負担の原則に従い、狭義の訴訟費用は敗訴者負担であるが、それ以外の、特に弁護士費用は各自負担である。原告となる特定適格消費者団体は、消費者裁判手続特例法77条により弁護士強制制度がとられているので、弁護士費用が大きな部分を占める。[383]

　加えて、共通の財産的被害の回復請求権を有する対象消費者が多数存在することを証明するには、具体的な事実関係を主張立証せざるを得ず、事実調査や証拠確保にそれなりの費用が必要となるものと考えられる。

(2)　簡易確定手続申立費用

　これは手数料が1000円と法定され[384]、また開始決定の通知公告に必要な費用として数万円の予納が定められている[385]。これについては大きなコストとはいえない。

(3)　知れたる対象消費者への通知費用、一般への公告費用

　簡易確定手続における対象消費者への通知・公告費用については、立法当初から議論が多かったところであるが、現行法は簡易確定手続申立団体がこれらの費用を負担することとされている[386]。

　このうち公告に要する費用は、団体ウェブサイトに掲載する方法によるのであれば、低廉な額で足りる。また知れたる消費者への個別通知も、消費者のメールアドレスが判明し、それによって通知の到達が確認できれば、特段

---

[383]　なお、訴訟上の効果は明らかでないものの、日本法としては珍しい弁護士強制制度が特定適格消費者団体に法定されていることは注目に値する。消費者裁判手続特例法77条参照。これは債権管理回収業に関する特別措置法（サービサー法）にならったものと考えられる。
[384]　民事訴訟費用等に関する法律別表1・16項。
[385]　中山ほか判タ論文12頁。
[386]　山本247頁以下参照。

の費用はかからない。仮に極力電子メールを用いて、通知に必要な資料はウェブページに掲載するという方法を用いれば、送付する書類をゼロに近づけることも可能であるが、それは通知を受けた対象消費者が反応する割合、特に授権するに至る割合を低くすることになるのではないかという危惧がある。そのうえ、授権に必要な書面は、いずれにしても紙媒体による送受信が必要となる[387]。消費者の側で授権をするだけの手間をかけるには、返信費用を団体が負担することが最低限必要となろう。

対象消費者の電子メールアドレスが不明である場合や、電子メールに反応がないためその到達が明らかでない場合は、プライバシーに配慮した方法で郵送によることになる。そのコストは対象消費者の人数に依存するが、少額多数被害を想定するのであれば、極めて高額になる可能性がある[388]。

(4) 説明義務の履行

授権に先立つ説明義務の履行のためには、説明会の開催、面談または電話による個別の説明、ウェブサイト上での資料提示とこれによる説明の同意取得がありうるが、ウェブサイト上での説明では個別の質問と説明の可能性が開かれていなければならない。

その会場、人員の確保のコストは、対象消費者が多くなれば、かなり巨額の負担となりうる。

3 コスト負担者

以上の債権届出までに要するコストについては、簡易確定手続申立団体に授権する消費者が納付する費用および報酬によって負担されることが予定さ

---

[387] 論理的には、団体のウェブサイト上の申込みフォームから授権することで紙媒体の送受信コストを省略することも考えられてよいが、本人確認説明義務、授権契約書などを厳格に求めると、それはこの方法ではできないことになりかねない。また、セキュアな入力フォームシステムを構築するコストも壁となる。

[388] 通知の方法や内容について、団体監督ガイドライン4(1)(巻末226頁)以下。たとえば、相手方事業者から1万人の顧客名簿が住所とともに開示されたとすると、通知の郵送費用だけで数百万円となり、さらに顧客名簿が紙媒体で提供されたとすれば、その入力作業でさらに費用は増加する。

れている。もっとも、団体監督ガイドラインが指摘するように、授権をする消費者にすべての費用を負担させれば、消費者の利益を擁護するという消費者裁判手続特例法の目的にそぐわない結果となりかねず、特に少額多数被害の場合は本末転倒な結果となりうる。そこで、債権届出までに要した費用についても対象消費者の数や授権の見込み数、事案の難易などを総合的に考慮して、「対象消費者の納得を得られるよう、適切な範囲で」費用を授権した対象消費者に転嫁すべきとしている[390]。言い換えれば、債権届出までに要した費用は、簡易確定手続申立団体と授権する消費者とが応分に負担するということになる。

なお、授権を希望する消費者に対して被害回復の見通しを説明し、理解を得たうえで授権契約を結び、その時点で費用や報酬についても予見可能な情報を提供する必要がある一方、個々の消費者と授権契約を締結する段階では授権する消費者の数が確定しているわけではないので、互いに負担すべき費用の額は見積りにすぎないが、少なくとも手続参加の費用(着手金)として徴収する金銭は確定金額で示す必要があり、かつ予想に反して授権する消費者が少なくなっても、追加して請求することは許されないとされている[391]。

4　簡易確定手続の費用

この過程では個々の消費者ごとの手続が束になったものであり、しかも相

---

[389] 消費者裁判手続特例法76条、および、費用と報酬の定め方に関して団体監督ガイドライン2(6)(巻末215頁)参照。

[390] 団体監督ガイドライン2(6)イ(ア)(a)(巻末215頁)。

[391] 団体監督ガイドライン2(6)イ(ア)(d)(巻末217頁)参照。現在、特定適格消費者団体として認定されている3団体の「費用・報酬規定」では、COJとなくす会が仮差押え、共通義務確認訴訟、そして債権届出までの簡易確定手続の総費用合計を、授権するものと想定される消費者数で除した額に債権届出の印紙代を加えた額を簡易確定手続参加のための費用としている。簡易確定手続参加のための費用として支払われた額の合計が総費用合計と債権届出の印紙額の総計を上回ったとしても追加徴収はせず、下回った場合は被害回復金の分配時に返還するとしている。これに対してKC'sは、授権する対象債権の額に応じた算定方式を示し、これに状況に応じた変更の可能性と、実際の総費用額より過小な場合でも追加徴収なし、過大な場合は返金の可能性を定めている。

手方事業者の認否に際しての情報提供（裁判所規則26条）や認否を争う場合の情報収集（同規則29条）、届出消費者の意思確認など、個別の調査や意思確認を要するといった手続負担があり、弁護士強制と相まって高コストな手続となっている。

これらの費用は、債権届出以降に個々の届出消費者に関して発生するものであるので、債権届出を授権した消費者からの着手金・報酬金により回収することが予定されるが、ここでも消費者の利益擁護の目的から届出消費者にとって費用倒れとなることは許されず、届出消費者が実際に取得できる金銭を回収額の50％以上とすべきことが団体監督ガイドラインにより規定されている。[393]

5　異議後の訴訟その他の費用

異議後の訴訟は通常訴訟手続であるから、そもそも少額多数被害はコスト倒れを強いられるし、団体はその授権を正当な理由なく拒むことができず、しかも報酬は団体監督ガイドラインによる限定が付されている。着手金として13万円を上限とし、報酬については少なくとも13万円を求めることができるが、それ以上の場合は回収金額の10％を上限とし、回収金額が3000万円を超える部分については6％を上限とすると定めている。

その他、民事執行に要する費用、証拠保全に関する費用も、団体監督ガイドラインが消費者に求めることのできる額・割合を定めている。[394]

---

[392] 施行規則8条1号ホ参照。なお、団体監督ガイドライン2(8)カ（巻末222頁）にはその方法も指定されている。

[393] 団体監督ガイドライン2(6)イ(イ)（巻末218頁）。ここでも COJ となくす会とは費用と報酬とを届出消費者に請求するとして、分配金の額に応じた算出と上限とを定めているのに対し、KC'sは報酬金に一本化して、現実の支払額に応じた算定式を示している。

[394] 団体監督ガイドライン2(6)ウ(ア)（巻末219頁）。異議後の訴訟の着手金について、COJ となくす会とは簡易確定決定で認められた額に加えて請求する経済的利益の5％として13万円を上限とするのに対し、KC'sは請求する経済的利益の10％として13万円を上限とするほか、5万円を下限と定めている。

第3節　問題解決の必要性と方向性

1　現行法の適合する事案

　前節でみたように、消費者裁判手続特例法は、特定適格消費者団体が支出した費用の大部分を、被害回復を受ける消費者が負担するというスキームをとるが、これが機能するにはいくつかの前提条件が必要となる。

　まず、対象消費者のうち実際に授権するものの割合がある程度高くなければならないし、数としてもある程度大きくなければならない。簡易確定手続開始後の通知は知れたる消費者の数に比例するが、それを負担するのは実際に授権する消費者だからである。また共通義務確認訴訟から債権届出までで対象消費者に共通して生じる費用は、授権した消費者が手続参加のための費用（着手金）によって回収することを予定しているので、授権するものの数がある程度大きくなければ一人あたりの負担が大きくなる。

　次に、特定適格消費者団体も経済的負担に耐えられるだけの規模を有していなければならない。団体監督ガイドラインが消費者の負担の限度や予見可能性を要求している中で、それぞれの費用を消費者から回収することができなければ団体が自ら負担することとなるし、仮差押えを執行する場合は敗訴時の損害賠償義務のリスクもある。さらに、多数の届出消費者が含まれる事件では、多数人に対する連絡や問い合わせに応じる体制が必要であり、これを外注するとしても費用負担が生じる。

　さらに、コストを可能な限り低く抑えることも前提条件となっているであろう。その具体的方法は、和解による早期解決と簡易確定手続における通知や意思確認などでのインターネット活用とが考えられる。

　しかし、現実にはこうした条件が揃うことは困難である。前述のとおり、特定適格消費者団体の財政基盤は必ずしも潤沢とはいえず、規模の経済が得られるほどの多数に上る対象消費者が想定される事案への対応能力があるか

どうかは疑問なしとしない。消費者被害の多くは一人あたりの被害額が少額にとどまるので、仮に共通義務確認訴訟に勝訴判決が確定したとしても、授権する消費者の割合は必ずしも高いものとはならないであろうし、他方で一人あたりの被害額が高額のものは個別訴訟や、制約が少ない弁護団方式による集団訴訟でも救済が可能である。少額被害であっても授権率が高くなるためには、相手方事業者の積極的な協力が必要となるが、そうした場合は自主的な返金が行われることも多いであろう[395]。インターネット活用によるコストダウンも、高齢者が被害に遭ったような事案では、団体監督ガイドラインの要求する説明義務を満たす必要がある以上、限界があると思われる[396]。

2　被害回復の実効化の方策

(1)　被害回復コストの転換

現行法は、個々の消費者の被害回復を、団体を通じて可能にするという基本的な性格に基づき、そのコストは個別的な権利行使と同様に、狭義の訴訟費用と考えられるものについてのみ敗訴者負担とし、それ以外の各自負担とする。しかし、費用負担の構造を変えない限り、少額多数被害の回復が費用面で困難となり、その結果、悪質な事業者の不当な消費者取引を行うインセンティブが失われないという状況を変えることはできない。

この点で外国の立法例をみるならば、参考となるのは本書第6章で紹介するフランスのグループ訴権である。フランス法は、わが国の第二段階に相当する個別の消費者の被害回復過程について、簡易確定手続のような特別の手続を置かず、第一段階で事業者の責任を認める判決の中で具体的な方法を定

---

[395] その典型例を、KC'sの申入れに基づいて販売事業者の大部分が消費者への返金に応じた葛の花由来のイソフラボンのケースにみることができる。本書第1章第3節3(2)参照。

[396] この状況をシミュレートする貴重な素材が、COJの東京医科大学に対する共通義務確認訴訟である。そこでは、受験料が6万円という少額被害であり、受験生の数は数千人になるので、まさに少額多数被害ということができる。法令および団体監督ガイドラインが求める対象消費者への通知、説明、授権率など、そして可能な限りのコストダウンなど、参考となりうる場面が数多い。

める。そこでは、個別の消費者に対する通知・公告が事業者の責任と費用負担において行われ、被害を受けた消費者は場合により事業者に直接、または団体を通じて、被害回復金の支払いを求める。そして、同じく事業者の責任を認める判決の中で、裁判所は事業者に対して、第一段階の提訴団体が支出した費用、および消費者のために事業者に具体的に支払いを求めるための法律専門家の費用について、仮の支払いを命じることができる。

以上のように、グループ訴訟提訴団体の負担は軽減され、事業者が費用を負担することが法定されている。これはすでに有責性が認められた事業者が、その被害回復に必要な費用を負担するという考え方に基づいていることが認められる。ただし、それでも第一段階の責任確認訴訟の費用はまず団体が拠出するし、その敗訴のリスクも重いので、各認証消費者団体の提訴抑制要因となっているといえる。フランスの認証消費者団体は、わが国とは比較にならない規模と財政基盤を有するが、活動の幅もまた広く、グループ訴権に当てる財政余力は必ずしも大きくないとの認識が、団体関係者から聞かれるところである。

なお、わが国の消費者裁判手続特例法の立法過程で注目されたブラジル法では、費用に関して、民間団体でもクラスアクションは公共民事訴訟法18条、消費者保護法87条により、提訴手数料や鑑定費用の負担がないとされ、弁護士費用も原則敗訴者負担で、クラスアクションの場合は敗訴しても「悪意による提訴の場合を除き、弁護士費用の負担義務を負わない」とされている。

(2) **損害賠償によるコストの回収**

これに対して、損害回復額の中からコストを回収するのであれば、アメリ

---

397 フランス消費法典 L.623-11条。本書第6章参照。
398 フランス消費法典 L.623-7条。
399 フランス消費法典 L.623-12条。
400 本書第6章第2節参照。
401 三木・前掲（注13）48頁、同「日本版クラスアクションの立法について（特集　日本・ブラジル　消費者法の現状と展望(1)」法研86巻9号（2013年）17頁。
402 三木・前掲（注13）54頁。

カのクラスアクション[403]のやり方が比較法的に参考となる。

　原則として弁護士費用各自負担の原則の下で、成功報酬制（Contingent Fee）をとるため、原告の負担は訴え提起時にはなく、勝訴して得られた金員の中から弁護士費用を支払う。また敗訴時には費用すら支払いを求められないとされている。

　原告訴訟代理人弁護士は、訴え提起に必要な費用のほか、訴訟追行に要する費用も調査会社や専門家証人への報酬なども負担する。さらにクラスアクションでは、連邦民訴規則においては合理的に知ることのできるクラス構成員に個別の告知を義務づけられており、その費用もまた原告訴訟代理人が負担する。なお、カルフォルニア州の消費者事件のクラスアクションでは、クラス構成員への告知は免除されており、その他裁判官の裁量により告知しないケースも多いとされるが、連邦民訴規則では消費者事件のような場合にいくら大量のクラス構成員がいても個別告知は義務とされる[404]。こうした場合に莫大な額に上る告知費用は、原告代理人弁護士が負担し、勝訴して得られた金員の中から取得する。

　アメリカの原告訴訟代理人がコストを負担し、依頼者の得る金銭的利益から回収するというスキームは、日本の消費者裁判手続特例法のやり方に共通するものということができるが、それを可能としている前提条件は大きく異なる。すなわち、アメリカでは損害賠償事件における賠償額の高さや懲罰賠償の存在があり、高額に及ぶ費用を負担してもマイナスにならないくらいの利益を原告（代理人）が得ることを前提としたものである。また個別告知を原告（代理人）が行わなければならないという点についても、アメリカでは徹底的かつ強制力が強いディスカバリによってクラス構成員の情報を取得できることを想起すべきであろう。

403　楪・前掲（注5）白鷗24巻3号273頁、三木・前掲（注32）9頁。
404　不正競争防止法違反に関して、佐野つぐ江「米国各州における反トラスト法執行の実態（下・完）」公正研究693号（2008年）50頁以下も参照。そこでは、通知費用の負担により「資力のない代表原告はクラスアクション自体を取り下げざるをえないという問題がある」と指摘されている。

第3節　問題解決の必要性と方向性

　特定適格消費者団体が対象消費者への個別の通知を行い、その費用も含め、手続費用は届出消費者の得られた利益から調達するという日本法のあり方は、アメリカのような前提条件が必要と考えられるが、それはかえって困難であろうと思われる。[405]

(3)　**個別通知の省略ないし緩和**

　ブラジル法でも、第一段階において「概括給付判決」により被告事業者の有責性が認められると、個々の被害者への給付を確定する第二段階「判決清算手続」に入る。しかし、概括給付判決を個々の被害者に通知することは義務づけられておらず、官報または新聞に掲載し、消費者団体などのインターネットサイトに掲載されたり、マスコミによって報道されることでも足りるとされる。これでも、「クラスアクションの判決の消費者に対する周知については、実務的にはほとんど問題はない」[406]とされているが、概括給付判決が確定して1年を経過しても十分な数の利害関係人が名乗り出ない場合には、原告適格者が「判決清算のための手続および未払いの賠償責任の強制執行（集合的清算手続）を自ら実施することができる」（ブラジル消費者保護法100条）とされている。[407]

　これに対してカナダ・オンタリオ州では、[408]クラスアクションの認可の後に個別通知の必要はあるが、代表原告の告知計画に裁判所が許可をする中で、クラスの規模、住所情報の有無、コストを勘案して実行可能な告知で足りるとされる。裁判へのアクセスを保障することを手続保障に優先させている。

　日本法において、個別通知を省略することができるとすれば、それは個別通知がなくとも対象消費者に該当する被害者に被害回復の可能性があるという情報が伝達されることが期待できるか、またはそもそも個々の被害者への

405　この点については、本書第1章第1節2参照。
406　三木・前掲（注13）53頁。
407　ただし、これでは原告団体の収入とならないので、消費者団体がこの手続をとることはないとされている。前田三千代教授のご教示による。
408　大村雅彦「カナダ（オンタリオ州）のクラスアクション制度の概要（上・下）NBL911号（2009年）34頁・912号（2009年）82頁。

169

被害回復を断念することが許されるかのいずれかとなる。前者の場合は、マスコミなどで共通義務確認判決や簡易確定手続の開始決定、そして簡易確定手続申立団体の連絡先が大々的に報道されれば、可能かもしれないが、常にそれが期待できるわけではない。そしてマスコミで広告を行ったり、マスコミから情報を得た多数の被害者からの問合せ窓口を用意したりすれば、かえってコスト増となることも考えられる。後者の場合は、現在の日本法のように債権届出を受けて被害回復の金銭請求が具体化するというスキームの下では考えられない。ブラジルのような集合的清算手続は、実際には被害者にも被害回復を求める団体にも金銭が支払われないものであり、被害の回復につながるものではない。考えられるとすれば、簡易確定手続の中で被害額の総額を定め、債権届出をした消費者には支払いをするが、それ以外は簡易確定手続申立団体が被害回復関係業務に活用する基金として管理するなど、制度の趣旨から抜本的に見直す必要があろう。その場合は、被害回復のみならず、違法・不当な収益の剥奪という機能も、この消費者裁判手続特例法が果たすことになる。

(4) 告知費用の公的負担

デンマークのクラスアクション[409]制度の下では、公的機関である消費者オンブズマンだけがオプトアウト型のクラスアクションを提起できる[410]。その前提で、クラスアクション提訴時にグループメンバーへの告知がなされ、その負担は原告が負うが、費用は裁判所が支払うとされている[411]。またこの通知は個別通知に限定されず、公告の方法によることもできるとされている。

事業者へのコスト転換（上記(1)）が進まないのであれば、せめて対象消費者に該当する被害者全体への情報提供は、公的機関の責任として、その費用の公費負担が考えられてよい。

---

[409] 上原・前掲（注12）72頁。
[410] 消費者団体はオプトイン型の集団訴訟を提起することができる。上原・前掲（注12）75頁。
[411] デンマーク司法運営法254条 e 第 9 項、上原・前掲（注12）77頁。

第3節　問題解決の必要性と方向性

3　まとめ

　少額多数被害の回復を目的として創設された集団的消費者被害回復裁判手続が実効性をもちうるためには、それなりの前提条件が必要であり、現状ではそうした条件が満たされているとは言い難い。現行法のように、原則として各自負担の下で、相手方事業者から得られる被害回復金の中から費用を回収するというスキームをとるのであれば、アメリカのように賠償額が高額になり、訴訟の担い手が経済的に持続可能な収入をトータルとして得られる環境が必要である。しかし、それにはアメリカ特有のさまざまな制度も同時に[412]必要となるし、日本法がそうした方向に進むことはないと思われる。

　そうだとすると、特に第二段階の手続を簡略化してコスト自体を小さくしていくほか、第一段階の費用も含めて被告事業者に負担を求めるか、あるいは公的機関がその手続費用を負担することが考えられる。後者は国民生活センターの仮差押担保金の立替えにより一部実現したが、不十分な点も残されている。前者は、そもそも債権の取立てに要する費用は債権者ではなく債務者が負担すべきであるし、特に第二段階の費用は第一段階で認められた共通義務確認判決の執行費用と位置づける余地もある。欠陥商品のリコールであれば事業者が自ら行うべき原因究明と対象消費者の探索の事務負担を、消費者裁判手続特例法の手続では特定適格消費者団体が肩代わりしているという側面もあるので、立法論としてその費用を事業者に負担させる合理性は十分存在する。

　そのようにコストが軽減されても、特定適格消費者団体は、消費者裁判手続法に基づく訴訟・手続の追行について、敗訴リスクを負い、勝訴しても個々の被害者・消費者に通知や分配を行う事務的負担を有するので、それらをカバーする財政基盤が必要となる。そして、この訴訟・手続の追行は純粋に個人的な利益の追求にとどまらず、消費者の集団的な利益の実現と悪質な

---

[412]　特にディスカバリ、懲罰賠償、民事陪審、弁護士の量的基盤、成功報酬制などが重要である。

事業者からの不当利益の剥奪、そして消費者被害の再発の防止にも資する公的な利益にかかわるものである。したがって、その担い手である団体の財政には、公的資金が投入されて然るべきということになる。

第4節　おわりに

1　集団的消費者被害回復裁判手続の改革の必要性

　日本の消費者裁判手続特例法が、その本来の機能、すなわち共通義務確認訴訟により事業者の責任を確定したうえで個別の消費者被害を集団的に回復するという機能を発揮できていない原因は、本章の冒頭に述べたように、法施行後の契約に限られるという理由[413]のほかにも、いくつか考えられる。

　まず、対象事件と回復可能な損害が限定的に定められているので、集団的な回復を必要としている少額多数被害の事件でも対象とならない場合がある[414]。

　また、いわゆる第二段階における対象消費者への通知費用やその他のコストを団体負担としている点も、潤沢な収入が期待できない特定適格消費者団体が提訴に慎重になる原因である。そのコストは、授権契約にあたっての説明義務や本人確認の必要、そして手続の節目では個別に意思確認も行うといった手厚い手続保障が必要とされている結果、対象消費者一人あたりのコストがかなり大きくなり、少額多数被害の回復には不向きになっているということができる[415]。さらに、そのコストを対象消費者から回収するというスキー

---

[413] この点は時間が経てば解消する問題である。
[414] たとえば精神的損害の賠償が認められないという点が対象事件の幅を大きく狭めており、個人情報漏洩の事案などでの被害者救済の可能性を阻んでいる。
[415] ある程度多額の被害が各消費者に生じている場合は、各消費者が代理人を選任して提訴することも可能となるし、多数の消費者をまとめて提訴する弁護団方式によればコストも抑えられる。現状では、制約の少ない弁護団方式での多数被害の回復に、消費者裁判手続特例法の方式が競争で負けていると評価すべきなのかもしれない。

第4節 おわりに

ムをとるため、一方では対象消費者の手続参加のインセンティブが低下し、[416]
他方で特定適格消費者団体にとって簡易確定手続により団体を経由して被害回復が行われることが大前提となり、たとえば事業者が直接対象消費者に返金や賠償をするというルートを選択するインセンティブはなくなる。[417] その結果、機動的な被害回復が難しいうえ、共通義務確認訴訟で責任が認められれば自ら消費者に返金をするという行動をとる事業者については、この制度は使えないということになる。

事業者の財産保全という点でも極めて脆弱である。被保全債権を特定しない仮差押えを創設したものの、その保証金は極めて高額になる可能性が高く、立替制度はあっても敗訴の場合に求償を受ける可能性があるので、その敗訴リスクから仮差押え申立てには慎重にならざるを得ない。加えて、事業者が破産すれば、仮差押えは財産保全の意味をもたないし、そもそも集団的被害回復は頓挫する可能性が高い。

消費者裁判手続特例法は、その附則5条において施行後3年の見直しを定めている。その見直しの際は、上記のような提訴を躊躇させる数々の問題点について、正面から取り上げて、消費者裁判手続特例法が本来の機能を発揮できるように、大胆に改正を行うべきである。

消費者裁判手続特例法には、多くの理論的および解釈論的な問題点が伏在している。本書で取り上げた主な問題点を、ここであらためて概観し、将来の立法課題を考えておきたい。

2 共通義務確認訴訟に関する諸問題

共通義務確認訴訟は、特定適格消費者団体が個々の消費者の被害回復請求権を特定しない段階で訴えを提起し、これに判決が下される。ここには、多

---

416 授権契約を結ぶに際して着手金の負担があるということになれば、少額被害の事件には不向きとなるし、一般に知名度の低い特定適格消費者団体から通知がきても、詐欺ではないかという疑念すらもたれる。
417 このことは対象消費者と特定適格消費者団体との利害対立すら招いているといえよう。

173

くの、理論的に検討すべき課題が残されている。この場合の審理判決の対象は何か、その判決の効力は何について、どのような形で生じるのか、議論の深化が必要である。訴訟物の問題は本書第2章第1節で検討したが、そこでの検討結果を前提にしても、判決の効力についてはなお議論の余地を残している。

判決の効力のほか、共通義務確認の訴えの訴訟要件については、多数性・共通性・支配性の要件、対象債権の限定、当事者の限定などが規定されている。これらも、それぞれの理論的および解釈論的な明確化が必要とされている。

さらに、いわゆる複雑請求訴訟に関しては、請求の客観的併合について単純併合か、予備的ないし選択的併合を認めるかどうか議論があり、この訴訟の特質、特にバーチャルで特定されていない対象消費者に広く共通する権利義務関係をまとめて確認するという構造に必ずしも合致しない見解もあるところである。また、複数の団体または個別消費者が同一の消費者被害回復に関する訴えを異なる法律構成に基づいて提起する可能性があり、現在の規定の解釈が必要である。

当事者の処分権については、被害回復の権利主体ではない特定適格消費者団体が共通義務確認の訴えの当事者となっている関係から、特に和解について規定が設けられている。この規定を含め、一般の民事訴訟には見られない制約が存在する。

3　事業者の財産保全の必要性と困難性

大規模な消費者被害事例では、事業者側が財産を散逸させる事例がかねてから目立っており、消費者の財産保全手段が必要とされてきた。この点について、消費者裁判手続特例法は、共通義務確認の訴え提起前に、その対象債権の総額を明示することで仮差押えを可能としているが、被保全権利とのつながりを必要とする一般の仮差押えとは大きく異なっており、理論的にも実務的にも検討を要するところとなっている。

のみならず、数多くの消費者被害を生じさせた悪質な事業者が問題表面化後にすぐに倒産してしまう現状を前提にするならば、仮差押えでは被害救済の実効化のために全く不十分である。行政の役割も含めた、消費者被害救済のための財産保全措置を再検討すべきである。

これまで検討されてきたのは、[418] 行政庁が事業者に対して被害消費者への返金を求める制度で、これには民事訴訟を行政庁が提起する父権訴訟と行政命令として返金を命じる制度とがありうる。いずれも主としてアメリカで行われているものだが、行政命令として返金を命じることは、特定商取引法や景品表示法による措置命令として原状回復を命じる中で可能という考え方もありうる。

また行政庁が事業者の財産保全をする制度として、資産凍結命令と破産申立権の付与が考えられる。破産申立権の付与は、現行制度の下でもたとえば金融機関に対する監督官庁の破産申立権が金融機関等の更生手続の特例等に関する法律で認められている。立法論として資産凍結を命じるという場合は、具体的には供託命令を裁判所に申し立てる制度が考えられる。

さらに、行政庁が一定の金銭的賦課を事業者に対して行うことで、不当な利益の吐き出しを実現する方策として課徴金制度がある。これは既に景品表示法上は実現している。

このうち、父権訴訟や措置命令による返金は、消費者裁判手続特例法にとってはむしろ競争相手となるものであって、この制度の実効性につながるものではない。もちろん、オプションとしては有用であり導入に向けた検討が必要であることは確かではあるが、本書の対象ではない。また、利益吐き出しの課徴金制度もすでに存在するが、それが返金へのインセンティブにはつながっておらず、消費者裁判手続特例法の実効性にも関係しない。行政庁による財産保全のうち、破産申立権の付与は、近年のジャパンライフ事件やケフィア事件のような事例に対して消費者庁が早期に破産申立てを行っていれ

---

[418] 消費者の財産被害に係る行政手法研究会「行政による経済的不利益賦課制度及び財産の隠匿・散逸防止策について」（2013年）参照。

ば、財産保全につながったという指摘があり、検討すべきものだが、消費者裁判手続特例法の関係では、事業者の破産はむしろ阻害要因となる。結局、行政庁による資産凍結のための供託命令制度の創設が、消費者裁判手続特例法の実効化に資する可能性があるものとして、検討されるべきである。

なお、いずれにせよ事業者が破産してしまえば、現状では消費者への被害回復金がわずかなものとなってしまう可能性が高い。消費者被害の回復請求債権について、破産法上の優先債権とするか、あるいは少なくとも供託金還付請求権について、消費者の被害回復債権のための法定担保権を設ける必要がある。

4　簡易確定手続および異議後の訴訟

第二段階のうち、簡易確定手続はそれ自体新しく、多数の消費者の権利を実現するためのものであるから、さまざまな論点が存在する。対象消費者への通知公告や授権のための説明義務のあり方は現行法の下でも問題が多いが、簡易確定手続中の当事者の主張立証の規律なども今後問題となると思われる。

また異議とその後の訴訟手続についても、特則を中心に解釈論上および立法論上も検討の必要がある。

さらに、債権届出後に当事者等が倒産した場合の処理も、問題は残されている。

これらの過程を通じ、個々の消費者に金銭を分配する手続についても、届出消費者間の公平な分配をどう実現するのか、制度的な改善の余地や必要はないのかなど、検討が必要である。

消費者裁判手続特例法の実効性向上という点では、簡易確定手続における届出債権の扱いがほとんど個別訴訟の提起と同様の規律となっていることが再検討されるべきである。現在の制度では、届出消費者ごとの債権届出書が認否の対象となり、簡易確定決定の対象ともなり、さらに異議後の訴訟における訴状ともなる。したがって訴状とみなすことができるような書面を簡易確定手続の段階で提出させるのであるが、このことが簡易確定手続の集団化

176

と、ひいては効率化の阻害要因となっている。相手方事業者と簡易確定手続申立団体とが顧客名簿のような共通の資料から対象消費者に該当する者の情報を共有できるというケースでは、認否の対象となる債権届出は届出消費者を特定する情報と被害金額など、最小限の情報を記載したものでもよいと考えられる。

　たとえば、COJ が東京医科大学に対して提起している共通義務確認訴訟が認容されたと仮定すると、その対象消費者は 2 年間に東京医科大学を受験した女子受験生と 3 浪以上の男子受験生で、不合格となった者であり、対象債権は受験料相当額その他である。この対象消費者および対象債権を認めた共通義務確認判決が確定した場合、簡易確定手続では、届出消費者の特定に資する情報と損害額の表示だけで認否を行うことが可能となるように思われる。もちろん、否認されて簡易確定決定を受けるという場合には、それぞれの届出消費者が対象消費者に該当することを基礎づける事実および証拠が必要となるが、これは認否を争う申出の段階で追加的に提出すればよい。

　もともと、簡易確定手続では両当事者がほとんど争わないことによって効率的に事件処理を行うことが期待されている。債権届出書の考え方も、そのような手続の特性の即したものとすべきである。

5　被害回復の担い手と持続可能性

　最後に、特定適格消費者団体の持続可能性についても、この制度により消費者被害回復を現実のものとするためのキーポイントとして、検討が必要である。これには法律が定める認証や業務、監督の規定のほか、被害回復関係業務を遂行するうえでの財政的な存立基盤などを検討する必要がある。コスト論で明らかにしたように、届出消費者からの費用報酬によって特定適格消費者団体が被害回復関係業務を持続的に行うことには無理があり、特にそれでは少額多数被害が切り捨てられかねない。

　その改革の方向性は、アメリカのように訴訟によって得られる和解金や賠償金から回収するという方向を目指すのであれば、同時にディスカバリや懲

罰賠償などの制度的なしくみを導入しなければならないが、日本ではそうした方向性が受け入れられるとは考えにくい。

そうだとすると、特定適格消費者団体自身の財政基盤拡大が必要なことはいうまでもないが、それに加えて三つの方向が考えられる。

第一は、公的な負担の拡大であり、第二は、被告事業者の負担拡大、そして第三にはコスト削減、特に少額多数被害の回収手続に見合った制度設計をすることが必要である。第一の公的負担拡大は、消費者の私的な利権を回復するための制度という基本的な位置づけを転換し、消費者被害の集団的な回復に公益的価値を正面から認めて、その担い手たる団体の維持に公費を積極的に投入すべきである。第二、第三の点は、訴訟制度の具体的な設計にもかかわる。

第6章　フランスのグループ訴権

第6章　フランスのグループ訴権

第1節　グループ訴権の概要

1　フランスにおける立法過程

　フランスでも、国の認証を得た消費者団体が差止め等の訴権を与えられていたが、アメリカにおけるクラスアクションのような集団的被害回復のための制度は不十分であった。そこで、2006年から、いわゆる二段階型のグループ訴権法案が提案されていたが、サルコジ政権の下では停滞していた。その後、オランド政権の下で再び立法作業が動き出し、最終的には日本とほぼ同時期に消費者被害の集団的な回復を目的とする立法作業が進められ、議会の可決と憲法院の審査を経て、「消費に関する2014年3月17日法律2014-344号」として公布された。この法律は提案者である消費者担当大臣の名前をとってアモン法 Loi Hamon と呼ばれている。その1条が、消費法典第4巻第2編に、「グループ訴権」と題する第3章（L.423-1条からL.423-26条まで）を挿入した。

　この規定は、2014年3月17日に公布された後、同年10月1日より施行された。そして2016年には、「消費法典法律部に関する2016年3月14日オルドナンス2016-301号」により、第6巻「紛争の解決」第2編「消費者保護団体の訴権」に、第3章「グループ訴権」としてまとめられ、条文番号もL.623-1条からL.623-32条までとなった。これに伴い、下位法令である規則も「消費法典規則部に関する2016年6月29日デクレ2016-884号」付録により、R.

419　フランスにおける（消費者）団体訴訟一般については、山本63頁以下のほか、杉原丈史「フランスにおける集団的利益擁護のための団体訴訟」早法72巻2号（1997年）93頁以下、荻村慎一郎「フランスにおける団体訴訟」本郷法政紀要10号（2001年）37頁、同「フランスにおける団体訴訟と訴訟要件」法協121巻6号（2004年）781頁など参照。
420　この過程について、山本68頁以下参照。
421　原語は action de groupe である。以下では、文脈に応じてグループ訴権またはグループ訴訟と訳す。

623-1条から E. 623-33条までとなっている。[422]

そしてすでに、2014年10月の施行直後から2019年1月1日現在までの間に、消費者団体が提起した10件のグループ訴訟が報じられており、そのうち1件は和解により終結し、1件は第一段階の責任確認訴訟について請求棄却判決が下され、控訴中である。またもう1件は第一段階の責任確認訴訟が却下され、破毀院が破棄して差し戻している。

2 グループ訴訟の概要

(1) 全体構造

フランスのグループ訴権は、日本の消費者裁判手続特例法と同様に二段階訴訟型を採用していると評されることが多い[423]。確かに、この訴訟手続の前半は、消費者団体が事業者に対して、被害回復を求める個別の消費者からの授権を受けることなく、多数の消費者に対する財産的被害の回復をすべき責任があることの確認を求めて訴えを提起し、その旨の判決（責任判決 jugement sur la responsabilité）が確定することによっていったん終結する。後半は、この判決の実現のために、関係する消費者へ通知し、個別の被害回復が行われる。事業者と消費者との間に争いがある場合には、消費者団体が個別の消費者を代表し、紛争解決にあたる。

しかし、第二段階の手続は、日本法とは全く異なる。日本法のように、簡易確定手続が用意されているわけではなく、消費者団体が個別の消費者に通知するなどアプローチをする責任を負うわけでもない。むしろ、責任を認められた事業者が、責任判決により払戻し等を行うことを消費者に周知し（L.

---

[422] 以下、フランス消費法典からの引用は法典名を略する。
[423] 山本74頁以下のほか、条文の翻訳とともに制度の概要を紹介するものとして、山本和彦「フランスにおける消費者グループ訴訟」一法13巻3号（2014年）123頁以下。このほか、同「フランスにおける消費者団体訴訟」ジュリ1320号（2006年）98頁以下、同「フランスにおける消費者団体訴訟制度の概要」NBL942号（2010年）22頁・同943号（2010年）19頁以下参照。都筑・前掲（注60）795頁以下および京都弁護士会・前掲（注15）は、フランス・アモン法制定以前の段階における状況を伝えている。

623-7条)、自ら個別の消費者に支払いを行う(L. 623-18条)のが原則的形態である。

(2) グループ訴権の対象

グループ訴権は、事業者の法律上または契約上の義務違反を共通の原因として、複数の消費者が被った財産損害の回復を得るために行使される。その対象となるのは、第一に物の売買、役務の提供、または不動産賃貸借に関して、第二に商法典第4巻第2編またはEU機能条約101条および102条の定める反競争行為により損害が生じた場合についてである。[424]

なお、このグループ訴権の対象となる事件は、その後の21世紀司法改革法[425]により拡張されている。同法60条には、反差別法に基づく訴訟[426]、労働法典L. 1134-6条以下に基づく訴訟、環境法典L. 142-3-1条に基づく訴訟、公衆衛生法典第1部第1巻第4編第3章に基づく訴訟、そしてコンピュータ、ファイルおよび自由に関する法律43条の3に基づく訴訟が列挙されている。

(3) グループ訴訟の進行

グループ訴訟は、前述のとおり、二段階に分かれる。

第一段階は、認証消費者団体が、1または複数の事業者に対して、複数の消費者の被った損害の回復を求める訴訟であり、個々の消費者の授権等を受け[427]ることなく、団体自身の判断により提起される[428]。管轄は被告の所在地を管

---

[424] L. 623-1条およびL. 623-2条。なお、L. 623-1条柱書にある「法律上の義務」はフランス消費法典に列挙されているものかどうかを問わないこと、そして1号について不動産賃貸借が対象となることは、Loi n° 2018-1021 du 23 novembre 2018 portant évolution du logement, de l'aménagement et du numérique の138条が追加したものである。これは、後に述べる実例【1】および【4】において、立法時の議会の議論に反して、不動産賃貸借は役務の提供にあたらないとの解釈によりグループ訴権の対象とならないとする裁判例が相次いだことに対する、立法府の対抗措置である。

[425] Loi n° 2016-1547 du 18 novembre 2016 de modernisation de la justice du XXIe siècle, les articles 60 et s.

[426] Loi n° 2008-496 du 27 mai 2008 portant diverses dispositions d'adaptation au droit communautaire dans le domaine de la lutte contre les discriminations

[427] 団体の要件や実情については後述する。

[428] ただし、訴訟を基礎づけるために必要な個別事件を召喚状に記載しなければならない。R. 623-3条1項。

182

轄する大審裁判所であり、外国企業や所在地不明の企業についてはパリ大審裁判所が管轄する（R.623-2条）。

第一段階の訴訟は通常訴訟として審理判断され、控訴もできる（R.623-4条）。

第一段階の終局判決においては、L.623-1条に定められた受理要件を満たしているかどうかが判断され（R.623-6条）、事業者の責任を認める場合は責任が生じる消費者のグループを定義し、その帰属基準を定める（L.623-4条）その責任判決では、消費者の個々人またはそのカテゴリーごとに被った損害と、損害額またはその評価要素とが明らかにされる（L.623-5条）[429]。現物返還が妥当と解される場合は事業者が行うべき条件を定める（L.623-6条）。また、同じ判決の中でグループに属する可能性のある消費者への通知の方法を定める（L.623-7条1項）。この判決の公告は事業者の負担において、控訴・破毀申立ての余地がなくなった後に行われ（同条2項）、当該事業者が一定期間内に公告の措置をすべきこと、その期間を徒過した場合は原告団体が事業者の必要で公告の措置をとるべきことも定められる（R.623-7条）。責任判決はさらに、損害の回復を受けるために消費者がグループ参加の届出をすべき期間を、公告実施後2カ月以上6カ月以内の範囲で定め、参加届出の方法、消費者が事業者に直接連絡するのか団体またはL.623-13条に定められた者を介して連絡するのかについても明らかにする（L.623-8条）。

第二段階では、第一段階の責任判決において定められた方法により、事業者が直接、または団体を介して、グループへの参加届出をした消費者に、損害の回復としての金銭支払いまたは現物返還を行う。グループ構成員に帰属する金銭を団体が受領した場合は、直ちに預金供託金庫に預託される（L.623-10条）。なお、損害回復の実例としては、事業者が消費者への返還を直接行った後掲実例【2】がある。

---

[429] L.623-5条の適用のために、R.623-9条では、証拠の保全に必要な法律上認められた証拠調べおよび文書証拠の提出を、事業者が保有する証拠も含めて、裁判官がいつでも命じることができると定められている。

消費者がグループへの参加届出をした場合、これは提訴団体への授権に相当するが、提訴団体への参加申込みとはならない（L. 623-9条）。

また、被害回復を受ける消費者が特定できて、その損害額が同額の場合には、簡易グループ訴訟手続として、被告事業者に直接賠償の支払いを命じる制度が用意されている[430]。このほか、調停 médiation による和解成立のための規定も用意されている（L. 623-22条以下）。

第2節　グループ訴権の担い手

1　認証要件（消費法典 L. 811-1条、R. 811-1条以下）

以上のようなグループ訴権の原告となりうるのは、認証消費者団体 association agrée des consommateurs と呼ばれる。その実際の姿は、わが国の特定適格消費者団体およびその可能性のある適格消費者団体とは、規模、活動範囲、そして歴史的経緯が全く異なるものである。この点の違いは、グループ訴訟とわが国の消費者裁判手続特例法の裁判手続とで、実際の運用の違いに少なからず影響を及ぼしているものということができる。

認証消費者団体の認証要件は、1年以上存続していること、その期間中に消費者利益の擁護のために効果的かつ公の活動を行っていたこと、1万人以上で地方の活動に十分な個人有償会員が存在すること、全国組織であることであり、認証の有効期間は5年とされている[431]。

2　認証団体

以下では、本稿執筆時点（2019年2月28日時点）において認証を受けている団体を、フランス国立消費機構 Institut National de Consommation の報

---

[430]　L. 623-14条以下およびR. 326-11条以下参照。
[431]　L. 811-1条およびR. 811-1条。

告書[432]に基づいて紹介する[433]。

(1) 消費者保護・啓発・情報協会（Association de défense, d'éducation et d'information du consommateur）（略称 adéic）[434]

組織の規模は、84の県レベルの地方組織を擁し、13万2000人の会員がいる。

団体の設立は1983年で、当初は教育と情報提供に活動の中心を置いていたが、1985年に認証消費者団体となった。

現在の活動は、消費者の教育、情報提供および個別的並びに集団的な消費者利益の擁護に寄与することであり、若者を対象とした教育や他組織の消費者運動のための研修も行っている。

La Lettre Electronique Adeic という出版物をオンラインで発行している。

(2) 労働者の力（労組）消費者協会（Association force ouvrière consommateurs）（略称 AFOC）[435]

組織の規模は、地方支部約80カ所、200カ所以上の地方拠点をもち、450人のボランティアが年間1万6000人から約3万4000件の電話相談を受けている。

団体の設立は1974年で、労働組合連合会 CGT-FO が従業員の消費生活と住居の面の集団的利益を増進するために設立した。

団体の目的は消費者および賃借人の、事業者および公権力に対する集団的利益の促進であり、情報提供、研修、相談を通じて利益擁護を行うことにある。

出版物には Les Cahiers de l'AFOC、Les Bulletins Logement がある。

---

432 Institute National de Consommation, Les associations de consommateurs, 2016.
433 フランスを含む諸外国の消費者団体制度については、横内律子「消費者団体訴訟制度と適格団体の要件」調査と情報481号（2005年）1頁も参照。団体名の日本語訳については、原則として消費者庁「海外主要国における消費者政策体制等に関する総合的調査」（2013年）23頁以下（第3部 主要国の消費者政策体制―1。欧州諸国(2)フランス）によった。
434 http://www.adeic.fr
435 http://www.afoc.net

(3) **消費者保護のためのレオラグランジュ協会**（Association Léo Lagrange pour la défense des consommateurs）（略称 ALLDC、あるいは Léo Lagrange Consommation）[436]

組織の規模は、会員数2万9000人で、66の都市に71の拠点を擁する。

団体の設立は1979年で、1982年に認証消費者団体となった。

団体の目的は消費者に教育を通じて責任ある行動の新しい形の学びを伝え、消費者法および過重債務処理法へのアクセスを容易にすることにある。また、事業者または公権力との交渉を通じたメディエーションも行う。そのほか消費者のための法・権利の情報提供に努めていること、責任ある消費者としての教育・啓発活動などがある。

出版物には ConsommActeur がある。

(4) **全国住居連盟**（Confédération générale du logement）（略称 CGL）[437]

組織の規模は、会員数約2万人で、350の傘下組織がある。

1954年に Pierre 司教により設立され、政党、信仰、その他の公権力から独立した団体として運営された。1950年代はホームレス支援団体でもあったが、すぐに家族支援組織となっていった。1982年に認証消費者団体となっている。

団体の目的は、賃借人、共有者、占有者、住宅取得者などの紛争解決のために権利を擁護し、情報を提供し、相談を受け付けたり介入したり、その他住居に関する権利の擁護である。そのほか、水道料金の調査、住居税調査なども行っている。

出版物には Action Logement がある。

(5) **消費・住居・生活環境連合**（Consommation, logement et cadre de vie）（略称 CLCV）[438]

団体の規模は、地方組織が370カ所あり、会員数は3万人である。

---

[436] http://www.leolagrange-conso.org
[437] http://www.lacgl.fr
[438] http://www.clcv.org

1952年に設立され、1975年に認証消費者団体となった。

　団体の目的は、団体構成員および消費者全体の、日常生活全般にわたる利益の擁護と情報提供、相談受付にあり、人格権や財産権の侵害に対する訴訟も提起する。グループ訴訟3件（後掲【3】、【7】および【9】）の提訴団体である。その他、銀行サービスに関する訴訟の提起、過重債務処理に関するネイエルツ法[439]の制定に参加し、家賃の適正化にも取り組んでいる。

　出版物には Cadre de Vie、Copropriétaires、60 ans de consommation citoyenne（ouvrage historique）がある。

(6)　**非宗教家族団体全国連合会（Conseil national des associations familiales laïques）（略称 cnafal）**[440]

　団体の規模は、150の地方組織を擁し、2万3000世帯が会員となっている。

　この団体は1967年に設立され、1977年に認証消費者団体となった。

　団体の目的は消費上の倫理の尊重と増進の中で家族の精神的および物質的な利益を擁護し、自然環境保護と生活の質を改善することにある。2006年には、電気ガスの競争に関連して、事業者とのメディエーションも手がけている。

　出版物には Familles laïques、L'info conso、Bulltin がある。

(7)　**カトリック家族団体全国連合会（Confédération nationale des associations familiales catholiques）（略称 CNAFC）**[441]

　団体の規模は、420の地方組織があり、カトリック家族社団が母体となって、3万世帯の会員を束ねている。

　この団体は1905年に設立され、1980年代に消費生活の活動を発展させた。認証消費者団体となったのは1987年である。

　団体の目的は、構成員と、より一般的に家族や消費者に対する研修、支援、

---

[439]　この法律に関しては、町村泰貴「フランス消費者倒産の実務（上・中・下）」商学討究47巻2＝3合併号（1997年）253頁・4号（1998年）193頁・49巻2＝3合併号（1998年）73頁参照。

[440]　http://www.cnafal.org

[441]　http://www.afc-france.org

擁護、代表を行うことである。消費者関係のシンポジウムを開催したり、環境保全活動、子どもの保護とメディアの問題の追求、広告、特に子どもに対する影響の監視活動などを行っている。

出版物には La Vie des AFC、La Lettre aux présidents et responsables、La Lettre des AFC、Une collection de brochures En Questions! がある。

(8) **全国住居連盟**（Confédération nationale du logement）（略称 CNL）[442]

団体の規模は4640の地方組織のもとに、7万世帯が会員となっている。

1916年に設立された、フランスの住居と共同所有に関する最も古く、最も重要な組織である。認証消費者団体となったのは1980年である。

団体の目的は住居利用者および消費者の個別的および集団的利益の擁護と、住居に関する政治的な定義づけへの参画である。グループ訴訟（後掲【4】）の提訴団体である。

出版物には Logement et famille、Lettre d'information がある。

(9) **家族組合連合会**（Confédération syndicale des familles）（略称 CSF）[443]

団体の規模は500の地方組織があり、5万世帯の会員を擁している。

団体設立は1946年で、1975年に認証消費者団体となった。

団体の目的は、家族の一般的な利益を擁護し、代表すること、環境の保護と改善のため行動することである。グループ訴訟（後掲【2】）の提訴団体である。

出版物には Nous がある。

(10) **フランスの家族**（Familles de France）[444]

団体の規模は400の地方組織があり、会員数は10万世帯である。

設立は、1947年に4つの家族関係社団が合併してできたものであり、1950年代から1960年代は住居に関する活動を主に行っていた。1975年に認証消費

442　http://www.lacnl.com
443　http://www.la-csf.org
444　http://www.familles-de-france.org

者団体となった。

　団体の目的は、家族の集団的利益を代表することであり、消費者教育や紛争処理と裁判へのアクセスのための個別的な補佐も行なっている。

　出版物には Familles de France magazine、Enquêtes et dossiers d'études がある。

(11)　**農村家族（Familles rurales）**[445]

　団体の規模は、地方に76の県組織、8の州組織があり、2500の地方組織がある。会員数は18万世帯である。

　1943年に設立され、1950年代には家庭のための各種役務、家庭用製品の貸付けなどを行い、家庭の日常生活の向上を行ってきた。1970年代の経済危機を経て1975年に消費者保護団体となり、その後に認証も得た。

　団体の目的は、子どもの頃から責任ある消費者として教育し、また家族の紛争解決に関与することであり、必ずしも団体名の「農村」には限られていない。グループ訴訟（後掲【5】および【6】）の提訴団体である。

　出版物には Vivre Mieux がある。

(12)　**交通機関ユーザ団体全国連盟（Fédération nationale des associations d'usagers des transports）（略称 FNAUT）**[446]

　団体の規模は、全国レベルの社団を10、地方社団を150束ね、6万5000人の会員を擁する。

　この団体は1978年に設立され、利用者の便宜の向上や持続可能な運送システム発展など運送関係問題に関心をもってきた。1988年に認証消費者団体となり、SNCF（フランスにおける日本のJRに相当する企業）とRATP（パリ地下鉄）に対する利用者の損害回復訴訟に取り組んできた。

　団体の目的は運送利用者の社団を再編し、旅行者の利益を擁護し、大量輸送手段の発展と向上に協力するというものである。

　出版物には FNAUT-Infos がある。

445　http://www.famillesrurales.org
446　http://www.fnaut.fr

(13) **CGT（労組）被用者消費者への情報提供・保護のための協会（Association pour l'information et la défense des consomateurs salariés-CGT）（略称 INDECOSA-CGT）**[447]

団体の規模は、328カ所の拠点と、67万2000人の会員を擁する。認証消費者団体の中では最大規模を誇る。

この団体は1976年に労働組合連合会CGTによって設立され、消費者運動に携わってきた。

団体の目的は、消費者および賃借人の保護、情報提供、擁護を行うものであり、社会および環境に関する消費者運動を実施するものでもある。

出版物にはIN MagazineおよびConsom'Infoがある。

(14) **消費者連盟ク・ショワジール（Union fédérale des consommateurs Que choisir）（略称 UFC ク・ショワジール）**[448]

団体の規模は、149の地方組織があり、会員数は15万人である。

UFCク・ショワジールは1951年に設立され、ヨーロッパ最古の消費者団体だという。国や企業、政党、労働組合からは完全に独立しており、1961年に最初の商品比較テストを内容とする雑誌Que Choisirを出し、1976年以来司法裁判所および行政裁判所での訴訟活動に取り組んできた。

団体の目的は消費者の個別的または集団的利益の向上とその擁護、あらゆる領域で生活条件を改善するための代表、そして必要な教育・研修手段を提供することにある。グループ訴訟3件（後掲【1】、【8】、【10】）の提訴団体である。環境問題、食品安全、特に狂牛病汚染食品の追放、砂糖過剰摂取問題などにも取り組んでいる。

出版物はQue Choisir、オンラインのQue Choisir en ligne、Que Choisir santé、そしてその他書籍が多数出されている。

447　http://www.indecosa.cgt.fr
448　http://www.quechoisir.org

(15) **家族協会全国連合**（Union nationale des associations familiales）（略称 UNAF）[449]

団体の規模は、764の地方社団があり、1万7970家族が運動に参加している。

1945年に消費者運動の団体として発足した。

団体の目的はフランス人およびフランスに住む外国人の家族の精神的および物質的な利益を代表し、擁護することであり、特に公権力に対する消費者としての質を守ることにある。

出版物には、Réalités Familiales、Recherches familiales、Le délégué au CCAS、Lettre électronique de l'Unaf といったタイトルのものがある。

以上のようなフランスの認証消費者団体の特徴をまとめると（〈図表〉参照）、まず、団体の規模が日本に比べて極めて大きいし、歴史も長い。[450] すでに法令の認証要件が全国レベルの組織があることと1万人以上の有償会員がいるとあるので、当然それらを満たしているが、実際にはそれ以上に大規模なものが大半を占めている。上記団体のうち、会員数が最も多いものは、労働組合を母体とする上記(14)の INDECOSA-CGT であり、67万2000人を擁する。上記(15) UFC ク・ショワジールも15万人の会員数を有する。

また、団体の歴史は一般的に長く、第二次大戦前から活動してきた団体もあるし、比較的新しいものでも数十年のものが大部分である。

団体の活動は多岐にわたり、ほとんどの団体が定期刊行物を発行するなど、活動の基盤が強固であることがうかがわれる。[451]

---

449 http://www.unaf.fr
450 日本の集団的消費者被害回復裁判の担い手となる特定適格消費者団体は、現在、消費者機構日本（COJ）と、消費者支援機構関西（KC's）、埼玉消費者被害をなくす会（なくす会）の3団体で、いずれも今世紀に設立されたものである。会員数も個人・団体あわせて数百人程度であり、地方組織も存在しない。なお、特定適格消費者団体の母体となる適格消費者団体に視野を広げるならば、全国消費生活相談員協会、いわゆる全相協が長い歴史を有し、また財産規模も会員規模も日本の中では抜きん出た存在だが、それでも会員数は数千人のレベルにとどまる。

〈図表〉 認証消費者団体一覧

略称	地方組織	会員数	設立	特記事項	提訴例
Adéic	84	132,000	1983年	教育問題中心から	
AFOC	200以上	16,000	1974年	労組系	
ALLDC	71	29,000	1979年		
CGL	350	20,000	1954年	住宅問題中心から	
CLCV	370	30,000	1952年		【3】、【7】、【9】
Cnafal	150	23,000世帯	1967年		
CNAFC	420	30,000世帯	1905年	教会系	
CNL	4,640	70,000世帯	1916年	住宅問題中心から	【4】
CSF	500	50,000世帯	1946年		【2】
FF	400	100,000世帯	1947年	家族問題中心から	
FR	2500	180,000世帯	1943年	家族問題中心から	【5】、【6】
FNAUT	150	65,000	1978年	旅行問題中心から	
INDECOSA-CGT	328	672,000	1976年	労組系	
UFC Que Choisir	149	150,000	1951年		【1】、【8】、【10】
UNAF	764	17,970世帯	1945年		

451 　もっとも、認証消費者団体の規模や財政基盤が十分に大きいということと、グループ訴権の行使に対するコストが過大であるということは両立する。団体の活動がグループ訴権の行使のみであればともかく、多方面にわたる消費者保護・消費者支援の活動において重要な役割を果たしているのであり、グループ訴権のコストが嵩むのであれば訴訟提起が困難となり、結局立法の目的を達し得ないということになりかねない。

第3節　グループ訴訟の実例

1　提訴例

　2014年10月1日に施行されて以来、以下に紹介する10件のグループ訴訟が提起され、そのうち1件がすでに和解により終結し、また1件は第一審請求棄却判決が下されて控訴も棄却され、上告審に係属中、1件は控訴審に係属中、さらに上告審で破毀差戻しとなり、控訴審に係属中のものもある。その他の6件は、第一段階第一審に係属中である。

【1】　UFCク・ショワジール対フォンシア

　UFCク・ショワジールがアモン法施行直後に提起したのは、大手不動産仲介業者であるフォンシア（Foncia）に対する訴えである。フォンシアは、賃借人に対して賃料支払期日の通知サービスを行い、その手数料を請求していたが、UFCク・ショワジールは、これを違法であるとして、フォンシアが受領した金員の返還責任があることの確認を求めた。

　賃料支払期日通知サービスを有償で行うことは、すでにパリ控訴院判決により違法であると認められていた。そこでフォンシアは、賃借人に課金することを取りやめていたが、これまで受領した金員の返還には応じてこなかった。そこで、UFCク・ショワジールが訴え提起に及んだのである。

　この請求が対象とする消費者被害は、賃借人一人あたり月2.3ユーロ（276円）または年27.6ユーロ（3,312円）であり、2009年から2014年まで6年分の請求としても一人あたり165.6ユーロ（19,872円）であるが、対象となる賃借人は31万8000人と見積もられており、支払総額は4400万ユーロ（53億円）に上る可能性がある。[452]

　この訴訟は、アモン法施行直後に提起されたが、裁判所が調停による解決

452　1ユーロを120円として換算している。以下同じ。

にこだわったため、審理になかなか入らなかったところ、2018年5月14日に、ナンテール大審裁判所が訴えを却下した。理由は不動産賃貸借が消費契約としての役務提供契約にあたらないという点にある。控訴審係属中である。

なお、原告 UFC ク・ショワジールは、2009年から2014年の間のフォンシアの賃借人に対して、領収書と、不適切な「支払期日通知サービス」の支払いをしたことを証明するあらゆる文書、そしてその補償に不可欠な証明書を大切に保存するよう呼びかけている。[453]

【2】 SLC-CSF 対パリ・アビタ OPH

これは、原告団体 SLC-CSF が、パリの低所得者用住宅の賃貸を手がけるパリ・アビタ OPH に対して、エレベータ遠隔監視システムの設置維持費用を賃借人に請求しているのは不当であるとして、これにより支払われた金員の返還責任があるとの確認を請求したものである。

この請求が対象とする消費者被害は、賃借人一人あたり2年分で20ユーロ（2400円）であり、対象となる消費者数は約10万人とされているので、総額200万ユーロ（2億4000万円）の返還を求めたことになる。

この訴訟は、総額200万ユーロを返還する旨の合意に至り、和解により終了した。[454]

【3】 CLCV 対 AXA

保険会社の AXA が売り出した CLER[455] という生命保険は、年利回り4.5%という最低保証利率をうたっていた。ところが、この利回りは運用で達成できなかったようで、支払いは反故にされた。そこで、原告団体 CLCV は、AXA および投資組合の AGIPI[456] を被告として、約束された利回りに相当する金員支払責任がある旨の確認を求めて、ナンテール大審裁判所に訴えを提

---

[453] 以上は UFC ク・ショワジールのウェブサイトに掲載されたプレスリリースおよび原告団体代表者 Alain Bazot のインタビュー記事〈http://www.village-justice.com/articles/Bilan-Action-groupe, 20538.html〉（2019年2月14日最終確認）に基づいている。

[454] 以上は原告団体 SLC-CSF Paris のウェブサイトに掲載されたプレスリリースに基づいている。

[455] Contrat Compte Libre d'Epargne et de Retraite

[456] l'Association Générale Interprofessionnelle de Prévoyance et d'Investissement の略である。

起した。

　この訴訟で求められている被害回復の額は、一人あたり、1500ユーロから4000ユーロ（18万円から48万円）である。また、対象となる消費者はCLER保険に加入した約10万人であり、総額は180億円から400億円に上る。

　この保険に関しては、すでに2013年に、パリ大審裁判所における個別訴訟でアクサが有責判決を受けているが[457]、その他の契約者に対して任意に支払いをすることは拒んでいる。

　この訴訟は、第一審のナンテール大審裁判所において、被告らが準備手続裁判官に対して、グループに入る個別のケースを明示していないなど、訴訟要件を満たさないことを理由とする召喚状の無効を申し立てた。準備手続裁判官はこの申立てを2016年1月8日付けで却下し、被告らの控訴を審理したベルサイユ控訴院も、2016年11月3日の口頭弁論期日において、原告が召喚状に7つの個別事例を明示していること、それらの個別事例がグループの代表例として適切かどうかは本案の判断対象であって準備手続裁判官が判断すべきことではないことを指摘して、控訴を棄却した。被告らは、さらに破毀申立てをしたが、破毀院も2018年6月27日の判決で、破毀申立てを棄却した[458]。

　かくして、準備手続裁判官の判断権をめぐる争いで2年半を費やし、なおも第一審係属中だが、原告団体は、すでに提訴直後から、インターネットを通じて対象消費者に契約書等の保管と、その原告団体への送付を呼びかけている[459]。

【4】　CNL対3F

　低所得者圧住宅を供給する3Fは、賃料納付遅延に対して2％の違約金を課すという条項を定め、これにより一人あたり数10ユーロ（数千円）から数百ユーロ（数万円）の違約金が支払われた。これに対して住宅問題を中心に

---

[457]　控訴審はパリ控訴院2013年9月17日判決で、同様に有責判決となっている。
[458]　Cass. 1re civ., 27 juin 2018, n° 17-10. 891
[459]　以上はインターネットメディア記事 Assurance-vie: Axa visé par une class action（le 28 octobre 2014）による。

第 6 章　フランスのグループ訴権

手がける CNL は、違約金 2％という条項が違法であるとして、その返還責任の確認を求めて訴えを提起した。対象となりうる賃借人数は48万人、19万戸に上る。

ただし、損害額の総額は、違約金を支払った賃借人と遅延の数および賃料額に依存するので、算定が不可能である。[460]

この訴訟は、すでに第一審で、違約金条項とその請求の仕方には違法性がないとの理由で CNL の請求を棄却するとの判決が下され、控訴された。[461] 控訴審のパリ控訴院は、2017年11月9月付けで、そもそも賃貸借関係はグループ訴権の対象ではないと判示して、訴えを不受理とする判決を言い渡した。[462] これに対しては破毀申立てがなされ、係属中である。

【5】　農村家族対 SFR

大手の携帯通信会社である被告（SFR）は 4 G 通信の契約を消費者に提供したが、その際 4 G 通信科が可能なエリアを明示しなかったため、契約者の中には 3 G 通信しかできなかったケースが生じた。そこで、ファミーユ・ルーラル（農村家族）が原告となって、SFR には、 4 G 通信ができないのに 4 G 通信契約を締結した消費者に対して 3 G 通信契約と 4 G 通信契約との差額の返還責任（月約 3 ユーロ（約360円））および 4 G 通信に必要な機器購入費用の返還責任があることの確認を求める訴えを提起した。

この事件では、被害を受けた消費者の数は明らかでない。[463]

---

[460]　以上は原告団体のウェブサイトに公開されたプレスリリースによる。

[461]　パリ大審裁判所2016年1月27日判決（RG15/00835）。本稿作成にあたり、Adrien Schwyter 氏のウェブサイト上にアップされた判決文を参考にした〈http://www.youscribe.com/catalogue/tous/actualite-et-debat-de-societe/actualite-evenements/jugement-du-tgi-de-paris-action-de-groupe-cnl-contre-immobiliere-3f-2751674〉。

[462]　Paris, 9 nov. 2017, n° 16/05321. この判決は、ウェブサイトに引用されている〈https://www.challenges.fr/france/logement-l-arret-qui-fera-jurisprudence-pour-les-locataires-exclus-de-l-action-de-groupe_515350〉。

[463]　以上は原告団体のウェブサイトの記事による〈http://www.famillesrurales.org/Actus-1604/telecoms-familles-rurales-lance-la-premiere-action-de-groupe〉。なお、2019年2月14日現在、同ページは確認できない。

【6】 農村家族対 Manoir de Ker an Poul

被告のキャンピング関連サービス会社は、キャンピングカー用の区画を保持するため、10年ごとに新しい移動家屋を購入するとの条件を付けていたが、移動家屋の耐用年数はより長いため、消費者に不当な損失を生じさせているとして、農村家族がこれによる損害の返還責任があるとの確認を求めた。損害額は不明であり、対象消費者は10家族前後と異例な事件である。

【7】 CLCV 対 BMW

CLCV は、BMW の不当表示事案に関して、2015年12月に2件目のグループ訴権の提起を行っている[464]。

これは、BMW バイクのショックアブソーバーに欠陥があるとしてリコールされたというものだが、その条件がアメリカの顧客に対する扱いよりも劣等であった。アメリカでは2500ドルの補償金か、修理中の代替車の提供と1000ドルの新車購入補償クーポンが提供されたが、ヨーロッパの顧客は、まずディーラーまで顧客が運ばなければならず、修理中の代替車も提供されず、補償金として1000ドルの提供もされず、ただ500ドルの BMW 専用商品クーポンを提供されただけだったという。

そこで、少なくとも8人の購入者の事例をもとに、500ドルを超えてアメリカの顧客に提供したのと同等の金銭支払義務があることの確認を求めて、CLCV がグループ訴訟を提起した。

この訴訟は第一審に係属中である。

【8】 UFC ク・ショワジール対 BNP PARIBAS

UFC ク・ショワジールの2件目の提訴は、大手銀行 BNP PARIBAS を被告とするものである。被告は BNP GARANTIE JET 3 という金融商品について誤解を招く勧誘方法を行なったため、UFC ク・ショワジールがこれに

---

[464] この件に関する以下の叙述は、2016年9月に CLCV の事務所を訪問して、法務担当の Sandrine Perrois 氏にインタビューした内容をもとにしている。なお、インターネット上の記事では、Les motards demandent des comptes à BMW〈http://www.clcv.org/nos-actions-en-justice/les-motards-demandent-des-comptes-a-bmw.html〉を参考にした。

よって被害を受けた消費者に対する被害回復責任を求める訴えを提起した。

この金融商品は、BNP GARANTIE JET が2001年に、10年で元本が3倍になるとパンフレット等で明示して勧誘したもので、最大10％の登録等手数料が控除されることは明示されていなかった。しかも10年後の満期時には、2780万ユーロ（33億3600万円）の損失を出していた。パリ軽罪裁判所2016年4月11日の判決は銀行の責任を認め、罰金18万7500ユーロ（2250万円）と私訴原告への損害賠償を命じた。この判決は控訴審で審理中である。

関係する被害消費者は2000人から5000人に上るとみられており、少なくとも元本の返済、または当初の約束にある3倍の支払いが求められている。UFC ク・ショワジールは、被害回復と、その時効の完成を食い止めるためにグループ訴訟を提起した。

BNP PARIBAS は2013年に一度損害の一部を賠償したことがあったが、今回の訴訟においては責任を否定して争っている。

【9】 CLCV 対 BNP PPF

CLCV の3件目の提訴は、大手銀行の個人金融部門である BNP Paribas Personal Finace（BNP PPF）に対するものである。

BNP PPF は、2008年から2010年までスイス建ての不動産融資商品「Helvet Immo」を販売した。これは、顧客が不動産購入資金のためにスイスフラン建ての借入れを行うというもので、金利は優遇されていた。ところが、その際の為替リスクについては説明がなされておらず、むしろ安全性が強調されていた。しかし、実際にはユーロ危機のせいでスイスフランに対してユーロが暴落したため、Helvet Immo の借主は最大30％も返済元本が膨らんでしまった。

2013年に CLCV が多くの消費者とともに私訴原告となって BNP PPF の刑事訴追を行い、これも2017年8月29日に予審判事が軽罪裁判所に公判請求する決定を下したところである。

2016年11月に、CLCV は BNP PPF に対するグループ訴権を行使して責任確認請求訴訟を提起し、係属中である。

第 3 節　グループ訴訟の実例

【10】　UFC ク・ショワジール対 NAM

UFC ク・ショワジールの 3 件目の提訴は、Natixis Asset Management (NAM) に対するものである。[465]

NAM は、生命保険および株式貯蓄計画（PEA）に関して、顧客から不正な手数料を取得していたとして、金融市場監督機関（Autorité des Marchés Financiers）(AMF) から3500万ユーロ（42億円）の制裁金を課せられた。この決定に対しては、コンセイユ・デタに不服申立てをしているところであり[466]、NAM は不正を争っており、UFC ク・ショワジールが顧客に不正取得の手数料を返還するよう求めても拒絶していた。

そこで、2018年 3 月に、UFC ク・ショワジールは、パリ大審裁判所に、顧客への返金を求める責任確認請求訴訟を NAM に対して提起した。

2　不提訴例

このほかに、提訴に至らなかった例も報じられている。

フランスの民営化された国鉄である SNCF は、列車の定時運行ができず、恒常的に遅延が生じていた。これに不満をもった乗客がフェイスブックなどを通じて集まり、特にノルマンディー方面のはなはだしい遅れから損害を被ったとして、損害賠償の追及を求めて UFC クショワジールに面会を申し入れた。[467]

しかし UFC ク・ショワジールは、グループ訴権による訴え提起を困難であると判断した。その理由は、利用者の主たる目的がそもそも損害賠償ではなく、遅延の状況改善にあること、具体的な損害として主張されているもの

---

[465]　UFC ク・ショワジールのウェブサイトに基づく〈https://www.quechoisir.org/action-ufc-que-choisir-fonds-a-formule-natixis-une-action-de-groupe-pour-recuperer-les-35-millions-d-euros-de-prejudices-n52592/〉。

[466]　フランスの最高行政裁判所の機能を担う機関である。

[467]　以上はニュースサイト記事 "SNCF: des usagers lancent une action de groupe contre le RER A"〈http://www.europe1.fr/consommation/la-sncf-menacee-d-une-class-action-pour-sa-gestion-du-rer-2388731〉による。

199

は因果関係が疑問であること、あるいは慰謝料のような精神的損害によらざるを得ないという点にあった[468]。損害限定の問題点が現れた例である。

第4節　グループ訴権の特徴

1　被害額の少額性と対象消費者の多数性

　以上の実例から指摘できるグループ訴権の特徴として、第一に少額被害であること、および対象消費者の多数性があげられる。

　一人あたりの被害額が判明しているものの中では、1万円未満のものから数万円程度のものが多く、【3】は10万円以上となっている。わが国の消費者裁判手続特例法でも、立法の目的は消費者の少額多数被害の回復にあるが、法律上の要件として対象債権の額に上限は設けられていない。ただし、一人あたりの被害額が十分に大きい場合は個別訴訟が可能であるうえ、拡大損害、人身損害、精神的損害が除外されているので、事実上、ある程度少額にならざるを得ないことになる[469]。もっとも、すでに述べたように、特に第二段階で対象消費者一人ひとりに個別にかかるコストを考えると、現状ではフランスのような金額レベルの被害回復を日本の訴訟制度で対象債権とすることができるかどうかは疑問である。

　また、多数性についてフランスの実例では、【6】を除き、対象となりうる消費者が数万人の規模となっている。グループ訴訟の法文上は、多数性は要求されておらず、二人以上の消費者に関係すれば足りるとされているが、実際には極めて多数の消費者が共通の被害を受けた事例が大半を占めている。日本法の下でも、多数性は訴訟要件として必要であるが、そこで想定されている多数とは、立法担当官の解説では数十人程度という見方が示されている[470]。

468　Alain Bazotのインタビュー記事（前掲（注453））による。
469　一問一答24頁。

この日本における想定とフランスの実例との違いは際立っている。

2 手続面の特徴

フランスのグループ訴権制度は、日本の集団的消費者被害回復裁判手続と比較して、同じ二段階型というものの、いくつかの無視し得ない差異がある。

(1) 第一段階の責任判決による損害額決定

まずわが国の共通義務確認判決に相当する責任判決では、対象消費者に支払われるべき損害額またはその算定方法を定めるものとしている。これに対して日本の共通義務確認判決は、むしろ損害額や算定方法を定めることはできず、共通義務の存在のみを確認することとされている。[471]

総じてフランス法は第一段階の役割が日本法よりも大きく、そのことが第二段階の個別債権の行使のコストを抑えることを可能としている。もっとも、実際上は第一段階で被害金額を算定することは困難な場合が多く、それが第一段階の提訴が困難となる要因となることも考えられる。[472]

(2) 個別の消費者に対する通知・公告の責任主体

グループ訴訟では、損害回復の対象となる個別の消費者に対して、責任判決の確定とグループへの加入を通知または公告する責任を、被告事業者側に置いている。これは対象消費者に対する情報提供を簡易確定手続申立団体の責任で行うものとしている日本法とは好対照をなす。また、消費者への通知公告の具体的方法をフランス法は責任判決において、すなわち第一段階の中で定めるとしており、実際上は第一段階の審理判断の中で個別の消費者へのアプローチに立ち入って判断がされることが想定されている。

個別の消費者への通知公告の責任を消費者団体が負うべきか、事業者が負うべきかは議論の分かれるところである。消費者契約の一方当事者である事

---

[470] 一問一答17頁。実際のところ、数万人もの消費者が授権、債権届出を行うとなると、現実的かどうか疑わしい。

[471] 一問一答21頁。

[472] 実例の中でSNCFに対する利用者の集団訴訟が断念されたケースや、アモン法が規定している不正競争行為に対する損害回復訴訟の困難を想起すべきである。

業者は、その相手方である対象消費者の情報を有しているので、少なくとも情報を有する範囲内では自ら連絡をするほうが効率的である。しかし、一般的には、より多くの対象消費者に対して被害回復への参加を呼びかけるインセンティブは事業者側よりも消費者団体にあるということができよう。

もっとも個別の消費者に対する通知公告の費用は、本来被害回復を行う義務を負う事業者が負担するのが合理的というべきである。[473]

(3) 第二段階の手続の軽さ

フランスのグループ訴訟では、責任判決が下されて確定すると、その責任判決に従って事業者が消費者に対して通知公告の措置を行い、消費者は事業者に直接支払いを求めるか、または団体を通じて支払いを求める。争いがある場合にのみ、団体と事業者との間で一括した判決が下される。簡易確定手続での認否と簡易確定決定、異議後の訴訟、そしてそれぞれについての授権契約といった手続を有する日本法と比較するならば、極めて簡略化されている。少なくとも規定のうえでは、責任判決を基礎として、第二段階はその履行のためのプロセスが定められているとみることもできる。この第二段階では、争いがない限り、消費者団体にはほとんどコスト負担が生じない。

(4) 調停 médiation の存在

フランス民事紛争の一般的な方向性とも合致するが、調停手続により合意に基づく解決を志向している点が特徴としてあげられる。[474] 日本でも、一応、和解による解決が志向され、消費者裁判手続特例法10条などが明文化しているところだが、柔軟に和解を行う制度とはなっていない。

以上のような違いを参考にして、日本法の改善を検討していくことが必要である。

---

473 山本・前掲（注328）470頁参照。
474 フランスにおけるADRの法状況については、垣内秀介「フランスにおけるADR」仲裁ADR法学会編『ADRの実際と展望』（商事法務・2014年）139頁、同「フランスのADR法制」法時85巻4号（2013年）50頁、徳田和幸＝町村泰貴編『注釈フランス民事訴訟法典　特別訴訟・仲裁編』（信山社・2016年）297頁以下、町村泰貴「フランスにおけるADRの近時の発展」成城大学法学部40周年記念論文集（近刊）参照。

資料　特定適格消費者団体の認定、監督等に関するガイドライン

【資料】 特定適格消費者団体の認定、監督等に関するガイドライン

特定適格消費者団体の認定、監督等に関するガイドライン

消　費　者　庁
平成27年11月11日制定
平成28年10月１日改訂
平成29年10月１日改訂
平成31年２月１日改訂

目　次
１．目的
２．特定適格消費者団体の認定
　(1)　活動実績（法第65条第４項第１号関係）
　(2)　体制及び業務規程（法第65条第４項第２号関係）
　(3)　理事及び理事会（法第65条第４項第３号関係）
　(4)　被害回復関係業務を適正に遂行することができる専門的な知識経験（法第65条第４項第４号関係）
　(5)　経理的基礎（法第65条第４項第５号関係）
　(6)　報酬及び費用の基準（法第65条第４項第６号関係）
　(7)　被害回復関係業務以外の業務（法第65条第４項第７号及び第88条並びに消費者契約法第29条第１項関係）
　(8)　業務規程の記載事項（法第65条第４項第２号及び第５項関係）
３．有効期間の更新、合併の認可及び事業の譲渡の認可（法第69条第２項、第71条第３項及び第72条第３項関係）
４．被害回復関係業務等
　(1)　簡易確定手続申立団体による通知（法第25条関係）
　(2)　簡易確定手続申立団体による公告等（法第26条関係）
　(3)　情報開示義務（法第28条関係）
　(4)　説明義務（法第32条関係）
　(5)　授権契約の拒絶及び解除（法第33条並びに第53条第４項及び第５項関係）
　(6)　特定適格消費者団体の責務（法第75条第２項関係）
　(7)　他の特定適格消費者団体への通知及び内閣総理大臣への報告（法第78条関係）
　(8)　財産上の利益の受領の禁止等（法第83条関係）
　(9)　区分経理（法第84条関係）
５．監督
　(1)　帳簿書類（消費者契約法第30条関係）

【資料】 特定適格消費者団体の認定、監督等に関するガイドライン

(2) 財務諸表等（消費者契約法第31条関係）
(3) 不利益処分等（法第85条、第86条及び第88条並びに消費者契約法第32条関係）
(4) 報酬及び費用等についての監督
(5) 手続を受け継ぐべき特定適格消費者団体の指定等（法第87条関係）

1．目的
　　このガイドラインは、消費者の財産的被害の集団的な回復のための民事の裁判手続の特例に関する法律（平成25年法律第96号。以下「法」という。）、消費者の財産的被害の集団的な回復のための民事の裁判手続の特例に関する法律施行規則（平成27年内閣府令第62号。以下「規則」という。）に基づく申請に対する審査並びに特定適格消費者団体に対する監督及び不利益処分の基準等を明らかにすることにより、法及び規則を適切に実施し、特定適格消費者団体の業務の適正を図ることを目的とするものである。
　　なお、具体的案件における審査並びに監督及び不利益処分に関する判断は、法令に照らし、個々の案件ごとになされるものとし、このガイドラインにおいて使用する用語は、法、規則、消費者契約法（平成12年法律第61号）及び消費者契約法施行規則（平成19年内閣府令第17号）において使用する用語の例による。

2．特定適格消費者団体の認定
　　特定適格消費者団体の認定については、法第65条第4項から第6項までに基準が掲げられているが、審査に当たり特に留意すべき点は以下のとおりである。なお、申請者が認定の要件（法、規則及び以下の審査の基準）を満たすかどうかについては、申請書類に基づく審査とともに、必要に応じ、申請者に対し追加して書類の提出を求めるほか、申請者の役職員や情報提供者に対する事情聴取、実地の調査等を行い、個別具体的に判断するものとする。
(1) 活動実績（法第65条第4項第1号関係）
　ア　活動実績の評価の対象となる活動
　　　　活動実績の評価の対象となる活動は「差止請求関係業務」であり、裁判上又は裁判外の差止請求権の行使が行われている場合に活動実績として評価する。なお、差止請求関係業務は、差止請求権を行使する業務のほか、消費者被害に関する情報収集に係る業務及び差止請求権の行使の結果に関する情報の提供に係る業務を含むものであるから（消費者契約法第13条第1項）、これらの業務が行われていることも必要である。
　イ　相当期間
　　　　法第65条第4項第1号に規定する「相当期間」は、原則として2年以上の期間を必要とする。もっとも、この要件を満たしているか否かの判断は、差

【資料】 特定適格消費者団体の認定、監督等に関するガイドライン

　　　止請求関係業務に係る活動の頻度を始め、被害回復関係業務を遂行するための体制の整備や専門的知識・経験の有無、経理的基礎など他の要件の充実度等を総合的に考慮するものとする。
　ウ　継続性
　　　差止請求関係業務を「継続して」行っているか否かは、上記イの期間において収集した消費者被害に関する情報の量、消費者契約法第13条第3項第5号の検討を行う部門での検討の内容、事業者に対する差止請求権の行使の件数、差止請求権の行使の結果に関する情報提供の量及び内容などを総合的に考慮するものとする。
　エ　適正性
　　　差止請求関係業務を「適正に」行っているとは、法令にのっとり、合理的な根拠に基づき消費者の利益の擁護のために真摯に活動していることをいう。差止請求関係業務を「適正に」行っているか否かは、以下の事実などを総合的に考慮するものとする。
　　①　上記イの期間における差止請求関係業務に関する活動内容
　　②　事業年度ごとに提出される財務諸表等の内容
　　③　消費者契約法第32条第1項の規定に基づく報告徴収若しくは立入検査又は同法第33条の規定に基づく適合命令若しくは改善命令が行われた場合には、これらの措置の内容及び当該措置に対する対応
　　　なお、消費者契約法第23条第1項は「適格消費者団体は、不特定かつ多数の消費者の利益のために、差止請求権を適切に行使しなければならない。」と、同条第2項は「適格消費者団体は、差止請求権を濫用してはならない。」と規定しており、これらの規定を踏まえると、実績作りのためのつじつま合わせのために合理的な根拠もなく差止請求関係業務を行っている場合は、差止請求関係業務を「適正に」行っているものと評価しない。
　オ　申請書の添付書類
　　　法第66条第2項第2号の「差止請求関係業務を相当期間にわたり継続して適正に行っていることを証する書類」としては、上記イの期間における①不特定かつ多数の消費者の利益のために差止請求権を行使する業務、②消費者の被害に関する情報の収集に係る業務、③差止請求権の行使の結果に関する情報の提供に係る業務のそれぞれの概要を記載した書類とともに、それらの書類の記載内容が真実であることを証する書類（例えば、代表者がそれらの書類の記載内容を確認し、真実であることを認めて署名又は記名押印した書面など）を提出しなければならないこととする。
　　　上記①の業務の概要は、事案ごとにその内容（例えば、時期、事業者の氏名又は名称、事業者の営む事業の業種、行使した差止請求権の内容、事業者の対応状況など）を整理して記載しなければならないこととする。また、申

請者は、上記①ないし③の業務の概要を記載した書類が真実であることを担保するために、裏付けとなる資料を保存しなければならないこととする。
(2) 体制及び業務規程（法第65条第4項第2号関係）
　ア　被害回復関係業務の実施に係る組織
　　法第65条第4項第2号に規定する「被害回復関係業務を適正に遂行するための体制…が適切に整備されていること」とは、第一に、申請者の実態として、①被害回復関係業務の遂行に関し、消費者被害に係る情報の収集から分析・検討を経て被害回復裁判手続を追行し、消費者被害の回復に至るまでの一連の業務を適正に遂行できるよう、特定適格消費者団体に具体的な機関又は部門その他の組織が設置され、当該組織の運営（事務分掌、権限及び責任等）について定款又は業務規程において明確に定められていること、②当該組織の事務の遂行に従事する役職員や専門委員等の選任及び解任の基準及び方法が定款又は業務規程において適切に定められていること並びに③被害回復関係業務の規模、内容等に応じ、業務の適正な遂行に必要な人員（役職員や専門委員等）がこれらの組織に必要な数だけ配置されていることをいう。
　　組織及び人員としては、理事会及び理事、法第65条第4項第4号の検討を行う部門（以下「検討部門」という。）及び専門委員、職員並びに監事のほか、消費者被害の情報を収集する部門及び被害回復裁判手続に関する業務に付随する対象消費者に対する情報の提供部門並びにこれらの部門に配置される人員が想定される。なお、上記の「必要な数」については、申請者の実施しようとする被害回復関係業務の規模や業務の実施の方法（その内容や手段等）、当該人員の勤務形態（常勤か非常勤か）などによって異なるものであり、審査に当たっては、これらの点を総合して個別に判断するものとする。
　　第二に、被害回復関係業務に係る事務処理を行うために必要な事務所等の施設、物品等が、申請内容（被害回復関係業務に関する業務計画書や業務規程の内容等）に整合するよう、被害回復関係業務の規模、内容等に応じ、確保されている必要がある。ただし、恒常的に多数の消費者から授権を受けている状況において必要とされる体制を確保していることは必要ないものの、最低限、理事会、検討部門及び消費者被害の情報を収集する部門の運営に必要な体制が確保されている必要がある。なお、被害回復関係業務に係る事務処理を行うために必要な施設、物品等は、被害回復関係業務を適切に遂行できる限りにおいては、差止請求関係業務その他の業務に係る事務処理を行うために必要な施設、物品等と共用であっても差し支えない。
　イ　情報提供業務の実施の方法
　　法第65条第4項第2号は、「被害回復関係業務を適正に遂行するための体制」の例示として「被害回復関係業務の実施の方法」を挙げている。被害回復関係業務には対象消費者に対する情報の提供に係る業務も含まれるため

【資料】 特定適格消費者団体の認定、監督等に関するガイドライン

（法第65条第2項第3号）、特定適格消費者団体は当該業務を適正に遂行するための体制を適切に整備する必要があるところ、そのためには、少なくとも以下の体制を整備する必要がある。
① 法第82条の規定に基づき対象消費者に対し必要な情報を提供する場合において、提供しようとする情報の内容、被害を受けたと考えられる消費者の範囲、被害金額の多寡、今後の被害拡大のおそれ、当該事業者の対応状況、被害を与えたと考える根拠、被害を与えたと公表されることにより事業者に与える影響などが総合的に考慮されていること。
② 提供する情報が、対象消費者の誤解を招かないように分かりやすく、かつ、正確なものであること。
③ 特定適格消費者団体が提供した情報に関し、事業者から合理的な根拠を示して訂正の申入れがあった場合には、訂正その他の適切な対応をすること。
④ 特定適格消費者団体のウェブサイトに掲載する方法で情報の提供を行う場合は、手続の進行状況、当該事業者又は他の事業者が今後も同種の被害を発生させる可能性があるか否かなどを総合的に考慮した掲載の必要性を踏まえ、掲載を終了又は掲載内容を変更（事業者名の匿名化）する基準についても定められていること。
ウ 被害回復関係業務に関して知り得た情報の管理及び秘密の保持の方法
(ｱ) 情報の管理
　　法第65条第4項第2号は、「被害回復関係業務を適正に遂行するための体制」の例示として「被害回復関係業務に関して知り得た情報の管理…の方法」を挙げており、特定適格消費者団体は、適正な情報の管理に関する適正な体制を適切に整備する必要がある。
　　また、特定適格消費者団体は、情報が不要になった場合には廃棄することを条件に情報の提供を受けることがあり得るため、当該情報が記載された書類その他の物の廃棄及び返還の方法、当該情報が記録された電子媒体から当該情報を消去する方法など、適切に情報を廃棄するための方法を定める必要がある。
(ｲ) 個人情報の取扱い
　　法第65条第4項第2号に規定する「情報」には個人情報も含まれるため、特定適格消費者団体は、法第79条の規定に従って個人情報を取り扱うことのほか、個人情報の保護に関する法律（平成15年法律第57号）に定める内容に適合した体制を整備することが必要である。
　　また、法第28条又は第29条の規定に基づき相手方から提供された消費者に関する情報が漏えいした場合には、遅滞なく当該相手方にも報告する必要がある。

(ｳ)　秘密保持義務

　　法第65条第4項第2号は、「被害回復関係業務を適正に遂行するための体制」の例示として「被害回復関係業務に関して知り得た…秘密の保持の方法」を挙げており、また、法第80条は、特定適格消費者団体の役員、職員若しくは専門委員又はこれらの職にあった者に対し秘密保持義務を課しているため、特定適格消費者団体は、秘密の保持に関する適正な体制を適切に整備する必要がある。

エ　金銭その他の財産の管理の方法

　　法第65条第4項第2号は、「被害回復関係業務を適正に遂行するための体制」の例示として「被害回復関係業務の実施に関する金銭その他の財産の管理の方法」を挙げており、特定適格消費者団体は、金銭その他の財産の管理に関する適正な体制を適切に整備する必要があるところ、そのためには、以下の要件を満たす必要がある。

　(ｱ)　預り金の目的外使用の禁止

　　特定適格消費者団体は、預り金をその目的以外に使用してはならない。

　(ｲ)　預り金専用口座の開設

　　預り金を適正に管理し、特定適格消費者団体の他の財産との混同を避けるために、預り金は、固有の財産と分別管理され、特定性をもって保管される必要がある。特定適格消費者団体は、預り金については、やむを得ない事情のない限り、事案ごとの預り金専用の口座を開設し、その名義は預り金であることが明瞭に分かるようにする必要がある。

　(ｳ)　現金の保管

　　特定適格消費者団体は、必要と認められる金銭を一時的に現金で保管する場合は、預り金専用の金庫で保管すること又は預り金専用の金庫以外の金庫で保管するときは預り金専用の収納袋で保管することが必要である。

　(ｴ)　対象消費者宛ての金銭を受領した場合の措置

　　特定適格消費者団体は、対象消費者宛ての金銭を受領した場合は、遅滞なく、その旨を当該対象消費者に通知する必要がある。もっとも、授権契約を締結する場合等において、対象消費者の了解を得ているときは、一定期間ごとにまとめて通知をすることも差し支えない。

　(ｵ)　入出金記録及び出納記録

　　特定適格消費者団体は、事案ごとに、預り金と預り金以外の金員とを区別して、それぞれ預金口座の入出金記録及び現金の出納記録を作成し、入出金又は出納の年月日、金額、支払先又は支払元及び名目を記録する必要がある。

　(ｶ)　金銭管理責任者の設置

　　特定適格消費者団体は、金銭管理責任者を置く必要がある。この金銭管

【資料】　特定適格消費者団体の認定、監督等に関するガイドライン

　　　　　　理責任者は、公認会計士、税理士、破産管財人等の実務に精通した弁護士、
　　　　　企業会計に従事した経歴がある者など金銭管理を適切にすることができる
　　　　　者が任命される必要がある。
　　　　㈭　業務規程における整備
　　　　　　特定適格消費者団体は、金銭管理に関する事項を業務規程において整備
　　　　　する必要がある。
　　　　　　なお、業務規程に記載する必要がある金銭管理に関する事項の内容につ
　　　　　いては下記(8)スに記載する。
　　オ　業務委託
　　　　特定適格消費者団体は、被害回復関係業務を遂行するに際して、その業務
　　　の一部を、第三者に委託することもあり得る。特定適格消費者団体は「被害
　　　回復関係業務を適正に遂行するための体制」（法第65条第4項第2号）を適
　　　切に整備する必要があることから、特定適格消費者団体が第三者に被害回復
　　　関係業務の一部を委託する場合は、以下の要件を満たす必要がある。なお、
　　　外部の人物又は組織に業務の一部を委託しても直ちに業務の適正性が損なわ
　　　れることのない裁量の余地の乏しい業務（例えば、郵便の送付など）や、被
　　　害回復関係業務の一部には該当しうるが被害回復裁判手続との関連性が乏し
　　　い業務（例えば、消費者からの情報提供を常時受け付けることができる特定
　　　適格消費者団体のウェブサイトの改修など）は、以下の要件を満たす必要は
　　　ない。
　　　　また、個々の委託先との関係が以下の要件を満たしていたとしても、法が
　　　特定適格消費者団体に限って被害回復関係業務を遂行することを認めた趣旨
　　　からすると、被害回復関係業務の大半を第三者に委託するような業務委託は
　　　許されない。被害回復関係業務の大半が第三者に業務委託されているか否か
　　　は、特定適格消費者団体が自ら行った業務の内容と委託を受けた第三者が行
　　　った業務の内容の比較、委託に要する費用が当該事案に関する被害回復関係
　　　業務全体に要する費用に占める割合などを総合的に考慮して判断するものと
　　　する。
　　　⒜　特定適格消費者団体と委託先との契約において、次の条項が盛り込まれ
　　　　ていること。
　　　　①　委託先は、特定適格消費者団体の方針に従って、委託に係る業務を遂
　　　　　行しなければならないこと。
　　　　②　委託先は、特定適格消費者団体に対し、定期的に及びその求めに応じ、
　　　　　委託に係る業務の遂行状況について報告する義務を負うこと。
　　　　③　特定適格消費者団体は、委託先の業務遂行が不適正な場合には、委託
　　　　　先に対して是正を求め、契約を解除することができること。
　　　　④　委託先が受託した業務（裁量の余地が乏しいもの及び被害回復裁判手

続との関連性が乏しいものを除く。）を自らの代わりに第三者に委託すること（以下「再委託」という。）に関して、受託した業務の大半を再委託することが禁止されていること（大半か否かは、委託先が自ら行った業務の内容と再委託先が行った業務の内容の比較、再委託に要する費用が当該委託先に委託するために要する費用に占める割合などを総合的に考慮して判断するものとする。）。
⑤ 委託先が再委託をする場合には、事前に、再委託する範囲を示して特定適格消費者団体の了解を得る必要があること。
⑥ 再委託先は、特定適格消費者団体の方針に従って再委託に係る業務を遂行しなければならず、特定適格消費者団体の求めに応じ再委託に係る業務の遂行状況について特定適格消費者団体に対し報告する義務を負い、委託先は、再委託先の業務遂行が不適正な場合には再委託先に対して是正を求め、再委託に係る契約を解除することができること。
(b) 委託に要する費用は、それが適正であることが確認できるよう、特定適格消費者団体が委託先から詳細な開示を受け、事業報告書に記載して内閣総理大臣に提出すること（消費者契約法第31条第6項）。

なお、内閣総理大臣は、提出を受けて公表する必要がある（消費者契約法第39条第2項及び消費者契約法施行規則第29条第2号イ）が、業務委託に係る報酬の額が記載されている場合において、その額を公表することにより委託先の業務の遂行に支障を生ずるおそれのあるときにあっては、当該委託先の氏名又は名称を除いたものをもって足りるものとする（同条ただし書）。
(c) 業務委託をするに際しては、法第65条第4項第3号イ(2)に規定する「被害回復関係業務の執行に係る重要な事項の決定」として理事会の決議を経ること。
(d) 特定適格消費者団体はその委託先を選定した合理的な理由を説明できなければならないこと。

なお、以上の要件を満たす必要があるのは、特定適格消費者団体が自らの業務として行うのではなく他の者に業務を委託する場合であり、例えば、特定適格消費者団体が、対象消費者からの問合せに対応するために自ら専用電話を開設し、その対応要員として臨時に雇用をするような場合は含まれないが、特定適格消費者団体が、対象消費者からの問合せが極めて多数行われると想定されることから臨時のコールセンターの設置を専門業者に委託するような場合は含まれる。

カ 業務規程
法第65条第4項第2号に規定する「業務規程が適切に整備されていること」とは、下記(8)に列挙されている事項が、漏れなく、かつ、適切な内容で

【資料】 特定適格消費者団体の認定、監督等に関するガイドライン

具体的に規定されていることをいう。
　なお、業務規程には、被害回復関係業務の遂行に係る事項をまとめて記載する必要があるが、定款や事務分掌規程等申請者の定めるその他の関連する規程等を必要に応じ引用する方式で記載して差し支えない。
キ　申請書の添付書類
　法第66条第2項第4号に規定する「被害回復関係業務を適正に遂行するための体制が整備されていることを証する書類」とは、上記アからオまでに記載された体制が整備されていることを示すものをいい、例えば、次のようなものが該当する。なお、①の「必要な人員が必要な数だけ配置されている」か否か及び②の「必要な事務所等の施設、物品等が確保されている」か否かについては、被害回復関係業務に関する業務計画書（法第66条第2項第3号）、業務規程（同項第5号）に記載された被害回復関係業務の実施の方法等に照らしながら、判断するものとする。
①　被害回復関係業務を行う機関又は部門その他の組織が設置され、必要な人員が必要な数だけ配置されていることを示す組織図等にその記載内容が真実であることを証する書類（例えば、代表者がそれらの書類の記載内容を確認し、真実であることを認めて署名又は記名押印した書面など）を添付したもの
②　被害回復関係業務に係る事務処理を行うために必要な事務所等の施設、物品等が確保されていることを証する書類（事務所の使用権限を明らかにする賃貸借契約書又は使用許諾に関する書面等の図書、使用区域に関する図面等）
　法第66条第2項第5号に規定する「業務規程」については、定款や事務分掌規程等申請者の定めるその他の関連する規程等を必要に応じ引用する方式を用いた場合には、業務規程及びこれに引用された関連する規程等を添付するものとする。
(3)　理事及び理事会（法第65条第4項第3号関係）
ア　被害回復関係業務の執行に係る重要な事項の決定
　法第65条第4項第3号イ(2)に規定する「被害回復関係業務の執行に係る重要な事項の決定」とは、以下の場合についての決定をいう。
①　仮差押命令の申立て又はその取下げを行う場合
②　共通義務確認の訴えの提起又はその取下げを行う場合
③　共通義務確認訴訟に関し、請求の放棄、和解等それにより確定判決及びこれと同一の効力を有するものが存することとなるものをしようとする場合
④　共通義務確認訴訟の判決に対する上訴又はその取下げを行う場合
⑤　共通義務確認訴訟の確定判決に対する再審の訴えの提起又はその取下げ

【資料】 特定適格消費者団体の認定、監督等に関するガイドライン

　　　を行う場合
　⑥　簡易確定手続開始の申立て又はその取下げを行う場合
　⑦　法第28条第１項に規定する文書の開示を求める場合
　⑧　業務規程に定められた具体的な理由以外の理由により、簡易確定手続授権契約若しくは訴訟授権契約の締結を拒絶し、又はこれらの契約の解除をする場合
　⑨　裁量の余地が乏しい業務及び被害回復裁判手続との関連性が乏しい業務以外の被害回復関係業務の一部を第三者に委託する場合
　　法第65条第４項第３号イ(2)に規定する「理事その他の者に委任されていないこと」については、特定の理事に委任する場合のほか、いわゆる常任理事会など一部の理事によって構成される機関又は部門その他の組織に委任する場合であっても、「委任」に該当する。
　イ　申請書の添付書類
　　規則第10条第２項第２号に規定する「法第六十五条第四項第三号ロに定める要件に適合することを証する書類」には、例えば、理事である弁護士に係る日本弁護士連合会の発行する身分証明書の写し又は所属する弁護士会の発行する資格証明書が該当する。
(4)　被害回復関係業務を適正に遂行することができる専門的な知識経験（法第65条第４項第４号関係）
　ア　検討部門
　　法第65条第４項第４号の検討部門については、消費者契約法第13条第３項第５号イ及びロに掲げる専門委員が随時検討に参画することが確保されている必要があるが、特定適格消費者団体に雇用されているなど、特定適格消費者団体に常駐していることまで求められるものではない。
　　また、消費者契約法第13条第３項第５号の検討を行う部門とは別に組織されていることが必要であるが、専門委員が、差止請求関係業務に係る検討を行う部門と兼務することや、差止請求関係業務に係る検討を行う部門との会議を同時に開催することは、差し支えない。
　イ　専門的な知識経験
　　法第65条第４項第４号に規定する「被害回復関係業務を適正に遂行することができる専門的な知識経験を有する」か否かは、上記(2)キ①に示す組織図等を踏まえ、個々の役職員ではなく、被害回復関係業務を遂行するための人的体制に照らして専門的な知識経験を有するかどうかを総合的に判断するものとする。
　　また、被害回復関係業務は、被害回復裁判手続に関する業務、被害回復裁判手続に関する業務の遂行に必要な消費者の被害に関する情報の収集に係る業務、被害回復裁判手続に関する業務に付随する対象消費者に対する情報の

【資料】 特定適格消費者団体の認定、監督等に関するガイドライン

提供及び金銭その他の財産の管理に係る業務を含むものであるから（法第65条第２項）、これらの業務においてそれぞれ業務を適正に遂行することができる専門的な知識経験を有すると認められる必要がある。
　ウ　申請書の添付書類
　　規則第10条第２項第３号に規定する「専門委員が消費者契約法施行規則（平成十九年内閣府令第十七号）第四条及び第五条に定める要件に適合することを証する書類」のうち、同規則第４条第１号及び第２号に関する書類としては、例えば、①これらの号に掲げる資格を取得したことを証する書面の写し、②従事した消費生活相談に応ずる業務の内容、勤務先及び期間について記載した勤務先の作成に係る書面又は業務の内容等について具体的に記載し内容が真実であることを認めて署名若しくは記名押印した書面が該当し、同条第３号に関する書類としては、例えば、消費生活相談に応ずる業務以外に消費者の利益の擁護に関する業務に従事してきたことについて具体的に記載し内容が真実であることを認めて署名又は記名押印した書面が該当する。
　　消費者契約法施行規則第５条第１号に関する書類としては、例えば、日本弁護士連合会の発行する身分証明書の写し又は弁護士の所属する弁護士会が発行する資格証明書、同条第２号に関する書類としては、例えば、司法書士の所属する司法書士会の発行する資格証明書、同条第３号に関する書類としては、例えば、教授、准教授、助教又は講師（非常勤の者を除く。）の職にある者については大学が作成する在職証明書、同条第４号に関する書類としては、例えば、裁判官又は検察官であったことについて具体的に記載し内容が真実であることを認めて署名又は記名押印した書面が該当する。
(5)　経理的基礎（法第65条第４項第５号関係）
　ア　意義
　　法第65条第４項第５号に規定する「被害回復関係業務を適正に遂行するに足りる経理的基礎を有すること」とは、特定適格消費者団体が被害回復関係業務を安定的かつ継続的に行うに足りる財政基盤を有していることをいい、一定額以上の基本財産を自ら保有している場合に限られるものではない。
　　この「経理的基礎を有する」か否かの判断に当たっては、申請者の規模、想定している被害回復裁判手続の件数など計画している被害回復関係業務の内容、継続的なボランティアの参画状況、被害回復関係業務及び差止請求関係業務以外の業務による収入の見込み、約されている寄附の状況、情報機器の利用や他の特定適格消費者団体との連携体制の構築による効率的な業務運営の見込み、差止請求関係業務の実施の状況、予想外の事態により活動資金が途絶えそうな場合に備えた資金確保の方法等を踏まえ、総合的に考慮するものとする。
　　なお、既に債務超過状態に陥っている場合は、債務超過の額、債務の支払

【資料】 特定適格消費者団体の認定、監督等に関するガイドライン

期限、債務超過状態に陥った原因、債務超過状態を解消する見込み等も踏まえて、特定適格消費者団体が被害回復関係業務を安定的かつ継続的に行うに足りる財政基盤を有しているか否かを判断するものとする。債務超過状態に陥ることが確実に予見される場合も、同様とする。

イ 申請書の添付書類

法第66条第２項第７号に規定する「最近の事業年度における財産目録、貸借対照表、収支計算書その他の経理的基礎を有することを証する書類」とは、①特定認定の申請の日の属する事業年度の直前の事業年度における財産目録、貸借対照表及び収支計算書若しくは損益計算書又はこれらに準ずるもの並びに②特定認定の有効期間（当該特定認定の日から起算して３年。ただし、当該特定認定の日における当該特定認定に係る消費者契約法第13条第１項の認定の有効期間の残存期間が３年より短いときは残存期間と同一の期間とし、残存期間が３年より長いときは残存期間から３年を控除した期間）の満了の日の属する事業年度までにおける収支（会費、寄附金、差止請求関係業務及び被害回復関係業務以外の業務による収入、借入金等の収入並びに役員又は専門委員の報酬、職員の賃金、弁護士報酬、事務所の賃料等の支出）の見込みとその算出根拠を具体的に記載した書類とする。

なお、収支見込み等は、差止請求関係業務及び被害回復関係業務に関する業務計画書（消費者契約法第14条第２項第３号及び法第66条第２項第３号）並びに差止請求関係業務及び被害回復関係業務以外の業務を行う場合におけるその業務の種類及び概要を記載した書類（消費者契約法第14条第２項第10号及び法第66条第２項第10号）と整合性が図られている必要がある。

(6) 報酬及び費用の基準（法第65条第４項第６号関係）

法第65条第４項第６号に規定する「被害回復関係業務に関して支払を受ける報酬又は費用がある場合には、その額又は算定方法、支払方法その他必要な事項を定めており、これが消費者の利益の擁護の見地から不当なものでないこと」とは、特定適格消費者団体の報酬及び費用について、以下の考え方にのっとった基準が定められている場合をいう。

ア 基本的な報酬及び費用に関する考え方

被害回復関係業務に関する報酬及び費用は、手続に参加した対象消費者が負担すべきものである。もっとも、被害回復関係業務が消費者の利益を擁護するためのものであることに鑑みると、特定適格消費者団体が、報酬及び費用を控除した消費者の実際の取戻額をできる限り多くするよう、業務を適正に実施するとともに業務を効率化させることが必要であることに留意する必要がある。また、消費者被害の多くは少額事件であり、特定適格消費者団体が少額事件に対して積極的に取り組む必要があることにも、併せて留意する必要がある。

【資料】 特定適格消費者団体の認定、監督等に関するガイドライン

　　被害回復関係業務は、共通義務確認訴訟を経て、簡易確定手続に至り、場合によっては異議後の訴訟に移行し、また、必要があれば証拠保全手続や民事執行手続が行われることになる。対象消費者は、簡易確定手続において簡易確定手続申立団体に授権をし、被害回復裁判手続に参加することになるが、全ての対象消費者が異議後の訴訟に至り、証拠保全手続又は民事執行手続が行われるわけではないことに鑑みると、段階に応じて報酬及び費用の基準を定めることが合理的であり、全ての対象消費者に共通する報酬及び費用の考え方を、全ての対象消費者が手続に参加することになる簡易確定手続に関する報酬及び費用の基準の考え方として定め、異議後の訴訟、証拠保全手続又は民事執行手続を行うことになる対象消費者については、別途、追加して支払を求めることができる報酬及び費用の基準についての考え方を定めることとする。[1]

　　なお、(6)における金額又は割合は全て本体価格についてのものであり、消費税を含まない。

　イ　簡易確定手続に関する報酬及び費用の基準の考え方
　　(ｱ)　手続参加のための費用負担
　　　(a)　特定適格消費者団体が債権届出までに要した費用（共通義務確認訴訟に要した弁護士費用、通知に要する郵送費、説明会開催などのために授権に要する費用、債権届出に要する印紙代、これらの手続に要する労務費などを含む。）は、裁判手続を容易に利用することができることになるという便益を手続に参加する対象消費者の全員が享受すること及び特定適格消費者団体が原則として授権を拒絶できないことに鑑みると、手続参加のための費用として、授権をした対象消費者の全員で負担すべきことになる。

　　　　もっとも、債権届出までに要した費用の全額について授権をした対象消費者の負担とすると、個々の対象消費者の回収額が少額な事件や授権をした対象消費者が少ない事件においては、対象消費者の負担が重くなり、場合によっては授権をする対象消費者がいなくなることがあり得る。特定適格消費者団体は、業務を効率化させて債権届出までに要する費用を低減させるよう努めるとともに、要する費用の額の見込み、個々の対

---

[1] 特定適格消費者団体の認定・監督に関する指針等検討会報告書「特定適格消費者団体の認定、監督に関する指針等について」（平成27年4月公表）において、特定適格消費者団体の報酬及び費用について、「本制度は前例のない制度であるから、現時点において、被害回復関係業務に要する費用・負担は不明確である。そこで、本報告書における消費者の取戻分の割合（回収額の過半（50％超））は、実際の費用・負担を踏まえ、消費者の利益の擁護の見地から不当ではないかしかるべき時期に検証を行い、改めて検討すべきである。」と指摘されていることに留意する必要がある。

【資料】 特定適格消費者団体の認定、監督等に関するガイドライン

象消費者の債権届出の額、授権を受ける対象消費者の数の見込み、回収できる金額の見込み、事案の難易などを総合的に考慮して、対象消費者の納得が得られるよう、適切な範囲で債権届出までに要した費用を、授権をした対象消費者に対し支払を求めることができる。

(b) また、特定適格消費者団体が対象消費者に負担を求める報酬及び費用は、被害回復関係業務が消費者の利益の擁護を図るものであることからすると、消費者に納得が得られるものであることが必要である。そのため、特定適格消費者団体は、負担を求める報酬及び費用について、事前及び精算時に対象消費者に十分に説明する必要がある。

具体的には、法第25条第1項の規定による通知及び法第32条の規定による説明等において、
① 債権届出までに要する費用の見込み及びその内訳
② 授権をする対象消費者の数の見込み
③ 個々の対象消費者に負担を求める手続参加のための費用の金額を明示し、併せて、
④ 回収できる金額の見込み
⑤ 回収があった場合の報酬及び費用の額又は算定方法並びにそれらの考え方
⑥ 回収額がゼロとなっても手続参加のための費用は返還されないものの、他方で追加負担は生じないこと
を説明することが必要である。

(c) 授権をした対象消費者の数が見込みと異なっていた場合は、以下のとおりにする必要がある。
(ⅰ) 授権をした対象消費者の数が見込みよりも少なかった場合
この場合に、授権をした対象消費者に対し追加の負担を求めることは、当該対象消費者の予期に反する。したがって、特定適格消費者団体は、授権をした対象消費者に追加の負担を求めることは許されない。
(ⅱ) 授権をした対象消費者の数が見込みよりも多かった場合
手続参加のための費用は、債権届出までに要した費用を上限として対象消費者に負担を求めることができるものであるから、授権をした対象消費者の数が見込みよりも多く、債権届出までに要した費用を上回って手続参加のための費用を徴収することになった場合は、その上回った額については、授権をした対象消費者に返金する必要がある。もっとも、返金するための費用が返金する金額を上回る場合は、返金する必要はない。返金する場合であっても、授権契約に定めることにより、債権届出より後の報酬及び費用の負担の精算時まで返金を猶予することは差し支えない。

【資料】　特定適格消費者団体の認定、監督等に関するガイドライン

　　　(d)　手続参加のための費用は、債権届出までに要した費用を上限とするものであるが、対象消費者に対して法第25条第1項の規定により通知し、又は法第32条の規定により説明する時点ではその費用の額は確定せず、その見込み額を通知又は説明せざるを得ないところ、その見込み額と、現実に債権届出までに要した費用との間に齟齬が生じ得る。このような場合は、以下のとおりにする必要がある。
　　　　(i)　通知又は説明した債権届出までに要する費用の見込みが現実に債権届出までに要した費用よりも少なかった場合
　　　　　この場合に、授権をした対象消費者に対し追加の負担を求めることは、当該対象消費者の予期に反する。したがって、特定適格消費者団体は、授権をした対象消費者に追加の負担を求めることは許されない。
　　　　(ii)　通知又は説明した債権届出までに要する費用の見込みが現実に債権届出までに要した費用よりも多かった場合
　　　　　手続参加のための費用は、債権届出までに要した費用を上限として対象消費者に負担を求めることができるものであるから、通知又は説明した債権届出までに要する費用の見込みが現実に債権届出までに要した費用よりも多く、債権届出までに要した費用を上回って手続参加のための費用を徴収することになった場合は、その上回った額については、授権をした対象消費者に返金する必要がある。もっとも、返金するための費用が返金する金額を上回る場合は、返金する必要はない。返金する場合であっても、授権契約に定めることにより、債権届出より後の報酬及び費用の負担の精算時まで返金を猶予することは差し支えない。
　　(イ)　債権届出より後の手続に関する報酬及び費用
　　　債権届出より後の手続に関する報酬及び費用は、個々の対象消費者の対象債権が回収された場合には、当該回収のあった対象消費者が負担することになる。もっとも、被害回復関係業務が消費者の利益の擁護を図るものであることに鑑みると、少なくとも回収額の50％超は消費者の取戻分とする必要がある。
　　　ただし、特定適格消費者団体は、個々の対象消費者の回収額、授権をした対象消費者の数、個々の対象消費者が負担した手続参加のための費用、事案の難易、被害回復関係業務に要する労力などを総合的に考慮し、事案に応じて適切に対象消費者の取戻分の割合を設定する必要がある。
　　　具体的には、個々の対象消費者の回収額が少額な事件と多額な事件とでは回収額に正比例して労力が増すわけではないために、回収額が多額な事件においては、相対的に対象消費者の取戻分を増加させることが可能になる。授権をした対象消費者が多い事件においては、共通する費用を負担す

【資料】 特定適格消費者団体の認定、監督等に関するガイドライン

ることになる対象消費者が多くなり、その範囲では対象消費者の取戻分を増加させることが可能になる。こうしたことから、特定適格消費者団体は、常に回収額の半分（50％）に近い額を報酬及び費用として対象消費者に負担を求めることは適切ではなく、個々の対象消費者の回収額が多額になる、又は手続に参加する対象消費者が多くなるに従って、対象消費者の取戻分を増加させることが必要である。

　また、特定適格消費者団体は、負担を求める報酬及び費用について、事前及び精算時に対象消費者に十分に説明する必要がある。この観点から、特定適格消費者団体は、対象消費者との精算に際しては、負担を求める報酬及び費用の額並びにその根拠を説明することが必要である。

(ｳ)　特定適格消費者団体の備え

　特定適格消費者団体は、報酬及び費用を回収できない場合があるため、被害回復関係業務全体の運営の中で、このような事態に備える必要があり、他の事案の報酬として得た額を報酬及び費用を回収できない場合に充てることは差し支えない。

ウ　異議後の訴訟等に関する報酬及び費用の基準の考え方

　異議後の訴訟、証拠保全手続又は民事執行手続に関して、追加して対象消費者に支払を求めることができる報酬及び費用の基準は、以下のとおりとする。

(ｱ)　異議後の訴訟

　(a)　報酬

　　回収金額の10％を上限とする。ただし、回収金額が3000万円を超えるときは、その超える部分については6％を上限とする。

　　異議後の訴訟の結果にかかわらず、13万円までは対象消費者に支払を求めることができる。また、異議後の訴訟において着手金の支払を求める場合は13万円を上限とする。

　(b)　費用

　　弁護士費用以外の費用は全額を対象消費者に支払を求めることができる。

(ｲ)　民事執行手続

　(a)　報酬

　　異議後の訴訟の上限（回収金額の10％。ただし、回収金額が3000万円を超えるときは、当該超える部分については6％。）を上限とする。

　　民事執行手続の結果にかかわらず、7万円までは対象消費者に支払を求めることができる。また、民事執行手続において着手金の支払を求める場合は7万円を上限とする。

　(b)　費用

【資料】 特定適格消費者団体の認定、監督等に関するガイドライン

　　　　　　　　弁護士費用以外の費用は全額を対象消費者に支払を求めることができる。
　　　　(ｳ)　証拠保全手続
　　　　　(a)　報酬
　　　　　　　証拠保全手続の結果にかかわらず、8万円まで対象消費者に支払を求めることができる。また、証拠保全手続において着手金の支払を求める場合は8万円を上限とする。
　　　　　(b)　費用
　　　　　　　弁護士費用以外の費用は全額を対象消費者に支払を求めることができる。
　　エ　申請書の添付書類
　　　　法第66条第2項第8号に規定する「被害回復関係業務に関して支払を受ける報酬又は費用がある場合には、その額又は算定方法、支払方法その他必要な事項を記載した書類」とは、業務規程に定める必要がある「報酬及び費用に関する事項」の該当部分をいい、当該部分が上記イ及びウに合致している必要がある。
(7)　被害回復関係業務以外の業務（法第65条第4項第7号及び第88条並びに消費者契約法第29条第1項関係）
　　ア　「支障を及ぼすおそれ」
　　　　法第65条第4項第7号に規定する「被害回復関係業務以外の業務を行うことによって被害回復関係業務の適正な遂行に支障を及ぼすおそれがないこと」とは、特定適格消費者団体の業務体制において、被害回復関係業務以外の業務（差止請求関係業務も含む。）に人員や経費を過度に集中させることにより、適正に被害回復関係業務を遂行することができなくなるおそれがないことをいい、当該特定適格消費者団体が遂行しようとしている被害回復関係業務以外の業務の内容、場所及び回数その他の実施態様、それぞれの業務に必要な人員及び支出額等を総合的に考慮して、上記のような弊害が生ずるおそれがない業務体制であると客観的に認められるか否かを判断するものとする。
　　イ　添付書類
　　　　法第66条第2項第3号に規定する「被害回復関係業務に関する業務計画書」及び同項第10号に規定する「被害回復関係業務以外に行う業務の種類及び概要を記載した書類」については、それぞれ、予定している業務の内容及び実施態様、業務に必要な人員及び支出額等をできる限り具体的に記載しなければならない。
(8)　業務規程の記載事項（法第65条第4項第2号及び第5項関係）
　　ア　業務規程は、特定適格消費者団体が被害回復関係業務を遂行するための方

【資料】 特定適格消費者団体の認定、監督等に関するガイドライン

法を記載したものであり、規則第8条各号に列挙されている事項が漏れなく、具体的に記載されている必要がある。
イ 被害回復裁判手続に関する業務の実施の方法に関する事項
　規則第8条第1号イに規定する「被害回復裁判手続に関する業務の実施の方法に関する事項」とは、例えば、次の事項が該当する。
① 消費者の被害に関する情報、当該被害に関する事業者の対応状況等を分析して被害回復裁判手続の要否及びその内容について検討を行い、被害回復裁判手続の実施について決定をする方法
② 業務委託の方法
　なお、特定適格消費者団体が、規則第6条第2項に規定する方法で法第32条に規定する説明を行う場合は、「被害回復裁判手続に関する業務の実施の方法に関する事項」として、下記4．(4)ア(イ)に関する事項を業務規程に定める必要がある。
ウ 消費者の被害に関する情報の収集に係る業務の実施の方法に関する事項
　規則第8条第1号ロに規定する「消費者の被害に関する情報の収集に係る業務の実施の方法に関する事項」とは、例えば、一般消費者からの情報の収集の方法（消費生活相談やいわゆる110番活動などの具体的な実施の方法）、当該特定適格消費者団体の会員又は他の特定適格消費者団体その他の消費者団体からの情報の収集の方法に関する事項をいう。
エ 情報の提供に係る業務の実施の方法に関する事項
　規則第8条第1号ハに規定する「対象消費者に対する情報の提供に係る業務の実施の方法に関する事項」とは、上記(2)イに関する事項をいう。
オ 簡易確定手続授権契約及び訴訟授権契約の内容に関する事項
　規則第8条第1号ニに規定する「簡易確定手続授権契約及び訴訟授権契約の内容」とは、それぞれの契約に関する契約書のひな形をいう。
　このひな形には、以下の事項が定められている必要がある。
(ア) 授権を受けて行う被害回復関係業務の内容に関する事項
　例えば、特定適格消費者団体の行う業務や授権の範囲がこれに該当する。
(イ) 報酬及び費用に関する事項
　例えば、対象消費者に支払を求める報酬及び費用の額又は算定方法、支払方法、支払時期などに関する事項がこれに該当する。
　報酬及び費用に関する事項は、上記(6)イ及びウに合致していることが具体的に確認できる必要がある。
(ウ) 契約の解除に関する事項
　例えば、対象消費者からはいつでも契約を解除できる旨の表示、特定適格消費者団体が契約を解除できる理由などに関する事項がこれに該当する。
(エ) 契約終了時の精算に関する事項

221

【資料】　特定適格消費者団体の認定、監督等に関するガイドライン

　　　　　　例えば、預り金の精算や預った資料の返還に関する事項がこれに該当する。
　　　㈵　仮差押えの執行がなされている場合の留意事項
　　　　　　特定適格消費者団体の申立てにより仮差押えの執行がされている場合で、仮差押えの執行がされている財産について強制執行の申立てをするとき又は配当要求をするときは、特定適格消費者団体が取得した債務名義と取得することとなる債務名義に係る届出債権とを平等に取り扱う必要がある（法第59条）。そのため、先に債務名義を取得した対象消費者に金銭を配分する時期が遅れることや、対象消費者が配分を受けた金額と債務名義の減少額とが異なることがあり得る。これらのことは、特定適格消費者団体は、法第32条に規定する説明の際に説明しなければならず、対象消費者がこれを了解しない場合は授権契約を拒絶できるところではあるが、授権契約に係る契約書にも明記される必要がある。
　　　　　　なお、特定適格消費者団体と授権をした対象消費者との契約書は、対象消費者にとって明確かつ平易なものになるように配慮する必要がある。
　　カ　授権をした者の意思を確認するための措置に関する事項
　　　　　規則第8条第1号ホに規定する「請求の放棄、和解、債権届出の取下げ、認否を争う旨の申出、簡易確定決定に対する異議の申立て又は上訴若しくは上訴の取下げをしようとする場合において法第三十一条第一項又は法第五十三条第一項の授権をした者の意思を確認するための措置に関する事項」とは、授権をした者の意思を確認する方法、その記録などに関する事項をいう。
　　　　　授権をした者の意思を確認する方法は、例えば、面談、電話、書面の受領、ファクシミリ又は電子メールの受信などが該当する。
　　　　　意思確認の結果は、記録化される必要があり、面談や電話など記録が残らない方法により意思確認を行った場合は、意思確認の結果を記録する必要がある。
　　　　　なお、意思確認の結果は、帳簿書類として作成、保存されることになることに留意する必要がある（消費者契約法施行規則第21条第2項第9号）。
　　キ　助言又は意見の聴取に関する措置
　　　　　規則第8条第1号ヘに規定する「法第六十五条第四項第四号の検討を行う部門における専門委員からの助言又は意見の聴取に関する措置」とは、被害回復裁判手続を追行するに際して、専門委員の助言又は意見を反映させる方法をいう。
　　ク　特別の利害関係を有する場合の措置その他業務の公正な実施の確保に関する措置
　　　　　規則第8条第1号ヘに規定する「役員、職員又は専門委員が被害回復裁判手続の相手方と特別の利害関係を有する場合の措置その他業務の公正な実施

の確保に関する措置に関する事項」とは、役員、職員又は専門委員が相手方と特別の利害関係を有している場合にとられるべき措置及び特別の利害関係がなくとも業務の公正な実施の確保に必要な措置をいう。

規則第8条第1号ヘに規定する「特別の利害関係を有する場合」には、役員、職員又は専門委員が、現在及び過去2年の間に、①被害回復裁判手続の相手方である事業者の役員若しくは職員である場合又は②当該事業者と取引関係（日常生活に必要な取引を除く。）を有している場合が該当する。

規則第8条第1号ヘに規定する「利害関係を有する場合の措置」とは、例えば、理事会その他の部門における議決権、助言又は意見の聴取の停止が該当する。

規則第8条第1号ヘに規定する「その他業務の公正な実施の確保に関する措置」とは、例えば、特定適格消費者団体の役員、職員又は専門委員が事業の内容や市場の地域性等を勘案して被害回復裁判手続の相手方である事業者と実質的に競合関係にあると認められる事業を現在若しくは過去2年の間に営み又はこれに従事したことがある場合、特定適格消費者団体が被害回復裁判手続の追行に関し理事との間で当該追行に係る相当な実費を超える支出を伴う取引をする場合その他の役職員の兼職の状況や取引の内容が実質的に特定適格消費者団体による被害回復裁判手続の追行の適正に影響を及ぼし得る場合に、上記の特別の利害関係を有する場合の措置に準じた措置をとることなどが該当する。

ケ 特定適格消費者団体であることを疎明する方法に関する事項

規則第8条第1号トに規定する「特定適格消費者団体であることを疎明する方法に関する事項」とは、特定適格消費者団体であることを疎明しなければならない場合の疎明の方法に関する事項をいう。その方法としては、例えば、内閣総理大臣が特定認定をした旨を通知する書面（法第68条第1項）の写しを呈示することなどが該当する。

コ 特定適格消費者団体相互の連携協力に関する事項

規則第8条第2号に規定する「特定適格消費者団体相互の連携協力に関する事項」とは、法第75条第3項において「特定適格消費者団体は、被害回復関係業務について他の特定適格消費者団体と相互に連携を図りながら協力するように努めなければならない。」とされていることを踏まえて、連携協力する範囲、方法などについて記載する事項をいい、以下の事項が含まれていなければならない。

① 法第78条第1項の通知及び報告の方法に関する事項
② 規則第18条第15号に規定する行為に係る当該通知及び報告の方針に関する事項
③ 二以上の特定適格消費者団体が、同一の相手方に対して、同一の社会的

【資料】 特定適格消費者団体の認定、監督等に関するガイドライン

　　　　事実に起因する消費者の財産的被害に関する共通義務確認の訴えを提起する場合の、対象債権及び対象消費者の範囲の設定、事実関係に関する情報の共有等
　　④　法第12条に規定する特定適格消費者団体が二以上ある場合の、簡易確定手続開始の申立ての見込みに関する情報の共有（消費者の財産的被害の集団的な回復のための民事の裁判手続の特例に関する規則（平成27年最高裁判所規則第5号。以下「最高裁規則」という。）第11条第2項第3号参照）
　　⑤　二以上の簡易確定手続申立団体がある場合の、法第25条第1項の規定による通知及び法第26条第1項の規定による公告をするか否か並びにこれらの方法、法第28条第1項の規定に基づく相手方に対する情報開示の要求又は法第29条第1項の規定に基づく情報開示命令の申立てをするか否か、一人の対象消費者が二以上の簡易確定手続申立団体に授権をすることを防止するための方策等
　　⑥　法第78条第1項各号に規定する事項に限らず、その他の被害回復関係業務に関する事項の適切な情報共有の実施
　　　　例えば、特定適格消費者団体は、法第56条第1項の仮差押命令の申立てをするに当たり、同項の規定による他の申立てであって、対象債権及び対象消費者の範囲の全部又は一部並びに共通義務確認の訴えの被告とされる事業者が同一であるものが既にされているとき（当該他の申立てが取り下げられ若しくは却下されたとき、又は当該他の申立てに係る仮差押命令が取り消されたときを除く。）は、申立書には、当該他の申立てに係る(a)事件の表示、(b)裁判所の表示、(c)手続の当事者である特定適格消費者団体、(d)保全すべき権利及び(e)仮に差し押さえるべき物を記載しなければならないところ（最高裁規則第39条参照）、これらの(a)から(e)までに関する情報共有の実施がこれに含まれる。
　サ　役員及び専門委員の選任及び解任その他被害回復関係業務に係る組織、運営その他の体制に関する事項
　　　規則第8条第3号に規定する「役員及び専門委員の選任及び解任その他被害回復関係業務に係る組織、運営その他の体制に関する事項」とは、被害回復関係業務を実施する組織体制に具体的に記載したものといい、以下の事項が含まれていなければならない。
　　①　機関又は部門その他の組織の設置及び当該組織の運営に関する事項（事務分掌、権限及び責任等）
　　②　当該組織の事務の遂行に従事する者に関する事項（役員及び専門委員の選任及び解任の基準及び方法、任期及び再任等）
　　③　当該組織に係る人員の配置の方針に関する事項
　シ　情報の管理及び秘密の保持の方法に関する事項

【資料】 特定適格消費者団体の認定、監督等に関するガイドライン

規則第8条第4号に規定する「被害回復関係業務に関して知り得た情報の管理及び秘密の保持の方法に関する事項」とは、当該管理及び方法によれば、情報が適切に管理され、また、秘密が適切に保持される蓋然性が客観的に認められる具体的な事項をいい、上記(2)ウに関する事項が定められるほか、例えば、情報管理責任者の設置、情報等を取り扱うことができる者の範囲及びその決定方法、情報等に関するセキュリティ対策、特定適格消費者団体の役員、職員及び専門委員に対する研修に関する事項が該当する。

ス 金銭その他の財産の管理の方法に関する事項

規則第8条第5号に規定する「被害回復関係業務の実施に関する金銭その他の財産の管理の方法に関する事項」とは、被害回復関係業務を実施する上で必要となる金銭その他の財産を管理するための体制及び方法に関する事項をいい、上記(2)エに関する事項が定められるほか、例えば、通帳や印鑑の保管方法、金銭を取り扱うことができる者の範囲に関する事項が該当する。

セ その他被害回復関係業務の実施に関し必要な事項

規則第8条第6号に規定する「その他被害回復関係業務の実施に関し必要な事項」とは、上記イからスまでに規定する事項のほかに、被害回復関係業務の実施に必要な事項をいい、以下の事項が含まれていなければならない。

(ア) 施行前事案に関する事項

法は、法施行前に締結された消費者契約に関する請求(不法行為に基づく損害賠償の請求(民法(明治29年法律第89号)の規定によるものに限る。)については、法の施行前に行われた加害行為に係る請求)に係る金銭の支払義務については適用されず(法附則第2条)、このような請求については重要消費者紛争解決手続(独立行政法人国民生活センター法(平成14年法律第123号)第11条第2項に規定する重要消費者紛争解決手続をいう。以下(ア)において同じ。)等の裁判外紛争解決手続を活用することになるため、特定適格消費者団体は、このような請求に係る消費者から問合せがあった場合には、当該消費者に対する重要消費者紛争解決手続等の裁判外紛争解決手続の教示その他の方法により、当該消費者に被害回復の途が与えられるよう配慮する必要がある。特定適格消費者団体は、施行前事案に関する事項において、その方法を具体的に定める必要がある。

(イ) 障害を理由とする差別の解消の推進に関する法律等に関する事項

特定適格消費者団体は、障害を理由とする差別の解消の推進に関する法律(平成25年法律第65号)に従って被害回復関係業務を行う必要がある。また、同法の適用がない場合であっても、対象消費者が高齢者又は障害者であることが判明している場合には、これらの者にとって適切な方法によって対応するよう努めなければならない。

特定適格消費者団体は、障害を理由とする差別の解消の推進に関する法

【資料】 特定適格消費者団体の認定、監督等に関するガイドライン

　　　律等に関する事項において、その方法を具体的に定める必要がある。
　　(ｳ)　本人確認に関する事項
　　　　特定適格消費者団体は、授権をした対象消費者の権利を実現させる事務を行うことに鑑み、授権をした対象消費者が本人かどうか確認することが必要となる。本人確認は、特定適格消費者団体がこれを怠った場合は、真の権利者から賠償請求される可能性があることを踏まえ、適切な方法で行われる必要がある。適切な方法としては、例えば、特定適格消費者団体が授権をしようとする消費者と対面し運転免許証、パスポート、写真付の住民基本台帳カード又はマイナンバーカードといった本人確認書類の提示を受けて本人かどうか確認する方法のほか、本人限定受取による郵便等を用いる方法、対象消費者から本人確認書類の写しの交付を受ける方法などが該当する。

3．有効期間の更新、合併の認可及び事業の譲渡の認可（法第69条第2項、第71条第3項及び第72条第3項関係）
　　特定認定の有効期間の更新、合併の認可及び事業の譲渡の認可に係る審査基準は、法第69条第6項、第71条第6項及び第72条第6項の規定により準用する法第65条の特定認定の審査基準による。
　　なお、特定認定の有効期間の更新に際しては、以下の事項に留意する必要がある。
　ア　活動実績
　　　法第69条第6項の規定により法第65条第4項第1号の規定が準用されるため、特定認定の有効期間を更新するためには、差止請求関係業務を相当期間にわたり継続して適正に行っていると認められることが必要である。
　イ　経理的基礎
　　　法第69条第6項の規定により、法第65条第4項第5号の規定が準用されるため、特定認定の有効期間を更新するためには、被害回復関係業務を適正に遂行するに足りる経理的基礎を有していることが必要である。
　　　この要件を満たしているか否かは、直近の特定認定又は有効期間の更新の申請の際にそれぞれ提出した収支の見込み（法第66条第2項第7号、上記2．(5)イ）と実際の収支との乖離の程度、その理由なども踏まえて判断する必要がある。

4．被害回復関係業務等
　(1)　簡易確定手続申立団体による通知（法第25条関係）
　　ア　正当な理由がある場合
　　　　法第25条第1項に規定する「正当な理由がある場合」とは、通知により対

【資料】 特定適格消費者団体の認定、監督等に関するガイドライン

象消費者の加入を促す意義が大きく失われた場合をいう。例えば、対象消費者全員の被害回復が図られた場合や、相手方について破産手続が開始されたことにより簡易確定手続によって対象消費者の被害回復を図ることが困難となった場合などが該当する。

　また、通知を行う前に対象消費者から授権を得ているような場合や、通知をしようとする対象消費者の被害回復が図られたことが明らかな場合には、当該対象消費者については「正当な理由がある場合」に該当し、通知を行う必要がない。

イ　知れている対象消費者

　法第25条第1項に規定する「知れている対象消費者」とは、以下の(ｱ)及び(ｲ)のいずれにも該当する者をいう。

(ｱ)　共通義務確認訴訟の判決で示された対象消費者に該当する者であると合理的に認められること

　法第28条第1項の規定に基づき相手方から開示された文書その他の客観的資料から対象消費者に該当する者であると合理的に認められれば足り、裁判所において対象消費者として認定されるだけの根拠資料を備えている必要はない。

(ｲ)　通知をするために必要な事実が判明していること

　簡易確定手続申立団体が通知をすることができる必要があることから、「知れている対象消費者」に該当するためには、簡易確定手続申立団体が通知をする時点において、通知をするために必要な事実が判明していることが必要である。通知をするために必要な事実としては、例えば、当該対象消費者の氏名のほか、通知を行うために必要な住所、電子メールのアドレス等の連絡先が該当する。

ウ　通知の方法

　特定適格消費者団体が知れている対象消費者に対し通知する方法は、書面による方法又は電子メールを送信する方法である。書面による方法は、例えば、①郵便、②民間事業者による信書の送達に関する法律（平成14年法律第99号）第2条第6項に規定する一般信書便事業者若しくは同条第9項に規定する特定信書便事業者の提供する同条第2項に規定する信書便又は③ファクシミリを送信する方法が該当する。

　電子メールを送信する方法には、いわゆる携帯電話のテキストメッセージも含まれるものの、通知すべき事項の分量からして、望ましい方法ではない。

　簡易確定手続申立団体は、通知に際しては、対象消費者であることが本人以外に知られることがないよう、通知の趣旨を害することがない範囲で最大限プライバシーに配慮することが必要である。

エ　通知すべき事項

227

【資料】 特定適格消費者団体の認定、監督等に関するガイドライン

　　　　法第25条第1項の規定により通知すべき事項は、以下の事項である。
　(ア)　被害回復裁判手続の概要及び事案の内容
　　　　法第25条第1項第1号に規定する「被害回復裁判手続の概要」とは、被害回復裁判手続の一般的な制度の説明をすることをいい、以下の事項が含まれていなければならない。
　　① 届出期間内に届出をしなければ被害回復裁判手続を利用することはできないこと。
　　② 債権届出をしなくても他の手続等により請求することは妨げられないこと。
　　③ 債権届出をしてもそれが認められない可能性があること。
　　④ 共通義務確認訴訟の判決が一部勝訴の場合には敗訴部分についても届出消費者に判決の効力が及ぶなど債権届出をした場合に対象消費者に不利益が生じる可能性があること。
　　⑤ 簡易確定手続中に授権を撤回すると債権届出の取下げがあったものとみなされること。
　　⑥ 二以上の簡易確定手続申立団体がある場合、消費者は一つの簡易確定手続申立団体に限って授権をすることができること。
　　⑦ 一の共通義務確認の訴えで同一の事業者に対して請求の基礎となる消費者契約及び財産的被害を同じくする数個の請求がされた場合において、そのうち二以上の請求に係る法第2条第4号に規定する義務について簡易確定手続開始決定がされたときは、簡易確定手続申立団体は、一の対象消費者の一の財産的被害については、できる限り、当該二以上の請求に係る法第2条第4号に規定する義務に係る対象債権のうちから一の対象債権を限り、債権届出をしなければならないこと（最高裁規則第19条第1項参照）。この場合において、簡易確定手続申立団体が一の対象消費者の一の財産的被害について数個の対象債権の債権届出をするときは、各債権届出は、順位を付して、又は選択的なものとしてしなければならないこと（同条第2項参照）。
　(イ)　共通義務確認訴訟の確定判決の内容（請求の認諾がされた場合には、その内容）
　　　　法第25条第1項第2号に規定する「共通義務確認訴訟の確定判決の内容」には、主文と事実及び理由の概要が含まれていなければならない。
　　　　同号に規定する「請求の認諾がされた場合には、その内容」には、認諾調書に記載された請求の内容と認諾した旨の文言が含まれていなければならない。
　　　　法第2条第4号に規定する義務が存することを認める旨の和解がなされた場合は、和解調書に記載された和解条項を通知すべきことになる。

【資料】 特定適格消費者団体の認定、監督等に関するガイドライン

　なお、簡易確定手続申立団体は、通知を受けた対象消費者が理解しやすいよう配慮しなければならない。確定判決の主文、認諾調書に記載された請求の内容及び認諾した旨の文言並びに和解条項については、誤解が生じないようにそれらを転記した上で、補充的に分かりやすく記載する必要がある。
(ウ)　対象債権及び対象消費者の範囲
　　法第25条第1項第3号に規定する「対象債権及び対象消費者の範囲」については、通知を受けた者が対象消費者であることを認識できるよう、判決に記載された対象債権及び対象消費者の範囲を転記した上で、事案に即し、できる限り平易かつ具体的に、対象債権及び対象消費者の範囲を記載する必要がある。
(エ)　簡易確定手続申立団体の名称及び住所
(オ)　簡易確定手続申立団体が支払を受ける報酬又は費用がある場合には、その額又は算定方法、支払方法その他必要な事項
　　規則第8条第1号ニの規定により「簡易確定手続授権契約及び訴訟授権契約の内容」として、それぞれの契約に関する契約書のひな形を業務規程において定める必要があり、このひな形においては報酬及び費用に関する事項を定める必要がある。ひな形における報酬及び費用に関する事項は、普遍的なものであるから、一定程度の抽象的な記載が許されるものの、法第25条第1項第5号に規定する「簡易確定手続申立団体が支払を受ける報酬又は費用がある場合には、その額又は算定方法、支払方法その他必要な事項」は、対象消費者が授権をするか否かの判断が可能な程度に具体的に記載される必要がある。
(カ)　対象消費者が簡易確定手続申立団体に対して法第31条第1項の授権をする方法及び期間
　　法第25条第1項第6号に規定する「対象消費者が簡易確定手続申立団体に対して第三十一条第一項の授権をする…期間」は、授権に要する手続の内容、債権届出の準備など授権後の行為に要する期間などを踏まえて、合理的なものでなければならない。
(キ)　その他内閣府令で定める事項
　　法第25条第1項第7号に規定する「その他内閣府令で定める事項」は、規則第3条第1項に列挙された以下の事項である。
　①　消費者からの問合せを受けるための簡易確定手続申立団体の連絡先及びこれに対応する時間帯
　②　簡易確定手続授権契約の締結を拒絶し、又は簡易確定手続授権契約を解除する場合の理由
　③　簡易確定手続申立団体が二以上ある場合（これらの全ての簡易確定手

【資料】 特定適格消費者団体の認定、監督等に関するガイドライン

続申立団体が連名で法第25条第１項の規定による通知をするときを除く。）にあっては、連名で同項の規定による通知をしない他の簡易確定手続申立団体が法第14条の規定による簡易確定手続開始の申立てをしていること並びに当該他の簡易確定手続申立団体の名称及び電話番号その他の連絡先
　オ　二以上の簡易確定手続申立団体がある場合
　　　二以上の簡易確定手続申立団体がある場合において複数の通知が届いたとき、対象消費者に誤解を招くおそれがある。また、簡易確定手続申立団体同士の比較を容易にする必要がある。これらの観点から、２以上の簡易確定手続申立団体は連名で通知を行うことが望ましい。
(2)　簡易確定手続申立団体による公告等（法第26条関係）
　ア　正当な理由がある場合
　　　法第26条第１項に規定する「正当な理由がある場合」とは、公告により対象消費者の加入を促す意義が大きく失われた場合をいう。例えば、対象消費者全員の被害回復が図られた場合や相手方について破産手続が開始されたことにより簡易確定手続によって対象消費者の被害回復を図ることが困難となった場合などが該当する。
　イ　相当な方法
　　　法第26条第１項の規定による公告は「相当な方法」により行わなければならないところ、ここでいう「相当な方法」に該当するか否かは、情報提供の実効性及び効率性の観点を総合的に考慮する必要がある。例えば、簡易確定手続申立団体のウェブサイトに掲載する方法であれば、「相当な方法」に該当する。
　　　なお、特定適格消費者団体は、法第82条の規定に基づき共通義務確認訴訟の確定判決の内容その他必要な情報を提供するよう努めなければならないため、法第26条第１項の規定による公告とは別に適宜の方法で周知活動をすることは差し支えない。その適宜の方法で周知活動をする場合には必要な情報が提供されれば足り、必ずしも法第26条第１項の規定に基づく公告に掲げられた事項の全てを記載する必要はない。
　ウ　公告すべき事項
　　　法第26条第１項の規定により公告すべき事項は、法第25条第１項の規定により通知すべき事項と同一である。
　エ　法第26条第３項及び第４項の規定による公告
　　　法第26条第３項及び第４項に規定する「相当な方法」とは、例えば、簡易確定手続申立団体のウェブサイトに掲載する方法が該当する。ただし、授権をした対象消費者がいる場合には、当該対象消費者に対し個別に連絡をすることが望ましい。

(3) 情報開示義務（法第28条関係）

簡易確定手続申立団体は、法第28条第1項の規定に基づき連絡先の開示を受けた場合には、法第25条第1項に規定する通知をする必要がある。ただし、法第25条第1項に規定する通知は届出期間の末日の1月前までにする必要があるため、届出期間の末日の1月前より後に開示を受けた場合は、法第25条第1項に規定する通知をする必要はない。また、開示を受けたのが届出期間の末日の1月前より前であっても、開示を受けた連絡先に通知をするのに必要になる合理的な期間より後に開示を受けた場合も同様である。もっとも、これらの場合であっても、簡易確定手続申立団体は、授権をする期間の経過前に開示を受けた場合には、任意の方法で連絡をすることが望ましい。

(4) 説明義務（法第32条関係）

ア　説明する方法

法第32条に規定する説明は、「内閣府令で定めるところにより」行う必要があり、規則第6条第1項及び第2項に規定する以下の方法が該当する。

(ア)　規則第6条第1項関係

規則第6条第1項に規定する方法は、以下の方法である。

① 授権をしようとする者と面談を行い、当該授権をしようとする者に対し法第32条の書面（以下アにおいて「書面」という。）を交付して説明する方法

② 授権をしようとする者に対し交付した書面又はその者に提供した法第32条の電磁的記録（以下アにおいて「電磁的記録」という。）に記録された事項が紙面又は映像面に表示されたものの閲覧を求めた上で、簡易確定手続申立団体及び授権をしようとする者との間で音声の送受信により同時に通話をすることができる方法により説明する方法

③ 説明会を開催し、授権をしようとする者に対し書面を交付して説明する方法

これらの方法による場合で、授権をしようとする者の承諾がある場合には、書面の交付又は電磁的記録の提供による方法をもって足りる。なお、この承諾は、授権をしようとする者から、本制度を理解した上で明示的に表明される必要があり、授権をしようとする者から説明を求められない限りこの承諾があると扱うことは許されない。また、この承諾をする者とこの承諾をしない者とで、合理的な理由のない差異を設けることは許されない。

(イ)　規則第6条第2項関係

規則第6条第2項に規定する方法は、授権をしようとする者に対しイに掲げる事項が掲載されている当該簡易確定手続申立団体のホームページの閲覧を求める方法である。

【資料】 特定適格消費者団体の認定、監督等に関するガイドライン

　　　　　　簡易確定手続申立団体がこの方法による場合は、以下の条件を満たす必要がある。
　　　　(a)　業務規程において、授権をしようとする者からの問合せへの対応に関する体制に関する事項が定められていること。
　　　　(b)　(a)の体制が、複数の方法による問合せに対応できるものであり、これに対応する時間が十分に確保されているなど授権をしようとする者の便宜に配慮したものであること。
　　　　　　「複数の方法による問合せに対応できる」とは、例えば、郵便、電話、ファクシミリ、電子メール、面談などに対応できることをいう。なお、電話については、対応者が不在な夜間等においても電話をかけた者が伝言することができる機能が必要である。
　　　　(c)　授権をしようとする者が、簡易確定手続申立団体のホームページを閲覧した後、説明事項を理解したことを確認する措置が講じられていること。
　　　　　　なお、授権をしようとする者が、(c)の説明事項を理解したことを確認する措置において、確認をしない場合は、当該授権をしようとする者との関係では、法第32条の規定に基づく説明はなされていないことになることに留意する必要がある。
　　　　　　また、簡易確定手続申立団体は、当該簡易確定手続申立団体のホームページを閲覧した者から求めがあるときは、書面の交付又は電磁的記録の提供をしなければならない。
　　イ　説明すべき事項
　　　　簡易確定手続申立団体が説明すべき事項は、法第32条に規定する「被害回復裁判手続の概要及び事案の内容その他内閣府令に定める事項」であり、「被害回復裁判手続の概要及び事案の内容」とは、上記(1)エ(ｱ)のとおりである。「その他内閣府令で定める事項」とは、規則第7条に規定する事項である。
　　　　簡易確定手続申立団体は、これらの事項について対象消費者に対し分かりやすく丁寧に説明する必要がある。
(5)　授権契約の拒絶及び解除（法第33条並びに第53条第4項及び第5項関係）
　ア　法第33条第1項及び第2項の「やむを得ない理由」の具体的内容法第33条第1項及び第2項は、対象消費者に裁判所の判断を得る機会を保障する観点から、「やむを得ない理由」があるときに限って簡易確定手続授権契約の締結を拒絶でき、又は解除できる旨を定めていることからすると、「やむを得ない理由」とは、裁判所の判断を得られずともやむを得ないと考えられる場合に限定される。具体的には、以下のような場合が該当する。
　　①　授権をする者が、授権をするのに必要な書類や簡易確定手続授権契約書

を提出しない場合
② 授権をする者が、簡易確定手続申立団体が定めた本ガイドラインに適合する報酬及び費用の負担を拒否する場合
③ 簡易確定手続申立団体が定めた授権期間が合理的である場合において、その授権期間を経過したとき
④ 簡易確定手続申立団体の申立てにより仮差押えの執行がされている場合に、当該簡易確定手続申立団体が、当該仮差押えの執行がされている財産について強制執行の申立てをするとき、又は当該財産について強制執行若しくは担保権の実行の手続がされている場合において配当要求をするときは、当該簡易確定手続申立団体が取得した債務名義及び取得することとなる債務名義に係る届出債権を平等に取り扱わなければならないことについて、授権をする者が了解しない場合
⑤ 授権をする者が反社会的勢力であり、その活動の一環として授権をしているなど、不当な利益を得るために授権をしようとしていることが明らかな場合
⑥ 授権をした対象消費者が合理的な理由なく必要な証拠書類を提出しない、授権をした対象消費者との連絡がとれないなど、簡易確定手続申立団体の適切な手続遂行に著しく支障が生じた場合

イ 法第53条第4項及び第5項の「正当な理由」の具体的内容
　法第53条第4項及び第5項は、債権届出団体は「正当な理由」がある場合に訴訟授権契約の締結を拒絶し、又は解除できる旨を定めているところ、異議後の訴訟においては、消費者自らが訴訟追行することが可能であるから、ここでいう「正当な理由」は、法第33条第1項及び第2項の「やむを得ない理由」よりは広く考えられることになる。具体的には、以下のような場合が該当する。
① 上記アの「やむを得ない理由」がある場合に該当する場合
② 簡易確定決定で全部又は一部の棄却とされたところ、債権届出団体としても妥当な結論であり、それを覆すのが難しいと判断している場合
③ 従前の手続の経過に照らして主張立証の方針に大きな食い違いがある等消費者との信頼関係が維持できない場合

(6) 特定適格消費者団体の責務（法第75条第2項関係）
　法第75条第2項は、事業者の適切な経済活動を萎縮させることがないようにし、制度の信頼性を確保する観点から「特定適格消費者団体は、不当な目的でみだりに共通義務確認の訴えの提起その他の被害回復関係業務を実施してはならない。」と規定している。同項に規定する「不当な目的でみだりに」に該当するか否かは、共通義務確認の訴えの提起等の被害回復関係業務を実施した目的その他の主観的要素と当該被害回復関係業務の合理性その他の客観的要素と

【資料】 特定適格消費者団体の認定、監督等に関するガイドライン

の相関関係や、特定適格消費者団体と相手方である事業者との間でなされた事前の交渉の有無、事前交渉の内容（当該事業者が被害回復のための措置を講じているか否か、事業者が被害回復のための措置を講じている場合には、被害回復のための措置の内容、進捗状況及び今後の見込み）などを総合的に考慮して判断するものとする。具体的には、次に掲げる場合は、「不当な目的でみだりに共通義務確認の訴えの提起その他の被害回復関係業務を実施」する場合に該当する。

ア 自己若しくは第三者の不正の利益を図り又は相手方に損害を加える目的で共通義務確認の訴えを提起する場合など、およそ消費者の利益の擁護を図る目的がない場合

例えば、次に掲げるような場合などが、これに該当する。

① 自己又は特定の事業者を利するために、共通義務確認の訴えを提起する場合

② 特定の事業者の評判や社会的信用を低下させる目的など、嫌がらせのために、共通義務確認の訴えを提起する場合

③ 自己の構成員のみの利益となるような和解をするなど合理的な理由なく特定のグループに属する一部の対象消費者だけを利する目的をもって裁判上又は裁判外の和解をする場合

なお、単に特定適格消費者団体が共通義務確認訴訟に敗訴したことのみをもって当該訴えが「不当な目的でみだりに」提起されたと評価されるものではない。

イ 当該共通義務確認の訴えが、不適法であるとして却下され若しくは請求に理由がないとして棄却されることが明らかなとき、又はこれが容易に見込まれるときであり、かつ、特定適格消費者団体がこれを知りながら、又は容易に知り得たにもかかわらず、特段の根拠なくあえて訴えを提起する場合

例えば、次に掲げる場合などが、これに該当する。

① 販売された数量が僅少な製品に関する事案であるため、「相当多数の消費者」（法第2条第4号）に財産的被害が発生しておらず、当該訴えが却下されることが客観的資料から容易に想定される状況であったにもかかわらず、共通義務確認の訴えを提起する場合

② 事業者がリコールその他被害回復のための措置（法令に基づく場合だけでなく、事業者の判断で任意に製品回収・補修を行う場合など、これに準ずる場合を含む。）を講じたことにより、消費者の財産的被害が実際に回復され、財産的被害がなお残存している消費者が相当多数存在しなくなることが明らか、又は容易に見込まれるにもかかわらず、特段の根拠なくあえて共通義務確認の訴えを提起する場合

③ 特定の製品について、その製造過程において僅少な割合で不可避的に発

【資料】 特定適格消費者団体の認定、監督等に関するガイドライン

　　　生する瑕疵に由来する不具合が発生するという事案において、個々の製品に当該瑕疵が存在するか否かを客観的に判断することが困難であるために、「共通する事実上及び法律上の原因」（法第２条第４号）に基づいて事業者が金銭支払請求義務を負う対象消費者の範囲を適切に設定することが不可能であるときや、「簡易確定手続において対象債権の存否及び内容を適切かつ迅速に判断することが困難である」（法第３条第４項）ときであるにもかかわらず、特段の根拠なくあえて共通義務確認の訴えを提起する場合
　　　なお、共通義務確認訴訟において、他の請求と併せて、却下若しくは棄却されることが明らかな、又はこれが容易に見込まれるような請求を、特段の根拠なくあえて客観的に併合する場合なども、「不当な目的でみだりに」被害回復関係業務を実施したと評価される。
(7) 他の特定適格消費者団体への通知及び内閣総理大臣への報告（法第78条関係）
　　　規則第18条第15号に規定する「攻撃又は防御の方法の提出」とは、共通義務確認訴訟における本案の申立てを基礎付けるためにする判断資料の提出をいい、典型的には事実の主張と証拠の申出が該当する。これらに関する通知及び報告は、特定適格消費者団体が業務規程に定める方針（規則第８条第２号、上記２．(8)コ参照）に基づき、特定適格消費者団体が適当と認められる限りにおいてされていれば足りるものとするが、特定適格消費者団体が準備書面や証拠を提出した場合など、当該共通義務確認訴訟の手続に係る特定適格消費者団体による行為のうち一定のものについては、業務規程において通知及び報告の対象として規定するのが法第78条第１項の規定の趣旨からは望ましい。
(8) 財産上の利益の受領の禁止等（法第83条関係）
　　　法第83条は、制度の公正性、適正性及び信頼性を確保する観点から、正当な財産上の受領といえるような場合を除き、特定適格消費者団体又はその役員、職員若しくは専門委員が被害回復裁判手続に係る相手方から財産上の利益を受領すること及び第三者に得させることを禁止している。このような観点からすると、法第83条各項に規定する「被害回復裁判手続の追行に関し」とは、制度の公正性．適正性及び信頼性に影響を及ぼし得る場合をいう。被害回復裁判手続に係る相手方との話合いが実現し、その結果、被害を受けた消費者に対し弁済したり．リコールを実施すること等を合意することは、制度の公正性、適正性及び信頼性を損なうものではなく、被害回復裁判手続を追行したこと又は追行しなかったことの対価として金銭の授受がされたものではない以上、「被害回復裁判手続の追行に関し」てされた場合には該当しない。
(9) 区分経理（法第84条関係）
　　　適格消費者団体は、消費者契約法第29条第２項の規定に基づき、差止請求関係業務、差止請求関係業務を除く不特定かつ多数の消費者の利益の擁護を図る

【資料】 特定適格消費者団体の認定、監督等に関するガイドライン

ための活動に係る業務及びその他の業務の経理をそれぞれ区分して整理しなければならないところ、特定適格消費者団体は、法第84条の規定に基づき「被害回復関係業務に係る経理を他の業務に係る経理と区分して整理しなければならない」ため、以下のとおりにそれぞれ各業務に係る経理を区分して整理しなければならない。

① 被害回復関係業務
② 差止請求関係業務
③ ①及び②の業務を除く不特定かつ多数の消費者の利益の擁護を図るための活動に係る業務
④ ①から③までの業務以外の業務

5．監督
(1) 帳簿書類（消費者契約法第30条関係）
　ア 概要
　　特定適格消費者団体は、適格消費者団体であることから、消費者契約法第30条の規定に基づき帳簿書類を作成・保存する必要がある。消費者契約法施行規則第21条が帳簿書類の作成・保存について具体的に定めているところ、同条第1項は、特定適格消費者団体及び適格消費者団体に共通する帳簿書類について定めており、これについては適格消費者団体の認定、監督等に関するガイドラインによることとする。特定適格消費者団体に特有の帳簿書類は、同条第2項に規定するところにより作成・保存する必要がある。この特定適格消費者団体に特有の帳簿書類については、以下のとおりにする必要がある。

　　なお、適格消費者団体として作成、保存すべき帳簿書類と特定適格消費者団体として作成・保存すべき帳簿書類に重複がある場合は、適格消費者団体として作成・保存すべき帳簿書類のみを作成・保存すれば足りる。

　　また、適格消費者団体の認定、監督等に関するガイドラインの5．(1)アに「法第30条に規定する帳簿書類は、マイクロフィルム、フロッピーディスクその他の電子媒体により作成又は保存することができるものとする。」とあるが、特定適格消費者団体が作成・保存すべき帳簿書類についても同様とする。

　　消費者契約法第30条に規定する帳簿書類は、それぞれ各事業年度の末日をもって閉鎖し、閉鎖後5年間保存する必要がある（消費者契約法施行規則第21条第3項）。

　イ 個別事項
　　消費者契約法施行規則第21条第2項に規定する特定適格消費者団体が作成・保存すべき帳簿書類は、以下のとおりである。
　(ｱ) 被害回復関係業務に関し、相手方との交渉の経過を記録したもの

【資料】 特定適格消費者団体の認定、監督等に関するガイドライン

消費者契約法施行規則第21条第1項第1号に規定する「差止請求権の行使に関し、相手方との交渉の経過を記録したもの」に準じて作成される必要がある。
(イ) 被害回復裁判手続の概要及び結果を記録したもの
被害回復裁判手続の事案ごとに、時系列に従って以下の事項を記載するものとする。
(a) 仮差押命令の申立てをした場合は、係属裁判所、事件番号、申立日、債務者の氏名又は名称、当該申立てに係る保全すべき権利（対象債権及び対象消費者の範囲並びに特定適格消費者団体が取得する可能性のある債務名義に係る対象債権の総額）及び仮に差し押さえるべき物
なお、仮差押命令の申立書の写しに事件番号を付記したもので代えることができるものとする。
(b) 仮差押命令の申立てに係る決定があった場合は、決定をした裁判所、事件番号、事件の表示（事件名）、決定日及び決定の主文
なお、仮差押命令の申立てに係る決定書の写しを添付することで代えることができるものとする。
また、独立行政法人国民生活センター（以下「国民生活センター」という。）が仮差押命令の担保を立てたときは、その旨、担保の額及び担保を立てた方法も記載するものとする。
(c) (ɔ)以外の理由で仮差押命令の申立てに係る手続が終了した場合は、その旨及び理由並びに終了した日時
(d) 共通義務確認の訴えを提起した場合は、係属裁判所、事件番号、訴え提起日、被告の氏名又は名称、請求の趣旨（対象債権及び対象消費者の範囲を含む。）及び請求の原因の概要
なお、共通義務確認訴訟の訴状の写しに事件番号を付記したもので代えることができる。
(e) 共通義務確認訴訟における当事者の主張の概要
なお、共通義務確認訴訟における準備書面（答弁書を含む。）で代えることができるものとする。
(f) 共通義務確認訴訟において第一審判決があった場合には、判決をした裁判所、事件番号、判決日、被告の氏名又は名称、主文、対象債権及び対象消費者の範囲並びに理由の概要
なお、判決書の写しで代えることができるものとする。
(g) 共通義務確認訴訟において上訴があった場合には、(d)から(f)までに準じて作成された書類
(h) 判決以外の理由により共通義務確認訴訟が終了した場合は、その旨及び理由並びに終了した日時

【資料】　特定適格消費者団体の認定、監督等に関するガイドライン

(i) 簡易確定手続開始決定があった場合は、決定をした裁判所、事件番号、決定日、主文、対象債権及び対象消費者の範囲、債権届出をすべき期間並びに認否をすべき期間
なお、簡易確定手続開始決定書の写しで代えることができるものとする。

(j) 対象消費者ごとに、その氏名、住所、請求の趣旨（債権届出をした金額）及び届出債権の帰趨が表示された一覧表
なお、届出債権の帰趨は、特定適格消費者団体が知り得る範囲で、相手方による認否の結果、認否を争う旨の申出をしたか否か、認否を争う旨の申出をした場合は簡易確定決定の結果、簡易確定決定があった場合は異議の申出があったか否か、異議の申出があった場合は特定適格消費者団体が訴訟授権契約を締結したか否か、特定適格消費者団体が訴訟授権契約を締結した場合は異議後の訴訟の結果、裁判上又は裁判外の和解が成立した場合はその結果、上記以外に手続が終了した場合はその理由を記載するものとする。

(ウ) 被害回復裁判手続に関する業務の遂行に必要な消費者被害に関する情報の収集に係る業務の概要を記録したもの
消費者契約法施行規則第21条第1項第3号に規定する「消費者被害情報収集業務の概要を記録したもの」に準じて作成される必要がある。

(エ) 被害回復裁判手続に関する業務に付随する対象消費者に対する情報の提供に係る業務の概要を記録したもの
消費者契約法施行規則第21条第1項第4号に規定する「差止請求情報提供業務の概要を記録したもの」に準じて作成される必要がある。

(オ) (ア)から(エ)までの帳簿書類の作成に用いた関係資料のつづり

(カ) 検討部門における検討の経過及び結果等を記録したもの

(キ) 法第32条（法第53条第8項において準用する場合を含む。）により交付した書面の写し（電磁的記録を提供した場合は、その電磁的記録に記録された事項を記載した書面）

(ク) 簡易確定手続授権契約及び訴訟授権契約に関する契約書のつづり

(ケ) 規則第8条第1号ホに掲げる行為をすることについて、法第31条第1項及び第53条第1項の授権をした者の意思の表明があったことを証する書面（当該意思を確認するための措置を電磁的方法によって実施した場合にあっては、当該電磁的方法により記録された当該意思の表明があったことを証する情報を記載した書面）のつづり

(コ) 被害回復裁判手続に係る金銭その他財産の管理について記録したもの
事案ごとの預り金及び預り金以外の金員に関する預金口座の入出金記録及び現金の出納記録が、これに該当する。

【資料】 特定適格消費者団体の認定、監督等に関するガイドライン

(サ) 被害回復関係業務の一部を委託した場合にあっては、事案ごとに、委託を受けた者の氏名又は名称及びその者を選定した理由、委託した業務の内容並びに委託に要した費用を支払った場合にあってはその額
　　なお、裁量の余地の乏しい業務及び被害回復裁判手続との関連性が乏しい業務について委託した場合には、記載する必要はない。
(2) 財務諸表等（消費者契約法第31条関係）
　ア　概要
　　特定適格消費者団体は、適格消費者団体であることから、消費者契約法第31条の規定に基づき、毎事業年度終了後3月以内に、その事業年度の財務諸表等を作成する必要がある（同条第1項）。財務諸表等は、定款、業務規程などとともに特定適格消費者団体がその事務所において備え置く必要があり（同条第3項）、閲覧又は謄写等の対象となる（同条第4項）。そして、財務諸表等は、役職員等名簿、適格消費者団体の社員についてその数及び個人又は法人その他の団体の別（社員が法人その他の団体である場合にあっては、その構成員の数を含む。）を記載した書類、収入の明細その他の資金に関する事項、寄附金に関する事項その他の経理に関する内閣府令（消費者契約法施行規則第25条）で定める事項を記載した書類並びに調査実施者の調査報告書とともに、内閣総理大臣に提出しなければならない（消費者契約法第31条第6項）。
　イ　事業報告書の記載事項
　　特定適格消費者団体は、その事業報告書に、適格消費者団体として記載していた事項のほか、以下の事項を記載する必要がある。
　(ア) 特定適格消費者団体が第三者に被害回復関係業務の一部（郵便の送付など裁量の余地が乏しい業務及び被害回復裁判手続との関連性が乏しい業務を除く。）を委託した場合は、事案ごとに以下の事項（消費者契約法施行規則第21条第2項第11号に規定する事項）
　　(a)　委託を受けた者の氏名又は名称及びその者を選定した理由
　　(b)　委託した業務の内容
　　(c)　委託に要した費用を支払った場合にあっては、その額
　(イ) 被害回復裁判手続及びこれに付随する金銭の分配に関する業務が終了した日（行方不明等のやむを得ない事由により金銭を分配することができない者がいる場合には、その者以外に対する金銭の分配に関する業務が終了した日）を含む事業年度の事業報告書については、当該終了した事案に関する以下の事項
　　(a)　消費者契約法施行規則第21条第2項第2号の書類（被害回復裁判手続の概要及び結果を記録したもの）に記載された事項（ただし、授権をした対象消費者の氏名及び住所を匿名化したもの）

【資料】 特定適格消費者団体の認定、監督等に関するガイドライン

　　　　　(b) 授権をした対象消費者から支払われた報酬及び費用の総額並びに当該事案に要した費用の総額
　　　　(c) 手続参加のための費用に関する以下の事項
　　　　　① 授権をした対象消費者から支払われた手続参加のための費用の総額
　　　　　② 法第25条第1項の規定による通知等において記載した債権届出までに要する費用の見込み及びその内訳
　　　　　③ 債権届出までに要した費用の総額及びその内訳
　　　　(d) 債権届出より後の報酬及び費用に関する以下の事項
　　　　　① 授権をした対象消費者から支払われた債権届出より後の報酬及び費用の総額
　　　　　② 債権届出より後に要した費用の総額及びその内訳
　　　　(e) 対象消費者のために被害回復関係業務の相手方（事業者）から支払を受け又は回収した総額
　　ウ　収入の明細その他の資金に関する事項、寄附金に関する事項その他の経理に関する内閣府令で定める事項を記載した書類
　　　　消費者契約法施行規則第25条第2項第1号ロに規定する「その種類」は、事案ごとに、対象消費者からの収入、被害回復関係業務の相手方（事業者）からの収入、被害回復関係業務によるその他の収入に区分し、対象消費者からの収入については、手続参加のための費用、債権届出より後の報酬、債権届出より後の費用に細分するものとする。
　　　　同項第2号イに規定する「その種類」は、事案ごとに、対象消費者に対する支出とその他の被害回復関係業務に関する支出に区分し、対象消費者に対する支出は、さらに対象消費者に対する回収金の分配と対象消費者に対するその他の支出に細分するものとする。
(3) 不利益処分等（法第85条、第86条及び第88条並びに消費者契約法第32条関係）
　ア　不利益処分等の選択の基準
　　　法は、法を実施するための監督権限を行使するための手段として、官公庁等への協力依頼（法第89条）のほか、報告徴収及び立入検査（法第88条及び消費者契約法第32条）、適合命令及び改善命令（法第85条）並びに特定認定の取消し（法第86条）を設けている。
　　　報告徴収若しくは立入検査、適合命令若しくは改善命令又は特定認定の取消しの選択及び適用に当たっては、原因となる事実について、その経緯、動機・原因、手段・方法、故意・過失の別、被害の程度、社会的影響、再発防止の対応策等を総合的に考慮するものとする。ただし、法第86条第2項各号に掲げる場合を除き、報告徴収又は立入検査を端緒とする自主的な改善措置や適合命令又は改善命令によって是正が図られることが期待できるような場

【資料】 特定適格消費者団体の認定、監督等に関するガイドライン

合は、原則として、まずそれらの命令を発し、それでも是正が図られない場合に特定認定の取消しを選択するものとする。
イ　不利益処分等の公表の基準
　　報告徴収若しくは立入検査、適合命令若しくは改善命令又は特定認定の取消しを実施した場合には、法令違反又はそのおそれの内容、程度及び自主的な改善措置の状況などを考慮しつつ、消費者庁のウェブサイトに公表するものとする。
ウ　適合命令及び改善命令
　　適合命令は、法第85条第1項所定の「特定適格消費者団体が法第六十五条第四項第二号から第七号までに掲げる要件のいずれかに適合しなくなったと認めるとき」になされ、改善命令は、同条第2項所定の「前項に定めるもののほか、特定適格消費者団体が第六十五条第六項第三号に該当するに至ったと認めるとき、特定適格消費者団体又はその役員、職員若しくは専門委員が被害回復関係業務の遂行に関しこの法律の規定に違反したと認めるとき、その他特定適格消費者団体の業務の適正な運営を確保するため必要があると認めるとき」になされるところ、同条第2項に規定する「その他特定適格消費者団体の業務の適正な運営を確保するため必要があると認めるとき」とは、特定適格消費者団体が法令違反の業務運営を行っている場合のみならず、およそ特定適格消費者団体として適正な業務運営を確保し得ないおそれのある場合を含み、例えば、次のような場合が該当する。
① 　特定の事業者からの指示又は委託を受けて当該事業者と競合関係にある事業者に対して被害回復関係業務をする場合
② 　特定適格消費者団体又はその役員、職員若しくは専門委員が、第三者に明らかにしない条件の下で取得した情報を第三者へ開示するなど、被害回復関係業務に関して知り得た情報の管理及び秘密の保持に関し、特定適格消費者団体に対する信頼を損なう行為をする場合
③ 　消費者の被害の防止及び救済に資することを目的とせずに、事業者その他の者を誹謗・中傷し又は特定の事業者による営利事業の広告若しくは宣伝をすることを目的として、消費者に対する情報の提供を行う場合
④ 　特定適格消費者団体が国民生活センター及び地方公共団体の有する消費生活相談に関する情報のみに依存して被害回復関係業務を行う常態となり、消費者からの情報収集を行っていない場合
⑤ 　国民生活センター及び地方公共団体が情報の提供をするに際して付した必要な条件に違反して情報を利用した場合
⑥ 　国民生活センターが特定適格消費者団体に代わって仮差押命令の担保を立てている期間中に、特定適格消費者団体が、回復させる見込みがないにもかかわらず、いたずらにその財産を散逸させる行為を行う場合

【資料】 特定適格消費者団体の認定、監督等に関するガイドライン

　⑦　特定適格消費者団体の役員が、特定商取引に関する法律（昭和51年法律第57号）に基づく指示若しくは業務停止命令、不当景品類及び不当表示防止法（昭和37年法律第134号）に基づく措置命令若しくは課徴金納付命令又は食品表示法（平成25年法律第70号）に基づく指示若しくは命令を受けた事業者であって、これらの指示又は命令を受けた日から１年を経過しないものの役員又は職員に該当する場合であって、当該役員又は職員の当該事業者における地位及びこれらの指示又は命令を受けることとなった当該事業者の行為への関与の度合いなどを考慮して、当該特定適格消費者団体が被害回復関係業務を適正に遂行できるとはいえない場合

　エ　認定取消し

　　特定認定の取消しは、法第86条第１項各号に列挙された事由又は同条第２項各号に列挙された事由があった場合になされるところ、同項第１号に規定する「被害回復裁判手続において、特定適格消費者団体がその相手方と通謀して請求の放棄又は対象消費者の利益を害する内容の和解をしたときその他対象消費者の利益に著しく反する訴訟その他の手続の追行を行ったと認められるとき」とは、例示に挙げられている「特定適格消費者団体がその相手方と通謀して請求の放棄又は対象消費者の利益を害する内容の和解をしたとき」のほか、例えば、特定適格消費者団体が以下のような行為をした場合が該当する。

　①　対象消費者に明らかに不利な虚偽の主張をし、又は対象消費者に明らかに不利な虚偽の証拠を作出して提出（対象消費者に明らかに不利な虚偽の証言を証人にさせることも含む。）若しくは対象消費者に有利な証拠を明らかに不利な証拠に改ざんして提出すること。

　②　共通義務確認訴訟の口頭弁論期日に故意に欠席を繰り返して当該訴訟を終結させること。

　③　手続参加のための費用や債権届出より後の報酬及び費用の算定の根拠となる費用の額について故意に虚偽の金額を計上し、対象消費者から不当な報酬及び費用を受領すること。

(4)　報酬及び費用等についての監督

　　特定適格消費者団体の報酬及び費用については、被害回復関係業務の安定的な運営及び信頼性を確保するため、十分に監督を行う必要がある。具体的には、手続参加のための費用については、法第78条第１項第10号等の報告により手続参加のための費用が適切か否かを監督し、債権届出より後の報酬及び費用については、被害回復裁判手続及びこれに付随する金銭の分配に関する業務が終了した日を含む事業年度の事業報告書により債権届出より後の報酬及び費用が適切か否かを監督する。

　　報告又は事業報告書に不明な点があった場合については報告を求め（法第88

【資料】 特定適格消費者団体の認定、監督等に関するガイドライン

条及び消費者契約法第32条)、不明朗な報酬及び費用が設定されている場合又は特定適格消費者団体が報酬及び費用を取りすぎている場合は改善のための必要な措置をとるべきことを命ずることとする（法第85条第2項)。

　また、消費者被害の多くは少額事件であるところ、特定適格消費者団体は、消費者被害を集団的に回復するというこの制度の趣旨を踏まえ、少額事件に対して積極的に取り組むことが必要であり、報酬額の大きい事案ばかりに取り組むことは望ましくない。特定適格消費者団体が事案に取り組むことができるか否かは、特定適格消費者団体が得ている情報、法的主張として成り立ち得るものか否か、証拠の有無及びその内容、想定される対象消費者の数、想定される費用の多寡などによって影響されるものであるため、こうした諸事情も踏まえて、特定適格消費者団体が被害回復関係業務を重ねる中でどのような事案に取り組んでいるのかについても監督することとする。

(5)　手続を受け継ぐべき特定適格消費者団体の指定等（法第87条関係)

　法第87条第1項から第3項までの規定に基づく特定適格消費者団体の指定は、当該特定適格消費者団体の活動、組織及び経理的基礎等の状況により、指定特定適格消費者団体が承継した手続をその指定前に追行していた特定適格消費者団体との被害回復裁判手続に関する業務に係る活動状況や活動地域の類似性をも勘案し、当該特定適格消費者団体が当事者である被害回復裁判手続又は簡易確定手続開始の申立てを適正にすると認められるものに対してすることとする。

事項索引

〈英字〉

CLCV 対 AXA 事件　33
COJ　→消費者機構日本
e-filing システム　121
FinTech　105
FORTRESS JAPAN　156
FTC　7,159
KCCN　→京都消費者契約ネットワーク
KC's　→消費者支援機構関西
NOVA 事件　142
OECD　11
SEC　7
SLCCSF 対パリ・アビタ OPH　70

〈ア〉

安愚楽牧場事件　142
預り金会計　21
アモン法　180,193,201
按分説　154
異議後の訴訟　132
　　──の係属中の破産　139
　　──の原告　133
　　──の訴訟物　134
慰謝料　31,40
移送　136
一部和解　72
逸失利益　31,38,40
違法行為差止訴権　26
インターネット活用　165
内側説　154
訴えの変更　134
営業秘密　108
エル・アンド・ジー事件　142
遠隔地居住者　115
オプトアウト方式　4,18,170
オプトイン方式　4,19,73,170

〈カ〉

概括的法律関係　44,62
外国人　115
回収額の50％以上　164

改善命令　110
拡大損害　31,38,40,158
確定判決と同一の効力　78,121,125
確定判決の効力　76
確認の利益　64
学納金返還請求権　34
瑕疵担保責任　38
過失相殺　69
仮想的に構成された対象消費者　42
課徴金　175
過払金返還請求　69
仮差押え　27,142,153,160,174
　　──と平等取扱義務　144,150
仮執行宣言　125,127,132,136,152
簡易確定決定　124,127
簡易確定手続　16
　　──中の当事者の倒産　131
　　──における和解　129
簡易グループ訴訟　184
環境法典　182
監禁・不退去　34
管財人　89,94
完成猶予　35
勧誘　37
勧誘をする事業者　64
関連請求の中止　52
棄却決定の既判力の範囲　126
期日指定申立て　79
既判力　54,131
　　──の基準時　84
　　──の客観的範囲　76,80
　　──の主観的範囲　77
　　却下判決の──　78
旧訴訟物理論　48,122
給付を受ける法的地位　47
強制執行　151
行政命令として返金を命じる制度　175
供託命令　175
共通義務確認の訴え　30
　　──の対象　30,158
　　──の定義　30,42

244

共通性　37, 65, 174
共通争点　13
共同訴訟・参加訴権　26
共同訴訟参加　72, 77, 79, 88, 91
共同訴訟的補助参加　88, 91
共同代位訴権　26
京都消費者契約ネットワーク（KCCN）
　　156
強迫　34
業務規程　21, 115, 123, 129
金銭等の財産管理方法　21
近未来通信事件　142
金融商品販売法　40
クーポン事業者　105
クーリング・オフ　34
葛の花由来イソフラボン　25, 35, 76, 157, 166
クラスアクション　4, 18, 70, 168
　――アレルギー　9
グルーピング　66, 69
グループ訴権　70, 166, 180
クレジットカード　105
クロレラチラシ事件　37, 64
契約解除　34
契約上の債務の履行請求権　32
経理的基礎　26
ケフィア　175
厳格責任　10
原告適格　60
建築瑕疵　38
現物返還　183
原野商法　35
権利集約の不可欠性　52
公衆衛生法典　182
公序良俗　34
公的な負担　178
公平誠実義務　114, 150, 153
小切手訴訟　129
顧客名簿　118, 177
国際裁判管轄　113, 118
国民生活センター　148, 160, 171
個人情報保護法　108
個人情報漏洩　40
コスト負担　159

個別請求権構成　49, 57
固有権　62

〈サ〉

債権届出　115
　――期間　100
　――書　176
　――団体　16
　――内容の変更　119
　――の取下げ　119
催告の効果　102
財産保全　159, 174
埼玉消費者被害をなくす会（なくす会）
　　25, 156, 163
裁判外の和解　71, 74, 138
裁判の脱漏　131
催眠商法　37
債務不存在確認の訴え　47, 118
債務不履行による損害賠償　37
詐害再審　88, 90
詐害防止参加　88
詐欺　34, 46, 126
錯誤　34, 126
差止請求　45
　――関係業務　20
敷金返還請求権　32
　――の存在確認　47
磁気ディスク　106
事業者の財産保全　142
時効中断　102, 113, 116, 120, 131
自己専用文書　108
資産凍結命令　175
私訴権　26
下請事業者　64
執行手続に関する授権　152
実体的処分権　70
時的限界　84
支配性　37, 39, 65, 68, 174
司法制度改革　11
ジャパンライフ　142, 175
集合的清算手続　169
集団的消費者被害回復に係る訴訟制度案
　　15
集団的消費者被害救済制度専門調査会

245

　　　　　13
　受給権　47
　受給権構成　48,57
　受継　88
　授権契約　27,112
　　——の締結　101
　　——の内容　22
　授権証明書　128
　　——を欠いた異議申立て　128
　授権する消費者のコスト負担　162
　授権する割合　147
　準併合和解　74
　少額被害　200
　条件付き権利の確認訴訟　84
　証拠制限　125
　証拠制限規定　137
　証拠保全　164
　使用者責任の特則　41
　証書真否確認の訴え　44
　消費者一般の利益　63
　消費者オンブズマン　5,170
　消費者機構日本（COJ）　24,38,39,65,
　　123,156,163,166,177
　消費者支援機構関西（KC's）　25,34,
　　74,123,156,163,166
　消費者ネット広島　156
　消費者のための法定担保権　176
　消費者の紛争解決及び救済に関する勧告
　　11
　消費者の利益を一方的に害する条項　34
　消費者被害情報収集業務　20
　消費生活センター　111
　商品の不具合　69
　情報開示義務　103
　情報開示命令　99,107,118
　　——の申立て　100
　情報通信技術の活用　111
　情報の管理および秘密の保持の方法　21
　情報の非対称性　158
　証明責任　120
　　——の転換　41
　消滅時効の完成猶予　35
　消滅時効の中断　35
　将来給付の訴え　84

　書証に限った証拠調べ　124
　信義則　56,84,106,136
　審尋　108,124
　人身被害　31,40
　新訴訟物理論　47
　生活協同組合連合会グリーンコープ連合
　　25
　請求権競合　45
　請求認諾的和解　71
　請求の客観的併合　174
　請求の併合形態　50
　請求放棄的和解　72,130,138
　制限的既判力肯定説　79
　成功報酬制　168
　誠実義務　130
　脆弱な財政基盤　160
　脆弱な消費者　111
　精神的損害　158
　製造物責任法　40
　責任推定　158
　責任判決　181,201
　説明義務　101,109,162,176
　説明にかかるコスト　111
　善管注意義務　114,117,130,150
　先決関係　78
　全国消費生活相談員協会　26,156
　全国レベルの組織　26
　全相協　→全国消費生活相談員協会
　選択的届出の認否　121
　選択的併合　51,116,122,174
　選定当事者　3,18,138
　専門委員　23
　送達費用の予納　119
　争点効　84
　訴訟告知　88
　訴訟上の和解　71
　訴訟追行能力　18
　訴訟能力　112
　訴訟物　42,174
　訴訟要件　60
　外側説　154
　損害額の推定規定　41

事項索引

〈タ〉

対象債権の競合　116
対象債権の総額　145
対象消費者に対する情報の提供　21
対象消費者への周知　102
大審裁判所　183
多数性　37, 65, 67, 174, 200
他人間の権利義務関係の確認　61
他の団体の申立て見込み　99
団体選択説　154
団体訴権方式　18
団体訴訟の担い手　158
担保　147, 163
着手金　24, 153
中断事由　88
長栄　156
調書判決　99
調停　184, 193, 202
懲罰賠償制度　10, 168, 177
直送　108, 120
追完　97, 124
通常共同訴訟　151
通常訴訟手続への移行　132
通知・公告　27, 161, 176, 201
　──の費用　103
ディスカバリ　10, 158, 168, 177
締約義務　112
手形訴訟　129
適格消費者団体　11, 20, 45, 156
適格認定要件　20
手続参加の費用　163
てるみくらぶ事件　142
電子商取引　37
電子データ　119, 121, 123
電子マネー　105
電子メール　101, 104, 110, 162
電子モール　105
統括事業者　64
東京医科大学　24, 38, 39, 65, 166, 177
倒産手続　89, 159
当事者適格　60
同時審判申出共同訴訟　63
独占禁止法　40
特定適格消費者団体　18

特定適格認定要件　20
匿名組合契約終了に伴う出資の価額返還　33
取下げ　102
届出債権管理情報　119, 123
届出債権支払命令　117, 125, 132, 136
届出債権の内容に対する認否　120
届出消費者の手続保障　128
届出消費者の破産　131
届出消費者表　118, 121, 124
届出消費者への分配　148
豊田商事事件　142

〈ナ〉

なくす会　→埼玉消費者被害をなくす会
21世紀司法改革法　182
二重起訴の禁止　53, 118
二重差押え　154
二段階型　6
ニューファイナンス　156
任意的執行担当　152
任意手続（訴訟）担当　61, 93, 112, 138
認証消費者団体　25, 182, 184
認証要件　184
認定要件　20
認否期間　120
認否書　121
認否書提出期間　100
認否の変更　122

〈ハ〉

バーチャルな対象消費者　42, 61, 82
陪審裁判　10
配当要求　154
配当留保供託　154
破産　89, 150
破産債権　89, 102, 131
　──確定手続　89, 94
破産財産管理機構説　94
破産財団に関する訴え　89
破産法上の否認　151
破産申立権の付与　175
反競争行為　182
判決確定証明書　99

247

判決効　174
判決の基準時　76
判決理由中の判断　76,80,83
反差別法　182
反訴　135
被害回復関係業務　20
被告適格　63
必要的記載事項　119
必要的併合　52,77
被保全権利　145,158
ひょうご消費者ネット　156
不可争力　136
父権訴訟　175
不実告知　34,46,76,85
不実証広告規定　158
不真正予備的併合　117
付随事項の和解　73
不誠実な届出消費者　130
不適法な債権届出　119
不当勧誘行為　34
不動産仲介業者　64
不当な利益の吐き出し　175
不当利得に関する請求権　33
不特定かつ多数の消費者の利益　62
不変期間　97,123
不法行為　39,46
プライバシー　162
ブラジル概括給付判決　169
ブラジル判決清算手続　169
ブラジル法　158,167
フランス国立消費機構　184
文書送付嘱託　125
平均的損害を上回る解約料　34
併合請求の裁判籍　118
併用型　5
変更判決　137
弁護士強制制度　161
弁護士費用　161
弁護団方式　3,166,172
片面的拡張　79
弁論の併合　135
報酬・費用　23
法定訴訟担当　62
法定保全担当　144

法的三段論法　44
法律上の争訟　44
保険業法　40
保険金請求権　32
保険事故　69
保険代理店　63
保証金　147
補助参加の禁止　87
保全の必要性　147
保存行為としての保全権限　144
本人確認　111

〈マ〉

マルチ商法　64
マンションの耐震偽装　67
未公開株式　39
　——の販売　64
未成年者　34,112
民事執行　164
民法上の組合の残余財産の分割　33
矛盾関係　78
模索的証明禁止　108

〈ヤ〉

大和観光開発　156
やむを得ない理由　112
ヤンキー・パッケージ　10
預託金返還請求権　33
予備的届出の認否　121
予備的併合　52,116,174

〈ラ〉

濫訴防止　19
利益剥奪訴訟　7
履行をする事業者　64
リコール　106,146,171
理事会　23,123,127
理由中の判断　→判決理由中の判断
理由の要旨　125
留保付きの義務（法律関係）　43
類似必要的共同訴訟　77
労働法典　180

〈ワ〉
和解　70, 158, 165, 174
　──無効確認　131
　割合的な一部──　72

条文索引

〈カ〉

会社更生法
　52条　　89

会社法
　835条　　136
　838条　　10
　853条　　90

行政事件訴訟法
　34条　　90

金融商品販売法＝金融商品の販売等に関する法律
　5条　　41
　6条　　41

景品表示法＝不当景品類及び不当表示防止法
　7条　　158

〈サ〉

裁判所規則
　1条　　99,106
　11条　　97
　13条　　100
　17条　　108
　18条　　115
　19条　　52,115
　22条　　119
　23条　　119
　25条　　119
　26条　　120,164
　27条　　120
　28条　　121
　29条　　120,164
　30条　　123
　35条　　98,100,120
　41条　　153

裁判所法
　3条　　44

人事訴訟法
　15条　　10
　24条　　10
　68条　　10

消費者契約法
　2条　　20
　4条　　34,37,42,46,48,80,83,85,116
　7条　　35,36,81,116
　9条　　34
　10条　　32,34
　12条　　45
　13条　　20,23,62

消費者契約法施行規則
　4条　　23
　5条　　23

消費者裁判手続特例法
　1条　　62
　2条　　20,30,42,68,71,80,85,131,151
　3条　　30,32,38,39,40,60,68,133,158
　5条　　49
　6条　　53,100
　7条　　53,58,77
　8条　　87
　9条　　54,74,76,77,86,96
　10条　　70,71,149,202
　11条　　73,88,90
　12条　　71,78,96,99
　14条　　53,96,98
　15条　　97
　17条　　99
　18条　　22,102
　19条　　100
　20条　　49,100
　21条　　100,118,120
　22条　　99,101,104
　23条　　99
　24条　　106,120
　25条　　49,99,102,106
　26条　　99,103
　27条　　73,104
　28条　　103,106,108
　29条　　99,107,109

30条	49,54,55,58,76,79,82,97, 113,115,118,127,135
31条	20,22,111,112,152
32条	109,129
33条	112,130
34条	71,114,117,129,130,144, 150,152
35条	118,120,121
36条	113,119,124
37条	71,129,138,149
38条	35,102,116,120,131
39条	119
40条	102,119,120
42条	119,120,121,148
43条	123,124
44条	124,149
45条	124,137
46条	125,127,133,149
47条	124,149
48条	104
49条	104,133
50条	105,119,124
52条	50,133,136
53条	20,22,71,95,128,133,138
54条	50,134
55条	137
56条	143,153,160
57条	144
58条	144
59条	144,150,152,154
60条	88
61条	88,96
62条	54,58
63条	124
65条	20,22,23,123,129
69条	83
75条	148
77条	151
78条	22,74,79
84条	21
85条	110
86条	72,88,96
87条	78,88
97条	96,112

附則2条	34,157

商　法
542条	33

施行規則＝消費者の財産的被害の集団的な回復のための民事の裁判手続の特例に関する法律施行規則
4条	104
5条	106
6条	110
7条	109,129,152
8条	123,129,164
15条	74,79

〈タ〉

仲裁法
46条	136

特定商取引法＝特定商取引に関する法律
6条の2	158
9条	34

独立行政法人国民生活センター法
3条	148
10条	148,160
43条の2	148

特許法
172条	90

〈ハ〉

破産規則
20条	100

破産法
44条	89,139
47条	151
162条	151

犯罪被害者等の権利利益の保護を図るための刑事手続に付随する措置に関する法律
37条	137

犯罪利用預金口座等に係る資金による被害回復分配金の支払等に関する法律
11条	101

弁護士法
23条の2	105
72条	75

〈マ〉

民事再生法
 40条 89
民事執行法
 22条 126
民事訴訟規則
 2条 98
 15条 100
 18条 100
 23条 100
 79条 120
民事訴訟費用等に関する法律
 3条 133
 別表1 161
民事訴訟法
 2条 106
 3条の6 118
 4条 136
 5条 136
 20条の2 136
 30条 3,18
 31条 112
 38条 72
 39条 151
 40条 77,97
 41条 63
 42条 87
 47条 88
 52条 77
 53条 88
 62条 149
 73条 149
 97条 119,124
 114条 54,76,80,84
 115条 10,54,77
 124条 89,133
 134条 44
 135条 84
 142条 53,118
 152条 53,135
 186条 105
 222条 107
 226条 125
 254条 99
 258条 131
 260条 137,152
 262条 120
 267条 78
 338条 90
 346条 90
 348条 90
 357条 132
 358条 129
 360条 129
 362条 137
 378条 132
 395条 132
 396条 126
民事保全法
 14条 160
民　法
 5条 34
 90条 34
 95条 34
 96条 34,46,48,116
 126条 35,116
 415条 37
 541条 34
 543条 34
 545条 38
 570条 38
 681条 33
 688条 33
 703条 33
 704条 33
 709条 39

著者紹介

町村　泰貴（まちむら　やすたか）

　成城大学法学部教授・北海道大学名誉教授。

　1960年生まれ。法学教員として小樽商科大学、亜細亜大学、南山大学、北海道大学を経て、2018年4月より現職。

　独立行政法人国民生活センター紛争解決委員会では、委員として消費者紛争のADR手続で仲介を行っている。また、適格消費者団体・特定非営利活動法人消費者支援ネット北海道では、理事、検討委員として、主に不当勧誘や不当条項の差止請求関係業務に参加し、また集団的消費者被害回復制度の検討にも加わっている。

　専門分野は民事訴訟法、サイバー法、消費者法、フランス法であり、著書に『現代訴訟法』（放送大学教育振興会・2017年）、『電子証拠の理論と実務』（共編著、民事法研究会・2016年）、『注釈フランス民事訴訟法典──特別訴訟・仲裁編』（共編訳、信山社・2016年）、『消費者のための集団裁判－消費者裁判手続特例法の使い方』（LABO・2014年）、『電子商取引法』（共編著、勁草書房・2013年）、『法はDV被害者を救えるか』（共編著、商事法務・2013年）などがある。

〈成城大学法学部出版助成図書〉
詳解　消費者裁判手続特例法

2019年3月31日　第1刷発行

定価　本体3,200円＋税

著　　者　町村泰貴

発　　行　株式会社　民事法研究会

印　　刷　株式会社　太平印刷社

発　行　所　株式会社　民事法研究会
　　　　　〒150-0013　東京都渋谷区恵比寿3-7-16
　　　　　〔営業〕TEL 03(5798)7257　FAX 03(5798)7258
　　　　　〔編集〕TEL 03(5798)7277　FAX 03(5798)7278
　　　　　http://www.minjiho.com/　info@minjiho.com

落丁・乱丁はおとりかえします。　ISBN978-4-86556-285-9　C3032　¥3200E
カバーデザイン　関野美香

■ 平成30年改正までを織り込んだ最新版！■

推薦図書 全国消費生活相談員協会
日本消費生活アドバイザー・コンサルタント・相談員協会

消費者六法
〔2019年版〕
──判例・約款付──

編集代表　甲斐道太郎・松本恒雄・木村達也

A 5 判箱入り並製・1583頁・定価　本体 5,400円＋税

〔編集委員〕　坂東俊矢／圓山茂夫／細川幸一／島川　勝／金子武嗣／関根幹雄
尾川雅清／田中　厚／中嶋　弘／薬袋真司／小久保哲郎／舟木　浩

▷▷▷▷▷▷▷▷▷▷▷ **さらに充実した2019年版のポイント** ◁◁◁◁◁◁◁◁◁◁◁

▶消費者問題に関わる場合に、これだけはどうしても必要だと思われる法令、判例、書式、約款を収録した実務六法！
▶平成30年改正までを織り込み、重要法令については政省令・通達・ガイドラインを収録！
▶法令編では、取り消しうる不当な勧誘行為、無効となる不当な契約条項が追加等され、事業者の努力義務が明示される等した「消費者契約法」、生活困窮者や生活保護世帯に対する包括的な生活支援（子どもの学習・進学支援、居住支援など）の強化や貧困ビジネスへの対策がなされた「生活保護法」「生活困窮者自立支援法」「社会福祉法」のほか、「不正競争防止法」「建築基準法」「農薬取締法」「健康増進法」「商法」の改正等の改正に対応！
▶判例編では、消費者被害救済に必須の916件の判例・裁判例を収録し、付録編、約款・約定書・自主規制編では、最新の情報に対応！

本書の特色と狙い

▶弁護士、司法書士、消費生活相談員、消費生活アドバイザー・コンサルタント・専門相談員、自治体の消費生活　担当者、企業の法務・消費者対応担当者等のために編集された六法！
▶消費者問題に取り組むうえで必要な法令を細大漏らさず収録し、重要な法律には政省令・通達の関連部分までまとめて掲載！
▶判例編として、実務の指針となる基本判例要旨を関連分野ごとに出典・関連法令も付して掲載！
▶関連する約款・約定書・自主規制や、実務の現場で役立つ資料も収録！

発行　**民事法研究会**

〒150-0013　東京都渋谷区恵比寿3-7-16
（営業）TEL. 03-5798-7257　FAX. 03-5798-7258
http://www.minjiho.com/　info@minjiho.com

▶消費者裁判手続特例法（2016年10月1日施行）の逐条解説！

コンメンタール 消費者裁判手続特例法

日本弁護士連合会消費者問題対策委員会　編

A5判・638頁・定価　本体6,100円＋税

本書の特色と狙い

- ▶2016年10月1日施行の消費者裁判手続特例法について、政省令（2016年9月改正も反映）、最高裁規則、ガイドライン、主要文献を踏まえ、実務的な解説を施した決定版！
- ▶消費者裁判手続特例法に基づく2段階の手続（共通義務確認訴訟、簡易確定手続）はもちろん、異議後の訴訟や仮差押えなどにおいて、特定適格消費者団体、裁判所、相手方となる企業等がとるべき対応を詳説！
- ▶消費者団体、消費者問題に携わる実務家、裁判所関係者、企業法務担当者等必読！

本書の主要内容

第1部　消費者裁判手続特例法の概要および立法の経緯
　Ⅰ　立法の背景
　Ⅱ　立法の経緯
　Ⅲ　消費者裁判手続特例法の概要

第2部　逐条解説　消費者裁判手続特例法
　　　（本則全99条、附則全11条）
　第1章　総則
　第2章　被害回復裁判手続
　　第1節　共通義務確認訴訟に係る民事訴訟手続の特例
　　第2節　対象債権の確定手続
　　第3節　特定適格消費者団体のする仮差押え
　　第4節　補則
　第3章　特定適格消費者団体
　　第1節　特定適格消費者団体の認定等

　　第2節　被害回復関係業務等
　　第3節　監督
　　第4節　補則
　第4章　罰則
　附則

第3部　消費者裁判手続特例法の課題
　Ⅰ　制度上の課題
　Ⅱ　運用面での課題
　Ⅲ　特定適格消費者団体および特定認定を目指す適格消費者団体に対する支援

資　料
　消費者裁判手続特例法、新旧対照条文、施行令、施行規則　等

事項索引

発行　民事法研究会

〒150-0013　東京都渋谷区恵比寿3-7-16
（営業）TEL. 03-5798-7257　FAX. 03-5798-7258
http://www.minjiho.com/　info@minjiho.com